# 药品知识产权保护制度的思考

YAOPIN ZHISHI CHANQUAN
BAOHU ZHIDU DE SIKAO

程永顺　吴莉娟　编著

法律出版社
LAW PRESS·CHINA
北京

**图书在版编目（CIP）数据**

药品知识产权保护制度的思考 / 程永顺，吴莉娟编著. -- 北京：法律出版社，2024. -- ISBN 978-7-5197-9218-3

Ⅰ. D923.4

中国国家版本馆 CIP 数据核字第 2024871YT6 号

**药品知识产权保护制度的思考**
YAOPIN ZHISHI CHANQUAN BAOHU ZHIDU DE SIKAO

程永顺　吴莉娟 编著

责任编辑 韩梦超
装帧设计 李　瞻

**出版发行** 法律出版社
**编辑统筹** 辞书·融出版编辑部
**责任校对** 马秋婧
**责任印制** 吕亚莉
**经　　销** 新华书店

**开本** 710 毫米×1000 毫米　1/16
**印张** 16.75　　**字数** 262 千
**版本** 2024 年 7 月第 1 版
**印次** 2024 年 7 月第 1 次印刷
**印刷** 北京新生代彩印制版有限公司

地址：北京市丰台区莲花池西里 7 号（100073）
网址：www.lawpress.com.cn
投稿邮箱：info@lawpress.com.cn
举报盗版邮箱：jbwq@lawpress.com.cn
销售电话：010-83938349
客服电话：010-83938350
咨询电话：010-63939796


**书号**：ISBN 978-7-5197-9218-3
**定价**：72.00 元

凡购买本社图书，如有印装错误，我社负责退换。电话：010-83938349

# 出版说明

药品是一种特殊的商品,一方面,因其研发周期长、投入高、风险大,需要有强有力的法律保护确保其能收回投资以实现可持续发展;另一方面,因其事关公众生命健康,又具有很强的公共属性。因此,有效保护创新药成果以鼓励药品研发和促进仿制药产业良性发展以降低药品价格,对推动医药产业的健康发展,最终实现药品可及同等重要。

药品保护横跨药品法和知识产权法。在药品法领域,随着 2015 年我国全面启动医药改革,出台了一系列医药产业政策规范,旨在提升我国医药行业整体水平,实现上市产品有效性、安全性、质量可控性达到或接近国际水平,更好满足公众用药需求,促进医药产业升级和结构调整;在知识产权法领域,自 2017 年 10 月中共中央办公厅、国务院办公厅印发《关于深化审评审批制度改革鼓励药品医疗器械创新的意见》这一纲领性文件起,我国开始逐步推动“药品专利链接”“专利期补偿”“试验数据保护”等制度的落地和实施,旨在激励药品创新,鼓励仿制药尽快上市。2020 年 10 月,中国《专利法》完成第四次修改,正式确立药品专利期补偿制度和药品专利纠纷早期解决机制(药品专利链接制度);2021 年 7 月,国家药监局、国家知识产权局、最高人民法院先后出台了与药品专利纠纷早期解决机制相配套的部门规章和司法解释,推动这一制度的落地实施;2023 年 12 月,《专利法实施细则》和《专利审查指南》修改完成并发布,预示着药品专利期补偿制度得以落地实施。与此同时,早在 2018 年 4 月,国家药监局就《药品试验数据保护实施办法(暂行)》征求意见,药品保护制度体系的最后一块拼图——“药品试验数据保护”也有望落地实施。

上述一系列制度由于专业性强、运作程序复杂、实施后对医药发展和公众用药影响巨大,因此,在中国立法过程中有过长期讨论,但迟迟未能立法。笔者自 2015 年开始关注药品保护的相关话题,并以原北京务实知识产权发展中心的名义,组织即视为相关专家、学者及医药界同行于 2016 年至 2020 年先后完成了《建立药品上市申报与专利保护衔接机制研究》(2016 年 12 月完成)、《探索建立中国药品专利链接制度研究》(2018 年 4 月完成)、《完善〈中国上市药品目录集〉研究》(2019 年 10 月完成)以及《药品专利链接制度相关问题研究》(2020 年 10 月完成)四项与药品保护,尤其是药品知识产权保护相关的专题研究报告,为立法及相关制度的落地实施提出参考性建议。

与此同时,时值《专利法》及其实施细则、《药品管理法》及其实施条例,以及其他与药品保护相关制度规则的制定、修改与出台,笔者自 2016 年以来陆续在各类纸媒和新媒体上发布了一系列相关文章,旨在为相关法律、行政法规、部门规章及司法解释中与药品创新保护相关内容建言献策,为诸如药品专利链接制度、药品专利期补偿制度等具体规则的制定和实施提供建议。其中有些内容或观点已经得到了相关法律、法规和司法解释的确认。2019 年 2 月,笔者出版了《探索药品专利链接制度》一书,这是中国第一本专门研究药品专利链接制度的专著。该书在中共中央办公厅和国务院办公厅为鼓励药品创新,出台《关于深化审评审批制度改革鼓励药品医疗器械创新的意见》中,明确了探讨药品专利链接制度的背景下,在分析美国药品专利链接制度的基础上,比较了欧盟、日本、印度等国家的药品保护制度,积极探索我国建立药品专利链接制度的可能性,旨在为我国制药企业从业人员从事药品创新提供了借鉴。2021 年 2 月,笔者将 2016 年至 2020 年发表的文章汇编成《新〈专利法〉中的药品保护研究》一书付梓出版。该书“药品创新保护篇”部分主要汇集了与药品创新保护相关的制度直接相关的研究成果,如关于药品专利链接制度的构建,该制度中涉及的相关元素(如拟制侵权制度、上市药品目录集等),以及《专利法》等相关法律法规制定及修改中与药品专利纠纷早期解决机制、药品专利保护期延长等相关条款的探讨与建议;“专利法第四次修改篇”部分则主要汇集了与《专利法》第四次修改的立法建议相关的研究成果,探讨了一些虽不与药品专利纠纷早期解决机制直接相关,但实际上对其实施效果将产生有间接影响的制度规则。

随着《专利法》第四次最终确立药品专利期补偿制度与药品专利纠纷早期解决机制,笔者对相关制度的实践持续保持高度关注,开展研究,并陆续将研究成果撰文发表,以反映笔者对相关制度规则的思考,并期待能为相关制度的完善提供理论和实证支持。本书的出版目的在于方便广泛读者阅读,了解笔者的研究成果及观点。本书即笔者 2021 年至 2023 年主要研究成果的汇编。本书所汇编出版的成果多形成于药品知识产权保护所涉及的相关法律、行政法规、部门规章和司法解释的起草、修改、征求意见过程中，体现了在相关制度出台并最终落地实施过程中学界、实务界及产业界所关注的重点、热点及争议问题，以及笔者对于相关问题的思考。

在本书最终付梓出版时，大多数相关法律、法规、规章和司法解释已经最终发布施行，绝大多数制度规则的落地实施也有了确实的法律依据。但笔者依旧决定将相关成果结集出版，主要基于如下考量：尽管相关制度规则已经正式出台，但其中有些问题和争论即使在相关法律、法规、司法解释正式出台后也依旧未曾停止。本书所汇编的成果主要是在制度出台和立法过程中，对于立法和立法过程中出现的问题的思考，是对立法的研究，而不是对最终出台的法律、法规等制度规则的理解，更不是试图对其加以解释。了解制度规则出台过程中的探讨、争论，对于更加深刻理解相关制度的出台背景、立法目的、规则体系构建，如何更有效地落地实施具有重要意义和作用。进一步而言，随着时间的推移和实践的发展，这些药品相关的新的制度规则在具体落地实施后，势必要经历不断研究、讨论、完善的过程，而这些立法过程中的观点，在制度完善过程中依旧能够发挥积极和有益的作用。因此，尽管就书籍出版规范性角度而言，在正式的出版物中涉及诸多已经最终出台的制度规则的征求意见稿或讨论稿等立法过程文件的探讨并不常见，但笔者依旧主张予以保留，以期真实反映立法过程中的争论、探讨，笔者的立法建议所针对的文本，并能留存立法资料。此外，考虑到本书汇编的多数成果已经陆续在各类媒体上发表过，但由于时间跨度较大，发表散见于多家媒体，将相关成果汇编出版也将有助于读者集中了解涉及某一问题的讨论、争议或笔者的观点，便于读者对相关问题开展探究。

就本书的体例而言，需要说明的是：第一，本书在整体体例上，不依据发布时间顺序的先后，而是依据所探讨的主题进行编排，主要涉及我国药品创新保护的制度沿革、药品专利纠纷早期解决机制、药品专利期补偿制度、药品招标采购中、试验数据保护、补充实验数据提交、中药知识产权保护等相关议题。第二，本书汇编的文章大多已经在纸媒、新媒体或相关会议上发表过，但为了满足书籍出版的要求，对其中的形式做了调整，故未能确保与首发时完全一致。第三，考虑到药品知识产权制度很多是“舶来品”，并考虑到医药产业和知识产权产业的一些惯用说法，在文章中会使用到一些缩略语，包括英文缩略语，通常会在每篇文章首次出现时作出说明。

本书面向医药行业的从业人员、为医药行业提供法律服务的实务界人士，以及对药品知识产权保护相关问题有研究兴趣的相关人士。当然,药品保护涉及多部法律、法规及多项具体规则,具有极高的专业性、复杂性,笔者作为专门从事知识产权保护研究的人员,主要从药品专利保护的角度开展研究。囿于药品的技术专业性、药品监管的特殊性及药品专利司法保护的专业性,笔者的探索和思考难免管中窥豹,一定存在不足甚至错误,诚望读者批评指正。

最后,感谢在原务实中心开展研究以及笔者撰稿过程中贡献智慧的专家、学者、律师及药企代表。

**2024 年 1 月**

# 序

欣闻《药品知识产权保护制度的思考》一书即将出版，本人深感振奋和期待。本书汇总了作者近两年来对医药知识产权保护制度深入研究和思考的感想和成果，既回顾了我国《专利法》对药品相关发明创造保护的立法变迁及背景，又深入细致地调查研究了药品知识产权特殊保护如药品专利链接（也称药品专利纠纷早期解决机制）、药品专利期限补偿和药品临床试验数据保护等制度的具体措施和条款，指出了在实践中发现的问题和不足，并与其他国家如美国和韩国的规定和实践进行了比较，提出了有针对性的建议，在我国药品知识产权保护制度的不断改进和完善过程中产生了一些积极的影响。

程永顺先生是我国最早从事知识产权审判工作的法官之一，曾经主审和参与审理过一大批有重大影响的知识产权案件，而且著述颇丰。2003 年被英国《知识产权管理》杂志评为当今世界 50 位最有影响的知识产权人士之一。2009 年加入中国药学会医药知识产权研究专业委员会，开始关注和研究药品知识产权保护制度。随着我国药品行业政策改革的不断深入，2015 年以来又以北京务实知识产权发展中心为平台，主持和参与了许多具体课题的研究和众多学术交流活动，撰写和公开了一系列反映其学术观点的论文和文章，在药品知识产权界产生了巨大的影响。吴莉娟女士自 2008 年加入北京务实知识产权发展中心以来，与程永顺先生一起参与了近百项知识产权相关法律的立法建议和案件研究，合著、翻译和汇编了多部知识产权相关法律专业书籍，特别是涉及药品知识产权保护制度的著作。自 2023 年起，吴莉娟女士也成为中国药学会医药知识产权研究专业委员会的委员。

本人于三十多年以前与作者相识，共同参加过许多学术研究活动，深深为程永顺先生半生以来孜孜以求、求真务实、眼光锐利、敢于仗义直言的精神和作风所折服。当本书作者邀请本人为该书写序时，本着“老骥伏枥，志在千里”的精神，本人就毫不犹豫地答应了。基于本人四十多年以来对药品知识产权制度的关注和体会，正好借此时机畅谈一下自己从事宏观政策基础研究的随思杂想，为大家深入阅读和理解此书的内容做一些必要的铺垫。

横向比较而言，医药领域的知识产权事务具有较大的特殊性。

众所周知，药品是一种特殊的商品。由于新药的研究开发具有投资大、难度高、风险大和周期长等特点，因此，医药行业对于专利保护的依赖程度明显高于其他行业。曾经有专家经过研究分析后得出结论，如果没有专利保护，60% 的药品发明不能研究出来，65% 不会被利用。因此，在完全市场经济的社会背景下，没有较强的知识产权保护，医药行业就难以得到长足的发展。

此外，医药行业还是个高投入、大市场、高产出和高风险的行业，在知识产权强保护的环境下，一旦出现侵权行为，往往会出现非常高的侵权赔偿金额，例如，美国历史上判罚 10 亿美元以上的几个案例都发生在医药领域。如果没有药品专利链接或称药品专利纠纷的早期解决机制，无论对创新药、仿制药厂家还是用药的患者，都会带来巨大的隐患。

再者，为了保证药品的疗效和最大限度地减少药品上市后可能对患者造成的负面效应，各国政府都会要求制药企业在上市前提供足够数量的临床实验数据，以证明其安全有效和质量可控，而这种临床试验和行政审批不仅需要巨大的投资，还需要较长的时间成本。况且，这些工作基本都是在创新药品申请专利后进行的，需要占用大量的专利有效期，如果没有专利期补偿制度，不少创新药品在市场独占期间就收不回开发成本，从而严重挫伤其药物创新的积极性。

最后，医药是社会公众公共健康的必需品，没有知识产权保护就没有新药被研究开发出来用于疑难病症的治疗，而没有仿制就难以把药品价格降下来以实现普通患者对药品的可及性。因此，制定医药领域的知识产权政策，还需要密切结合本国的实际国情，在鼓励创新和高质量仿制之间取得平衡。

常言道："理念决定立场，思维决定行为。"如果没有掌握与时俱进的理念和辩证唯物主义的思维方式，在研究和处理上述矛盾时，也往往容易出现偏差，导致多走弯路。

首先，药品是一种特殊的商品，关系到公共健康及国计民生和社会稳定。多数国家在建立专利制度的初期，都要慎重考虑赋予创新药专利权来垄断市场可能会给公共健康和社会稳定造成的负面影响，因此需要在保护创新和鼓励仿制之间进行慎重的平衡，甚至采取先在一段历史期间只给予方法专利的弱保护，等到社会发展到一定程度再逐步加大保护的力度。例如，德国和日本在立法之初就曾经有一个长达 90 年的弱保护阶段。我国也经历过这种阶段,不过只有短短的不到 8 年时间,即从 1985 年 4 月 1 日至 1992 年 12 月 31 日。后来在美国等发达国家的贸易压力下,考虑到对外贸易的发展大局,于 1993 年 1 月 1 日起开放了药品和化学物质的产品专利保护。在这种被动改法的前提下,国家知识产权局在制定具体专利审查规则和授权标准时,考虑到国情的需要,尽可能地制定比较严格的授权标准,力图给比较落后的国内制药产业更多的缓冲空间,也招来了以美国为首的发达国家的不少指责和非议,如关于不允许补充实验数据等问题,甚至提到了国家贸易谈判的议程并写入了贸易协议。

然而,按照唯物辩证法的观点,什么事情都有两面性。2003 年的"非典"、2020—2022 年的"新冠疫情"等公共健康危机和曾经轰动一时的电影《我不是药神》都告诉我们,所谓"药品的可及性",并不仅仅是靠鼓励仿制就能彻底解决的。因此,需要对一些问题从不同的角度进行重新讨论和认识。例如,许多人认为只有发展仿制药,才能从根本上解决可及性问题,因此对鼓励创新持消极态度。实际上,药品的可及性既涉及创新,又涉及仿制,两者相辅相成,缺一不可。创新是仿制的基础,仿制是创新的后续。没有新药被研究开发出来就不可能有仿制,而没有高水平的仿制就难以把药品价格降下来,从而实现普通患者对药品的可及性。其关系犹如车头与车厢,"火车跑得快,全靠车头带",车厢永远离不开车头,一旦脱钩将会停滞不前或瘫痪灭亡。设想一下,如果只追求加挂车厢和增加座位,而不给车头增加动力,公共健康这个列车有可能飞速前进吗?

其次,新药研发对知识产权特别是专利保护的依赖性特别高。没有较强的知识产权保护,就不大可能有新药被研究开发出来,这在中华人民共和国成立以后多年的历史中已经得到了证明。好在我国自 1993 年 1 月 1 日提升了医药专利保护的水平后,全社会的专利和知识产权意识都得到了很大的提高,鼓励和从事创新的积极性也随之产生。特别是 2006 年中共中央提出"建设创新型国家"的口号后,2007 年,党的十七大报告又提出"实施知识产权战略"。2008 年起,国家开设了"新药创制"等重大专项,大大调动了我国医药企业的创新积极性,提高了创新能力和水平,也取得了令人瞩目的成果。2012 年,党的十八大报告提出"实施创新驱动发展战略"。2015 年 4 月 1 日发布《中共中央　国务院关于深化体制机制改革加快实施创新驱动发展战略的若干意见》,其中提到"实行严格的知识产权保护制度","让知识产权制度成为激励创新的基本保障"。2015 年以来,我国的生物医药产业已经发生了翻天覆地的变化,创新驱动取得了令世人瞩目的成就和进步，专利申请数量和质量都有了很大的提升，许多重大专利成果已经实施，其中相当数量的一部分新药知识产权还许可给了跨国公司，取得了良好的经济效益和社会影响，这足以证明，高质量创新才是推动生物医药产业健康发展的重要举措。尤其是习近平总书记在2020年11月30日中央政治局学习时明确指出："创新是引领发展的第一动力，保护知识产权就是保护创新。全面建设社会主义现代化国家，必须更好推进知识产权保护工作。知识产权保护工作关系国家治理体系和治理能力现代化……关系高质量发展……关系人民生活幸福……关系国家对外开放大局……关系国家安全"等五个方面，"只有严格保护知识产权，才能"有效保护和防范化解这五个方面的"重大风险。"因此，以《专利法》第四次修改为契机，我国已经进入知识产权强保护的新阶段。《专利法》第四次修改引入了象征药品专利强保护的"药品专利期补偿制度"和"药品专利纠纷早期解决机制"。而且，创新是贯彻新发展理念（创新、协调、绿色、开放、共享）的首要任务和"牛鼻子"。由于生物医药和健康产业对知识产权的依赖性最强，因此最需要构建知识产权强保护的新发展格局，促进"创新驱动"医药产业的高质量发展。

然而，在遇到具体问题时，不少人经常习惯于谨慎保守有余，态度不够积极，过于关注眼前利益和原有思路，这样下去有可能影响大局和长远利益。关于发展与保护的关系，常听"我国现在还落后，不能强保护；要等到赶上发达国家了再加强保护"的观点。但历史的规律是发展了才保护，还是保护了才发展呢？我想到的类似的情况是体育赛场的长跑比赛，我们本来落后，如果没有一个奋起直追的动力和激情，怎么能够缩小差距并实现超越呢？而知识产权保护就是一种促进创新最有效的激励和动力，只有不断加大创新药的知识产权保护力度，才能加速我国医药产业的发展速度，实现"弯道超车"。

再者，医药市场监管的部门众多，过去经常是"多龙治水"，现在也需要"三医联动"，创新药即使获得了国家知识产权部门授予的专利权，还必须经过药品上市注册审批、通过药品招标采购和进入国家医保目录，才能够开始从市场回收研发的巨额成本，逐步开始盈利。所以，医药知识产权实施的难度很大，关口很多，如何打通"最后一公里"，也是一个漫长而艰巨的任务，值得大家深入研究。

在这方面，近来研究较多的是不少正在从事仿制药制造的企业的知识产权工作者，力争在药品专利保护期内就推动政府允许仿制药"挂网"，以便在药品专利过期后仿制药就可以马上上市，绝对不能给专利药品"多一天"的实际保护；还有的学者研究怎么想方设法减少"药品早期解决机制"涉及的范围，尽量防止"长青专利”的出现等。

在国家大力推进“创新驱动发展战略”和“知识产权强国战略”的政治环境下,要选对立场,摆正身姿,找准研究的方向和位置,抓主要矛盾和矛盾的主要方面,多关注目前我国对药品创新的保护是否到位,法律的作用是否充分发挥,多做一些“清理泥沙淤积”、“疏通创新渠道”和“打通最后一公里”的工作,促进技术创新的“星星之火”加速点燃和快速发展,使得“给天才之火添加利益之油”的制度初心能够实现;而不是在生物医药投资迟疑,还没有出现权利滥用造成“山火肆虐”的情况下就盲目“泼冷水”,或者“围追堵截”设置路障,或预先布置“伏击”,下意识地“想方设法”“釜底抽薪”,减弱或浇灭药品创新的“星星之火”。相信本书的出版能够在这方面起到一些积极的作用。

**中国药学会医药知识产权研究专业委员会名誉主席　张清奎**

**2024 年 1 月**

# 目 录*

## 专利法与药品创新保护



* 本书引用法规时效以文章首次发表时计。——编者注

## 药品专利纠纷早期解决机制

# 专利法与药品创新保护

# 牢记立法初心,释放医药创新活力,惠及民生健康*

我国新修改的《专利法》是我国专利法律制度发展进程中又一里程碑。其中涉及的药品专利保护制度备受海内外产业界、学术界、司法从业人员的广大关注,不仅标志着我国生物医药产业从仿制到创新的转变,也体现了我国立足创新驱动与健康中国的发展战略。

"知产前沿"有幸邀请到北京务实知识产权发展中心主任,原北京市高级人民法院知识产权庭副庭长程永顺作为本期人物专访嘉宾,结合其多年投身医药知识产权制度的实务研究,为大家分享医药专利保护的历史沿革,及对药品专利链接制度和专利期限补偿制度的理解、思考和建议。

## 一、《专利法》修改下的药品专利保护历史沿革

**Q1:您认为,《专利法》第四次修改最重要、最值得关注的内容是什么?**

A:第四次《专利法》修改从 2011 年 11 月开始,历时近十年,2020 年 10 月终于经过全国人大常委会三读讨论通过。这次对《专利法》作出了二十多处修改,其中最大的变化是进一步加强了对专利权的保护力度,如延长了外观设计保护期限、增加了对部分外观设计的保护,增加了法定赔偿数额,确立了惩罚性赔偿等。值得关注的是,这次《专利法》修改对与人民健康生活密切相关的药品专利保护方面增加了两项新制度,这就是药品专利保护期延长和药品专利链接制度,《专利法》中这两项新制度的实施,对未来药品行业的创新与发展及满足人民对药品的可及性需求将产生重大影响。

**Q2:历次《专利法》修改下,我国药品专利保护制度的主要变化及背景是什么?**

A:我们都知道,药品的特殊性决定了药品的创新离不开专利制度的保护,可

---

* 本文原载于微信公众号"知产前沿",2021 年 5 月 31 日。

以说没有专利制度的保护,就没有药品行业蓬勃发展的今天。中国第一部《专利法》是 1985 年 4 月 1 日实施的,当时的《专利法》中故意排除了对药品的专利保护。其原因在于,怕一旦对药品给予垄断保护,会影响人民吃药;当时我国药品行业极不发达,这样做也是为了保护我国仿制药行业利益。

而在当时,许多实行专利制度的国家已经在争论是不是要强化对药品专利的保护。美国在 1984 年实施了 Hatch – Waxman 法案,这个法案从多个方面综合考虑对药品创新的保护问题。例如:通过专利保护期延长,弥补药监局对新药申请常规审批所损失的时间,使得致力于新药研发的创新药企业能够获得充分保护,以达到促进创新、鼓励药品创新投入的目的;通过明确 Bolar 例外,以提前启动仿制,保证仿制药及时上市;通过药品专利链接制度,加快了仿制药批准上市;通过数据保护,阻止仿制药申请人依赖其数据递交药品上市申请,使创新药投资得到回报。可以说,Hatch – Waxman 法案总体上是一项既保护药品创新、又鼓励仿制药发展的平衡制度。

1993 年中国第一次修改《专利法》,删除了药品不给予专利保护的规定,当时,不仅是因为中国医药行业自身发展的需要,更是由于外来压力。当时,我国不仅与美国政府签订了《关于保护知识产权的谅解备忘录》,而且已经明确即将加入世界知识产权组织《与贸易有关的知识产权协议》。因此,在国内立法中必须满足这些协议的最低要求。

2008 年中国《专利法》第三次修改过程中,美国等一些国家有关政府机构和制药公司就提出建议,希望我国《专利法》在规定 Bolar 例外的同时,还应当增加药品专利链接和药品专利保护期限延长的规定。理由是:Bolar 例外是与药品专利链接、药品专利保护期限延长制度相伴产生的,其为了平衡药品专利权人与仿制药生产商之间的利益以及专利权人与公众之间的利益,仅仅规定 Bolar 例外会导致利益失衡。但立法者考虑到当时我国制药行业的实际情况,最终没有采纳这些立法建议,只是增加了 Bolar 例外的规定。

在《专利法》第四次修改中,药品专利链接和专利保护期延长问题再次被提了出来,其中,多次是在每年“两会”上由我国的一些医药企业代表提出。经过反复讨论修改征求各方面意见,最终新《专利法》增加了相关制度内容。

**Q3:您认为,《专利法》增加这两项制度主要原因是什么?是不是美国再次施压的结果?**

A:2020 年《专利法》第四次修改,经过多年争论,修改草案从国家知识产权局到国务院法制办，几上几下，多次征求社会公众及各方面意见，但直至2019年年初全国人大常委会第一次审议稿中，人们才第一次见到药品专利保护期延长的条款，至2020年6月全国人大常委会第二次审议稿中才第一次见到涉及药品专利链接制度的条款。可以说，这两项与药品专利保护相关的新制度是《专利法》第四次修改中最晚出现的内容。

有人说，《专利法》的修改是美国人压制的，由于中美签署了经贸协议，中国才不得不在专利法中加入药品专利链接和药品专利期限补偿的条款。其实这种认识并不完全正确。因为在2017年10月8日，中共中央、国务院发布《关于深化审评审批制度改革鼓励药品医疗器械创新的意见》已经明确要"探索建立药品专利链接制度""开展药品专利期限补偿制度试点"。2019年11月中共中央、国务院《关于强化知识产权保护的意见》中，再次提及要"探索建立药品专利链接制度、药品专利期限补偿制度"。而中美第一阶段经贸协议是2020年1月15日签署的，其中提及了建立药品专利纠纷早期解决的有效机制以及专利有效期延长的相关问题。协议的相关内容需要在此次《专利法》修改中作出回应，但是在此之前，我国政府早已为这些制度的实施指明了方向、作出了决策。

从另一方面来看，中国的医药创新水平已经不能和十年前、二十年前同日而语，药品创新能力、水平已经有了长足的进步。过去我国医药产业长期以仿制为主，随着2015年开始的医药改革，仿制药质量开始大幅提高，本土创新药开始大量涌现。到2020年中国对全球医药研发的贡献齐身"第二梯队"前列，对全球贡献占比已达到13.9%。因此，国内医药企业的创新药专利保护的呼声也日渐高涨。可以说，《专利法》强化的药品专利的保护虽然有外界的压力，但主要是我国医药企业自身的需求所致。

## 二、走访调研与学术研究并行，为制度落地建言献策

**Q4：是什么样的机缘让您投身药品专利保护期延长和专利链接制度研究？这期间又有些什么样的海外交流或相关研究经历？**

A：2005年以前我在做法官时，审理过个别涉及药品专利侵权、无效的案件，只知道这类案件技术复杂，由于主要是负责审理二审案件，所以在审理中更多的是关注法律程序上、法律理解适用上有什么问题，对案件中涉及的技术问题尽量绕开。后来，在做务实研究工作中，也曾经遇到药品专利侵权、无效的案件，涉及对创造性的认定、侵权认定等问题，曾经参与过一些疑难问题的研究论证。我真

正开始研究关注药品专利保护问题是从2015年开始的。2013年中国知识产权法学研究会与美国商会共同发起“中美知识产权学者对话”,双方各5名专家学者围绕业界关注的多个知识产权热点问题展开讨论,其中就涉及药品专利保护。

为了对话更有针对性,2015年开始我们务实知识产权发展中心组成专门课题组研究美国Hatch–Waxman法案及其实施效果,在2016年完成了《建立药品上市申报与专利保护衔接机制研究》的专题报告。在此基础上,根据中共中央、国务院《关于深化审评审批制度改革鼓励药品医疗器械创新的意见》中提出的要求,在2018年10月完成了《探索建立中国药品专利链接制度》研究报告。在研究过程中,我们多次访问美国专利商标局、药监局、商务部、联邦法院、律师协会,并组织召开多次专门研讨会,与医药企业,包括中国在美国的创新医药企业、专家学者进行交流座谈;在国内陆续组织了几十场各种类型的座谈会、沙龙、专题研讨会,搜集分析各种观点看法;在疫情期间还通过网络会议的方式,组织了多场中美、中加、中韩及与台湾地区的专利链接制度比较研讨会。在2019年10月完成了《完善“中国上市药品目录集”研究》报告,2020年10月完成了《药品专利链接制度相关研究》综合报告,并将这些报告及时送有关立法部门参考。在此期间,我们陆续发表了相关文章、论文40多篇,出版了《探索药品专利链接制度》和《新专利法中的药品保护研究》两本专著。为这一制度在中国的建立、落地及宣传做努力。当然,这些成果的完成离不开业内专家、律师及行业协会的大力支持。

## 三、海外实践与考量国情下的中国特色

**Q5:中国药品专利期延长和专利链接制度本身有哪些特点?**

A:药品专利期补偿和药品专利链接制度均来源于美国1984年实施的Hatch–Waxman法案,这一套制度在美国的实践证明是成功的,一方面,激发了药品企业创新的活力,促进了创新药向美国集中,使美国成为世界药品创新中心;另一方面,提升了仿制药公司的竞争能力,促进了美国仿制药的发展。使美国成为医药创新的中心,也成为仿制药的最大市场,同时,大幅缩减了消费者(患者)及政府的药费负担。在美国的推动下,目前有46个国家实行了专利保护期延长制度,加拿大、韩国等国家实行了药品专利链接制度。

我国在实行这两项制度时,必须要参照其他国家的成功经验,结合我国医药行业发展的特点,建立一套符合我国国情的激励保护医药创新、鼓励合法仿制的平衡制度。经过努力,可以说这套制度在中国已经形成,它具体体现在2021年6

月1日生效的《专利法》第42条及第76条中，与之相配套实施的《专利法实施细则》和国家药品监督管理局、国家知识产权局发布的《药品专利纠纷早期解决机制实施办法(试行)》、最高人民法院发布的《关于审理涉药品上市审评审批专利民事案件适用法律若干问题的规定》和国家知识产权局发布的《药品专利纠纷早期解决机制行政裁决办法》中。

目前来看，我国这两项制度确实有自己的特点，主要包括：

第一，国家知识产权局在审查发明专利中，如果自发明专利申请日起满4年，且实质审查请求之日起满3年之后授权的，就由于审查中的不合理延迟要给专利权期限补偿。这种做法除美国之外，其他国家并不多见。其目的在于以此敦促专利审查提速，使发明专利尽早授权，获得保护。

第二，由于药监局对新药药品上市审评审批占用的时间要给予专利权期限补偿。补偿期限不超过5年，使药品批准上市后其在市场上专利独占期期限不超过14年。这与美国的期限规定是相同的，但在具体计算方式上则采用了欧盟的计算方法。

第三，药品专利期延长仅针对“新药”专利，这里“新药”的概念源于药品上市注册审查分类表，它将新药又分为若干类，在中国可以享受延长的新药仅限于“创新药”及“改良创新药”。

第四，药品专利链接制度贯以“药品专利纠纷早期解决机制”，使这一制度的立法目的更加明确。但将专利挑战的纠纷规定为“是否落入专利权保护范围”纠纷，明确是否落入专利保护范围与侵犯专利权诉讼并不“画等号”，这是两类不同的纠纷。

第五，针对“是否落入专利权保护范围”纠纷的解决途径，既可以向有专门管辖权的北京知识产权法院提起诉讼，也可以向国务院专利行政机关请求行政裁决。而且无论是专利权人还是仿制药企，均可以作为请求人或原告提起这类纠纷的行政裁决或者诉讼请求。

第六，由于遏制期为九个月，与韩国规定相同，时间比较短。所以国务院行政机关对“是否落入专利权保护范围”纠纷的行政裁决结果和法院对“是否落入专利权保护范围”民事纠纷的判决结果与药监局是否批准仿制药上市关系可能并不十分紧密。

第七，首个专利挑战获得成功且首个获得批准上市的仿制药可以得到12个月的市场独占期，与我国台湾地区的规定相同。这个时间相对美国的180天而言多了一倍,对仿制药而言是有利的。

第八,专利权人如果滥用权利,提起"是否落入专利权保护范围"纠纷的诉讼又无正当理由撤诉,或者诉讼请求没有得到支持,给仿制药企因暂停批准药品上市所受到的损失可能要赔偿。这一规定与加拿大做法相似。

以上这些做法是具有中国特色的,虽然参考了其他国家的相关规定,但与其他国家的规定也有很大不同,需要医药企业在制度落地后加以熟悉了解。也有待于在实施过程中总结经验、不断完善。

## 四、牢记立法初心,释放创新活力,惠及民生健康

**Q6:在您看来新制度的实施对医药企业而言意味着什么?**

A:药品专利保护期延长和药品专利链接制度在国外实施已经有了些年头,时间有长有短,各见成效,但在我国还是全新的制度。这两项制度的实施,会给医药行业带来新的挑战与机遇,对医药企业而言,无论是创新药企还是仿制药企均会受到很大影响,但最终影响和受惠的还是广大患者和人民群众。

有人说,对我国医药行业而言,"创新是未来的希望,仿制是现在的饭碗"。所以,医药企业要重新调整企业方向,根据法律的变化重新进行布局,要更加重视创新,在创新中注重申请专利的质量,及时调整申请策略,及时关注竞争对手动向,及时查询中国上市药品专利信息平台信息。作为仿制药企业也应当做好专利挑战的诉前分析准备、技术比对,不打无准备之仗,在合理合法的前提下开展仿制,利用新的法律制度使药品仿制质量水平上一个新台阶。我认为,未来在中国医药市场上的竞争对手,更多的可能不是中国药企与外国药企、跨国药企的竞争,而是创新药与仿制药的竞争。在这场博弈中,高质量的创新药企、创新药品会大量出现,高质量、低价格的仿制药也会大量出现,以满足人民对药品的不同需求。

**Q7:如何评价这两项制度的利与弊,评价的标准又是什么?**

A:检验一项制度的好与不好,不能仅看法律制度、法律条文如何规定,规章制度如何写,还要看执行落实是不是到位。更要经过一定时间的实践检验才能有结论,它的效果要过几年才能逐渐显现。

检验的标准应该是:在中国申请药品专利的数量是不是大幅上升,药品专利质量是不是提高了?药品专利申请获权时间缩短、专利保护期是否真正得到了延长?国际创新药企是不是愿意到中国来投入创新药研发,及时在中国申请专利,并且将创新药尽早在中国申请上市?市场上中国患者享受到的创新药是不是明

显增多了？得到创新药的时间是不是与国际同步或者提前了？由于仿制药上市加快，药品价格是不是明显下降了？风险投资会不会有更大规模的投向创新药的研发？

为了能够实现这些目标，不能仅仅靠《专利法》中这两项新制度的落实，还要有与之相对应的其他法律法规及政策的出台与调整，这应该是一整套相关制度实施的结果。

总之，这两项制度实施一段时间后，再评估它是不是实现了立法初心，达到了立法目的。通过药品专利保护期延长制度，使外国的更多创新药品更早地进入中国申请专利，尽早在中国上市销售；通过药品专利链接制度，使仿制药和专利药之间的侵权纠纷早期得到解决；使广大患者能及时吃到更多好药、便宜药。

# 《专利法》中对药品保护的特殊规定及历史渊源[*]

作为以保护科技创新为宗旨的《专利法》，在推动我国"实施创新驱动发展战略、加快建设创新型国家"的宏伟目标进程中发挥着越来越重要的作用。2020 年完成的《专利法》的第四次修改，进一步提升了保护创新的水平，加大了对侵犯专利权行为的惩罚力度，尤其是在保护药品创新方面提高到了一个新水平。

我国现行《专利法》共 82 条、133 款，其中与药品专利保护直接或间接相关的规定有 10 条、13 款之多。可以说，药品专利保护问题在《专利法》中占有极其特殊的位置，没有任何一个行业有如此特殊的"待遇"。

## 一、1984 年第一部《专利法》出台

1978 年 12 月，党的十一届三中全会确立了中国实行改革开放、把全党的工作重点转移到经济建设上来的发展目标。为了在经济上开放搞活，使国内企业走出国门、外国投资进入中国，中国政府开始制定一系列相关法律法规政策。《专利法》正是在这种情况下开始起草的。

1979 年 3 月 19 日，《专利法》起草小组正式成立，1979 年 6 月 4 日，《专利法》草拟出第一稿，共 5 章 68 条，在草拟的《专利法》第一稿"不授予专利权的领域"中，就明确"医药品和诊断治疗方法"不授予专利权。[①] 随后历经 5 年的讨论、争论，先后修改了 25 稿，直至 1984 年 3 月 12 日我国第一部《专利法》经第六届全国人大第四次会议表决通过，"药品"均不在《专利法》保护之列。这当然是与我国当时药品行业的发展水平落后有极大关系。立法者给出的主要理由是：药品"因涉及公众利益和人民生活，不宜垄断"，当然"也有保护本国工业和市场的

---

* 本文原载于微信公众号"知产前沿"，2021 年 12 月 9 日。

① 赵元果编著：《中国专利法的孕育与诞生》，知识产权出版社 2003 年版，第 211 页。

考虑”。①

不仅如此，我国1984年《专利法》，特别强调了将实施专利作为权利人的义务。其中，第51条规定：专利权人有自己在中国制造其专利产品、使用其专利方法或者许可他人在中国制造其专利产品、使用其专利方法的义务。第52条规定：发明和实用新型专利权人自专利权被授予之日起满3年，无正当理由没有履行本法第51条规定的义务的，专利局根据具备实施条件的单位的申请，可以给予实施该专利的强制许可。这些规定虽然是针对所有授予专利权的发明或者实用新型专利而言，但其中尤其指向药品等行业是不言而喻的，当时的立法者怕由于专利权是一种垄断权，对于公众急需的药品而言，获得了专利权又不在中国实施，或者实施不充分，使国人无法从中获益，显然不符合立法本意。因此强调了专利权人在中国制造、使用专利的义务，在一定时间内如果专利权人没有履行实施的义务，政府就可以实施强制许可。

中国第一部《专利法》颁布后，立即受到国际上广泛好评。当时我国的立法过程并不像今天一样公开透明，《专利法》在整个起草过程中其内容都处于保密状态，只有少数内容向世界知识产权组织官员或外国专家征求过意见，直至全国人大常委会讨论通过，才正式予以公开。当时，美国众议院在得知中国《专利法》出台后，立即责成有关部门作了调查并形成专题报告。报告在赞赏中国《专利法》的同时，还提出批评和担心，“认为中国专利法提供的保护不如美中贸易协定中，美方向中方专利权人提供的保护多，例如，化学物质和药品在中国是不受专利保护的。这些规定不符合美中贸易协定中有关‘相应专利保护’的规定”。② 但基于当时的立法背景，国际社会仍是以赞扬为主。

与此同时，也是在1984年，美国国会根据美国社会当时的医药行业发展状况，经过长期争论通过了《药品价格竞争与专利期补偿法案》，俗称Hatch－Waxman法案。该法案围绕药品创新保护的主题，主要内容包括药品专利期延长、Bolar例外、药品专利链接、试验数据保护等。在对药品实行严格专利保护的情况下，开始考虑平衡药品创新与仿制的关系，协调对药品的专利保护与药品上市行政审批之间的关系。

简单说，美国通过“延长药品专利保护期”，以弥补食品药品监督管理局（Food

① 段瑞林：《专利法知识简介》，专利文献出版社1981年版，第19页。

② 赵元果编著：《中国专利法的孕育与诞生》，知识产权出版社2003年版，第304页。

and Drug Administration,FDA)对新药申请常规审批所损失的时间,使得致力于新药研发的创新药企业能够获得充分保护,以达到促进创新的目的;通过明确 Bolar 例外,使仿制药提前启动仿制,以保证在专利药到期时仿制药及时上市;通过"药品专利链接"制度,提高了药品专利质量,将可能的专利侵权纠纷提前解决,减少了仿制药上市后的侵权纠纷,促进了药品产业的发展;通过"药品试验数据保护",阻止仿制药申请人依赖其数据(新药安全性、有效性和质量保证数据)递交药品上市申请,以保护新药市场独占期,补偿其为获得实验数据而支付的大量资金投入。这一法案的实施,说明当时美国在医药行业方面的创新已经走在世界前列。

反观我国,1984 年《专利法》才刚刚颁布,当时药品行业还仅处于低水平仿制阶段,因此,《专利法》中明确不对药品给予专利保护确是当时国情的需要。

## 二、1992 年《专利法》第一次修改

1990 年至 1992 年,我国《专利法》进行了第一次修改。这次修改在医药方面的最大变化之一,就是取消了药品不给予专利保护的规定。从 1985 年《专利法》实施至《专利法》第一次修改的 8 年间,我国对药品不给予专利保护的原因并没有发生本质变化,但此时为什么要在第一次修改《专利法》时取消对药品不给予专利保护的规定呢?原因大体有以下几个方面:

1. 中美贸易冲突:发生在 20 世纪 80 年代末 90 年代初的中美贸易冲突,涉及许多与知识产权有关的问题,对药品如何进行有效的专利保护就是争论焦点之一。经过中美两国政府的多轮谈判协磋商,最终于 1992 年 1 月 17 日签订了《关于保护知识产权的谅解备忘录》。在该备忘录中,我国政府承诺在《专利法》中扩大专利权保护客体,即"专利应授予所有化学发明,包括药品和农业化学物质,而不论其是产品还是方法"。"中国政府应向其立法机关提交提供本条第一款规定保护水平的议案,并尽最大努力使修改后的专利法于 1993 年 1 月 1 日前通过并实施"。这也被许多人认为,中国《专利法》的相关修改是以美国为首的西方国家施压的结果。

2. 中国积极准备加入世界贸易组织:实行改革开放的基本国策之后,中国政府就决定采取积极行动,准备加入世界贸易组织(前身是关税与贸易总协定),并为使相关法律尽早与世界组织《与贸易有关的知识产权(包括假冒商品贸易)协议》(TRIPs 协议)基本要求相一致作出各种努力。TRIPs 协议在"能够获得专利

保护的主题"中明确规定:"专利应适用于对所有技术领域中的任何发明,不论它是产品还是方法,只要它具有新颖性、创造性和实用性即可。"因此,修改《专利法》扩大专利保护范围,将药品等纳入《专利法》保护范围也是为了与TRIPs协议的规定相协调。

3. 一些跨国药企对药品保护的要求:当时,一些外国药企得知中国将对《专利法》进行修改的消息后,纷纷向我国立法部门提出修改建议,认为:中国《专利法》应当保护药品和化学物质;"不给予药品专利保护,外国的制药公司只好不去中国投资和技术转让";"中国制药工业把主要财力、人力用在传统低效的仿制药生产上,即不经济,又不能向人民提供高质量的新药"。同时提出,"应当延长专利权的期限",对药品方面专利的保护不仅应该从15年延长到20年,对于药品而言,"日益增长的证据表明,甚至自专利权授予之日起17年或者自申请专利权之日起20年的期限,对现在的技术来说,其保护仍嫌不足"。① 这些建议及理由引起了有关部门的关注。

可见,《专利法》第一次修改取消了药品不给予专利保护的规定,既有国际社会的压力,也有我国自身发展的需要。当然,为了防止出现不测,《专利法》第一次修改在增加了对药品专利保护的同时,还对有关专利实施强制许可的条款进行了修改。第52条规定:"在国家出现紧急状态或者非常情况时,或者为了公共利益的目的,专利局可以给予实施发明专利或者实用新专利的强制许可。"这其中,"为了公共利益的目的"实施的强制许可,显然主要是针对药品专利而言的。《专利法》起草者也释明:"当国家紧急需要一种专利药品控制某种恶性传染病的蔓延时,如果专利权人自己既不生产或进口这种药品,也不允许别人生产或进口这种药品,他就滥用了其专利权,专利局就有权允许他人生产或进出口这种药品。"②

《专利法》第一次修改,尤其是对药品专利给予专利保护后,极大地激发了外国药企进入中国的积极性,加之中国在2000年正式加入世界贸易组织,开启了全球化进程,经济贸易得到快速发展。此时,跨国药企开始大举进入中国,并将各种创新药带进中国。据统计,1991年至2000年来华投资建厂的外国跨国药企达到39家,比1980年至1990年的15家增加一倍还多。

但我国在药品行业方面,尤其是药品创新方面进展变化却不大;据统计,从

---

① 参见中国专利局编:《专利工作动态》,1990年第32期。

② 尹新天:《中国专利法详解》,知识产权出版社2011年版,第515页。

1949年至2008年,属于我国自己的创新药仅有4个。这一方面说明,我国对药品创新仍不够重视,法律法规对创新的激励力度还不够,国内药品行业仍是以仿制为主;另一方面说明,对于药品这种特殊产品而言,创新并不容易,它不仅投资高,研发时间长,成功率也很低,获得专利和新药批准上市都很难。

### 三、2008年《专利法》第三次修改

2000年,中国《专利法》进行了第二次修改。在针对药品专利保护方面,由于当时《专利法》相关规定已经达到了TRIPs协议的保护水平,因此,在《专利法》第二次修改时,未涉及与药品相关的条款及内容。

2006年我国开始研究制定《国家知识产权战略纲要》,2007年党的十七大报告提出"实施知识产权战略",2008年6月《国家知识产权战略纲要》颁布。在这个纲要研究制定过程中,《中国药品领域知识产权问题研究》是20个子课题之一,课题对我国药品行业现状及未来发展作了系统研究,认为"美国专利链接制度是一个非常复杂的制度,包括多个环节和配套措施,我国不具备建立药品专利链接制度的基础和条件";"在我国仿制药快速审批制度尚未完善之前,也不宜实行药品专利期限延长制度"。

与此同时,我国《专利法》第三次修改工作也已启动。《专利法》第三次修改与以往不同,它是在广泛听取社会意见的情况下,针对《专利法》实施中的问题,列出专题,开展针对性研究,并在研究的基础上提出《专利法》修改完善建议。在这些专题报告中涉及与药品相关的主要是Bolar例外的规定有无必要写入《专利法》,而在这个专题的研究中不可避免地要对我国药品发展现状、水平作出论述,对与Bolar例外相关的药品专利期补偿与药品专利链接制度作出评述。基本结论是我国药品行业仍以仿制为主,在《专利法》中不宜增加过度保护创新的内容。①

《专利法》第三次修改草案在公开征求意见的过程中,国内外药企提出了各种意见。国内药企由于仍是以仿制药为主流,因此多呼吁、赞成在侵权例外的情形中增加"Bolar例外"条款为主。而国外药企的意见则不同。美国的有关政府机构和一些制药公司认为,我国《专利法》在规定"Bolar例外"的同时,还应当增加药品专利链接和药品专利保护期限延长的规定,其主要理由是:在美国,"Bolar例外"

---

① 参见《专利权的限制和例外》研究报告,项目承担单位:北京大学法学院;《〈专利法〉及〈专利法实施细则〉第三次修改专题研究报告》,知识产权出版社2006年版,第1492-1543页。

是与药品专利链接、药品专利保护期限延长制度相伴产生的,其为了平衡药品专利权人与仿制药生产商之间的利益以及专利权人与公众之间的利益,仅仅规定"Bolar 例外"会导致利益的失衡。欧盟和日本的有关政府机构和一些制药公司认为,我国《专利法》在规定"Bolar 例外"的同时,还应当增加药品专利保护期限延长的规定,其理由与美国相似。①

立法机关经过反复研究后认为,"所谓药品专利链接,是指美国专利制度采取的一种特殊做法","欧盟国家和日本的专利法没有类似规定"。"美国专利法规定提出药品上市许可申请本身就构成侵犯专利权的行为,这在世界各国中是极为特殊的做法,并未得到其他国家的一致认同。因此,在我国专利法中增加类似规定缺乏充足的理由。"同样,在中国以仿制为主的情况下,增加对于药品专利期延长的内容,似与中国国情不符。因此,这项内容均没有规定在《专利法》之中。②

最终,2008 年 12 月 27 日,《专利法》第三次修改获得通过,针对药品增加了两项内容:一项是,对仿制药提前开始仿制有利的"Bolar 例外",即第 69 条第 1 款第 5 项:"为提供行政审批所需要的信息,制造、使用、进口专利药品或者专利医疗器械的,以及专门为其制造、进口专利药品或者专利医疗器械的",不视为侵犯专利权,这无疑对仿制药是有利的;另一项是,增加了第 50 条,即"在特定情况下国务院专利行政部门可以给予制造并出口专利药品的强制许可",通过立法授权国家知识产权局在符合规定条件的情况下给予强制许可,允许我国企业制造有关专利药品并将其出口到符合我国参加的有关国际条约规定的国家或者地区,帮助解决其面临的公共健康问题。

## 四、2020 年《专利法》第四次修改

2011 年 11 月底,《专利法》开始进行特别修改。所谓"特别修改",即不是全面修改,而是根据需要仅针对几个条款作出修改。但修改的草案公开征求意见时遇到较大阻力,于是搁浅了。2014 年 6 月,全国人大常委会副委员长陈竺在第十二届全国人大常委会第九次会议上作《全国人法常委会执法检查组关于检查专利法实施情况的报告》,提出专利维权存在"时间长、举证难、成本高、赔偿低"的问题。由此,《专利法》第四次修改工作正式启动,至 2020 年 10 月修改完成,历时整

① 参见国家知识产权局 2008 年关于第三次《专利法修订草案(送审稿)》的说明。
② 参见国家知识产权局 2008 年关于第三次《专利法修订草案(送审稿)》的说明。

整10年。

在此期间，尤其是2015年以来，药品行业开始关注《专利法》的修改，其动因：

一是中国从2015年开始进行医药改革，内容包括：针对医药中存在的主要问题，对仿制药实行一致性评价，提高仿制药质量；加快药品上市审批，使国人尽快吃上好药；保护鼓励药品创新等。有关政府部门开始关注如何通过立法激励药品创新问题。

二是在每年的全国“两会”上，国内药企两会代表多次发出呼吁，建议修改完善专利法、保护药品创新，建立药品专利链接制度。因为中国的药品创新企业开始大量出现，许多仿制药企开始转向创新，或者仿创结合。可以说，国内医药企业对保护药品创新有了新的需求。

三是创新药品逐渐在中国出现，从2008年至2018年，中国有38个新药批准上市；到2020年中国药品创新从第三梯队进入第二梯队，并很快成为世界药品创新第二梯队的“领头羊”。创新药的大量出现，使药品创新者及投资人对保护创新的需求增加。

正是在这种情况下，2017年10月8日，中共中央办公厅、国务院办公厅联合发布《关于深化审评审批制度改革鼓励药品医疗器械创新的意见》。文件中明确了36项与医药医疗有关的改革措施，其中包括：建立上市药品目录集、探索建立药品专利链接制度、开展药品专利期限补偿制度试点、完善和落实药品试验数据保护制度、促进药品仿制生产等与知识产区相关的内容。这一医药改革纲领性文件的出台，对正在修订的《专利法》中增加与药品保护相关的内容指明了方向，奠定了基础。实际上，《专利法》第四次修改中要不要增加与药品相关内容的讨论，并不是一开始就有的，而是到了2017年以后才开始展开。

2019年11月，中共中央办公厅、国务院办公厅发布的《关于强化知识产权保护的意见》，再次明确要“探索建立药品专利链接制度、药品专利期限补偿制度”。

2019年12月23日，全国人大常委会正式讨论《专利法》第四次修改草案，在这次修改稿（以下简称一读稿）中第一次出现了“药品专利期补偿”条款。

2020年1月15日，中美两国政府签订了一期经贸协议，内容涉及“药品专利期补偿”“药品专利纠纷早期解决机制（药品专利链接）”等内容；这一协议的签订，进一步推动了《专利法》中增加相关内容的速度。

2020年6月28日，第十三届全国人大常委会第二次审议《专利法》修订草案（以下简称二读稿），其中明确增加“药品专利期补偿”和“药品专利纠纷早期解决机制”两项条款。根据相关全国人民代表大会宪法和法律委员会的汇报,“落实有关经贸协议,涉及在专利法中对专利保护期补偿和药品专利纠纷早期解决机制问题作出规定。根据国家知识产权局关于专利保护期补偿问题的修改建议,国家药监局关于药品专利纠纷早期解决机制问题的修改建议,以及国家知识产权局关于专利新颖性问题的修改建议,在草案中分别增加了相应规定”。①

2020 年 10 月 17 日,经第十三届全国人民代表大会常务委员会第二十二次会议第三次审议,通过了修改《专利法》的决定。新修订的《专利法》于 2021 年 6 月 1 日起实施。

## 五、结论

历时十年的《专利法》第四次修改,进一步加大了对专利创新的保护力度及对侵犯专利权行为的打击力度。经过第四次修改的《专利法》中,作为特殊产品的药品除了与其他产品一样享受专利法保护之外,还确立了一系列与药品保护直接相关的重要制度条款,包括:

1. 药品专利期补偿制度。即第 42 条第 3 款:“为补偿新药上市审评审批占用的时间,对在中国获得上市许可的新药相关发明专利,国务院专利行政部门应专利权人的请求给予专利权期限补偿。补偿期限不超过五年,新药批准上市后总有效专利权期限不超过十四年。”

2. 药品专利纠纷早期解决机制(药品专利链接制度)。即第 76 条:“药品上市审评审批过程中,药品上市许可申请人与有关专利权人或者利害关系人,因申请注册的药品相关的专利权产生纠纷的,相关当事人可以向人民法院起诉,请求就申请注册的药品相关技术方案是否落入他人药品专利权保护范围作出判决。国务院药品监督管理部门在规定的期限内,可以根据人民法院生效裁判作出是否暂停批准相关药品上市的决定。

“药品上市许可申请人与有关专利权人或者利害关系人也可以就申请注册的药品相关的专利权纠纷,向国务院专利行政部门请求行政裁决。

“国务院药品监督管理部门会同国务院专利行政部门制定药品上市许可审批与药品上市许可申请阶段专利权纠纷解决的具体衔接办法,报国务院同意后

① 参见全国人民代表大会宪法和法律委员会关于《中华人民共和国专利法修正案(草案)》修改情况的汇报,载 https://www.cnipa.gov.cn/art/2020/6/28/art_2196_153719.html。

实施。”

3. 侵权例外中的 Bolar 例外。即第 75 条第 1 款第 5 项:“为提供行政审批所需要的信息,制造、使用、进口专利药品或者专利医疗器械的,以及专门为其制造、进口专利药品或者专利医疗器械的”行为,不视为侵犯专利权。

4. 强制许可制度。即第 54 条:“在国家出现紧急状态或者非常情况时,或者为了公共利益的目的,国务院专利行政部门可以给予实施发明专利或者实用新型专利的强制许可。”第 55 条:“为了公共健康目的,对取得专利权的药品,国务院专利行政部门可以给予制造并将其出口到符合中华人民共和国参加的有关国际条约规定的国家或者地区的强制许可。”

此外,还有许多条款直接或者间接有药品专利保护有关。如:

第 24 条第 1 款第 1 项:“在国家出现紧急状态或者非常情况时,为公共利益目的首次公开的”不丧失新颖性;

第 26 条第 5 款:“依赖遗传资源完成的发明创造,申请人应当在专利申请文件中说明该遗传资源的直接来源和原始来源;申请人无法说明原始来源的,应当陈述理由”;

第 42 条第 2 款:“自发明专利申请日起满四年,且自实质审查请求之日起满三年后授予发明专利权的,国务院专利行政部门应专利权人的请求,就发明专利在授权过程中的不合理延迟给予专利权期限补偿,但由申请人引起的不合理延迟除外。”

第 75 条第 1 款第 4 项:“专为科学研究和实验而使用有关专利的”不视为侵犯专利权;等等。

至此,中国《专利法》对药品创新的专利保护已经达到了新的水平。可以预见,《专利法》第四次修改中增加的与药品相关的制度内容,社会影响大、涉及面广,必将对我国医药行业未来的发展产生重大影响。

# 专利法对药品创新的特殊保护*

现行《专利法》在2020年10月17日四修通过，自2021年6月1日起实施。《专利法》共82条、133款，其中与药品直接相关条款有10条、13款，占比近1/10，非常重要。药品是一种特殊商品，药品行业的发展离不开专利保护，更依赖于专利保护，也只有药品既需要激励创新，又需要鼓励依法仿制，因此，药品专利保护问题在《专利法》中有着极其特殊的位置，没有任何一个行业可以与之相比。

## 一、专利保护制度

《专利法》的立法宗旨是保护专利权人的合法权益，鼓励发明创造，推动发明创造的应用，提高创新能力，促进科学技术进步和经济社会发展，其根本目的是鼓励发明创造，保护权利。专利制度的特点，通俗来讲，就是以公开换保护，通过公开技术创新内容，取得独占权，并获得法律的严格保护。这与商业秘密只保护未公开的秘密信息有着本质区别。而要获得保护也是有条件的，法律上规定了相关技术方案需要满足"三性"要求，即新颖性、创造性、实用性。一旦专利获得授权，就成为一种独占权、垄断权，未经权利人许可，任何人不得实施，一旦发生侵权行为，就会产生严格的侵权责任，包括停止侵权行为、赔偿经济损失等。对药品专利而言，对于专利授权审查的争论主要集中在其审查标准是否应与普通专利有所区别，以及更为常见的，是否允许在提交专利申请后补交额外数据。1952年7月起，美国对药品专利的审查更为严格，要求完全公开说明成分及生产过程才可以授予专利权。1994年美国进一步完善相关专利法，使之更有利于对发明人的保护，特别是在保护药品创新方面。据《中国专利报》1995年1月3日发布报道称："当年，美国专利商标局局长雷曼宣布：'专利商标局不再要求生物技术产品专利申请人提供临床试验证明，专利审查员将不再向申请人提出不切实际、极难做到的要

* 本文原载于微信公众号"知产前沿"，2022年10月12日。

求。'‘因为制药公司在专利尚未批准、专有权未确立之前,一般很难下决心对有希望的新药进行人体临床试验。'‘临床试验是新药开发过程中必不可少的一个环节,专利保护为临床试验筹措资金提供了方便。'这一变化是美国专利局与生物技术、制药工业界认真讨论研究后作出的一个重大决定。它将对美国专利商标局的专利审查实践产生深远的影响,也可能引起其他国家专利局专利审查实践的变化。"中国虽然在加入TRIPs协议以及2001年加入世贸组织后对相关专利法规进行了修改,提高了保护水平,但在2006年修改的《专利审查指南》中对补充数据作了严格限制。因为这一时期申请医药发明主要都是国外企业,在保护上强调严格为主,即严格限制对权利要求的扩大解释。

2013年前后,美国多次与中国谈判,顺应时势,中方在2013年重申中国《专利审查指南》允许申请人在提交专利申请后补交额外数据。中方确认,上述解读已在专利的审查、复审和法院陈述中生效。中美双方相关部门将就具体案件交换信息。

2014年,第25届中美商贸联委会在芝加哥召开。中美双方达成以下共识:关于数据补充提交问题,在第24届中美商贸联委会后,中美双方保持了有效和广泛的讨论,中方已经依据中国的法律和法规,在实践中进行了改进。2018年4月27日,美国贸易代表办公室(United States Trade Representative,USTR)发布《2018年特别301报告》,指出,中国《专利审查指南》修正案于2017年4月1日生效,涉及支持药品专利申请而提交的补充材料和其他事项的处理……实际上专利审查员并未将《专利审查指南》应用于所有与补充材料密切相关的审查问题,因此往往导致申请被驳回,即便其他国家或地区的专利授权机构通常会授予对应的专利。为了更好地促进创新,并使中国与其他主要专利国家保持一致,该指南还需要进一步的解释。由此可见,美国一直十分关注药品创新的保护,中美就补充数据问题进一步的谈判也在逐渐展开。

天同诉讼圈2021年发布的《2021医药知识产权回顾与展望》报告显示,2021年,105件医药专利无效请求进入口审或审结。审结的76件中,全部无效30件,占比40%左右;部分无效19件,占比25%左右;维持有效27件,占比35%左右。2021年审结的无效案件中,"权利要求不具备创造性"是被最频繁提及的无效理由(70件),占比高达92.1%,相较于2020年的64.4%有大幅增长。基于公开不充分(30.3%)、权利要求得不到说明书支持(39.5%)的无效理由仍然占比很高,这和医药领域的特点不无关系。

超凡研究院发布的《2021 年中国专利无效决定统计分析》报告，通过对 2021 年国家知识产权局发布的 5240 件无效宣告请求审查决定进行统计后发现，全部发明专利被全部无效的比例，为该类案件的 31.6%；药品无效占比 40% 左右。发明专利被部分无效的比例为 23.6%；药品部分无效占比 25% 左右。发明专利被维持有效的占比 44.8%；药品维持有效占比 35% 左右。2021 年审结的药品发明专利无效案件中，“权利要求不具备创造性”是被最频繁提及的无效理由（70 件），占比高达 92.1%，相较于 2020 年的 64.4% 有大幅增长。概言之，目前我国对药品专利申请的审查仍十分严格，相对其他行业的专利，药品发明专利更难获得授权，而与之相对，药品专利被无效比例更高。

## 二、强制许可制度

1985 年《专利法》对此已有规定。在 1993 年和 2000 年修改时再次强调。强制许可制度的立法目的从《专利法》第 54 条和第 55 条的规定可见一斑。第 54 条规定，国家出现紧急状态或者非常情况时，或者为了公共利益的目的，国务院专利行政部门可以给予实施发明专利或者实用新型专利的强制许可。第 55 条规定，对取得专利权的药品，国务院专利行政部门可以给予制造并将其出口到符合我国参加的有关国际条约规定的国家或者地区的强制许可。可见，专利强制许可制度在紧急状态或者非常情况时考虑到公共利益目的，可以即刻实施相关专利。但是这些条款实施条件严格，需要单位及个人申请，陈述理由，并提交证据经过国知局审查后，作出裁决。同时规定了相关的司法审查和司法救济途径。除了法律层面的规定，我国在 2003 年 6 月、2005 年 11 月、2012 年 3 月也先后出台了相关实施办法。但迄今为止，尚未出现一件强制许可的实例。

## 三、侵权例外（Bolar 例外）

Bolar 例外是指《专利法》第 75 条规定，“不视为侵犯专利权：……（五）为提供行政审批所需要的信息，制造、使用、进口专利药品或者专利医疗器械的，以及专门为其制造、进口专利药品或者专利医疗器械的”。这是专门针对药品的规定，其立法目的是鼓励仿制药企提前启动仿制工作，保证仿制药在创新药专利期满后能及时上市，迅速降低药品的价格，让患者能够及时受益。有的法院在案例中认为 Bolar 例外的立法目的是克服专利保护期限届满之后才对仿制药和医疗器械上市进行审批所带来的时间延迟，这样的认识并不准确。

应该注意,Bolar 例外是一种侵权例外行为,其行为并不是不侵权,而是考虑到药品这种产品的特殊性,不把这种行为作为侵权行为对待。

## 四、专利保护期补偿

《专利法》第 42 条第 2 款规定,自发明专利申请日起满 4 年,且自实质审查请求之日起满 3 年后授予发明专利权的,国务院专利行政部门应专利权人的请求,就发明专利在授权过程中的不合理延迟给予专利权期限补偿,但由申请人引起的不合理延迟除外。该条款旨在弥补专利局审查所耽误的时间。但由于实际上中国专利审查时间已经大大缩短,对大多数专利而言,立法者也预见到了相应结果,我国专利审查能力总体上能够较好满足此项要求,可以预见,因专利审查迟延而需要给予专利权期限补偿的情况将不会太多。但通过部分由最高人民法院审理的药品专利诉讼可以看出,部分药品专利从申请日开始到授权经历了 10 年之久,因此,该条款对药品专利的保护还是有很大作用的。

第 42 条第 3 款规定,为补偿新药上市审评审批占用的时间,对在中国获得上市许可的新药相关发明专利,国务院专利行政部门应专利权人的请求给予专利权期限补偿。补偿期限不超过 5 年,新药批准上市后总有效专利权期限不超过 14 年。这是为弥补创新药为获得上市批准(国家药监局对新药申请常规审批)而造成的有效专利期(从产品上市起的市场独占期)的损失而设置的制度。通过对符合特定条件的专利药品在专利期限届满后,针对其审批等所耗费的时间再额外获得一定时间期限的专利期延长,延长药品专利寿命,以达到鼓励创新药的研发,促进创新之目的。具体实施操作方面由《专利法实施细则》及《专利审查指南》予以明确和细化。

## 五、药品专利链接制度:专利纠纷早期解决机制

《专利法》第 76 条规定药品上市审评审批过程中,药品上市许可申请人与有关专利权人或者利害关系人,因申请注册的药品相关的专利权产生纠纷的,相关当事人可以向人民法院起诉,请求就申请注册的药品相关技术方案是否落入他人药品专利权保护范围作出判决。国务院药品监督管理部门在规定的期限内,可以根据人民法院生效裁判作出是否暂停批准相关药品上市的决定。这一制度的立法目的是提前解决专利纠纷,尽量减少仿制药上市后的侵权纠纷,加快仿制药上市,提高创新药品专利质量。目前该制度还涉及两个规章及一个司法解释,即

2021年7月4日国家知识产权局和国家食品药品监督管理局发布的《药品专利纠纷早期解决机制实施办法(试行)》,2021年7月5日国家知识产权局发布《药品专利纠纷早期解决机制行政裁决办法》,以及2021年7月5日最高人民法院出台的《关于审理涉药品上市审评审批专利民事案件适用法律若干问题的规定》。这几个规定构成了我国专利纠纷早期解决机制的一个基础和框架。此外,药品专利纠纷早期解决机制还可能涉及2021年5月26日国家知识产权局发布的《重大专利侵权纠纷行政裁决办法》的相关内容。

《药品专利纠纷早期解决机制实施办法(试行)》规定了专利纠纷早期解决机制的几个具体构成要素,包括:

(1)"桔皮书":创新药企可以将好的专利药涉及的有效专利在"桔皮书"中发布,以完成上市药品公告义务,增加透明度,使仿制药企有仿制目标,指定仿制和/或挑战规划。

(2)仿制药简化申请:减轻仿制药经济负担。

(3)专利挑战:仿制药根据实际情况提交相关声明,通过专利挑战提前解决侵权纠纷,降低仿制药上市后侵权诉讼风险,同时尽早稳定专利权,减少社会成本,此外,还有助于减轻审判压力(因为一旦侵权,停止侵权,对患者用药产生压力)。这实际上形成一种过滤机制,即药品上市不侵权,侵权药品上不了市。

(4)首仿独占:通过赋予首个挑战成功的仿制药企"首仿市场独占期",激励其参与竞争,挑战专利权。

实际上,从严格意义上来说,这几项内容都与专利权无关,也并不属于专利制度所要调整的内容,所以《专利法实施细则》也不会涉及。《药品管理法实施条例》(修订草案征求意见稿)第38条和第39条也有关于专利链接内容的规定。实际上,药品专利链接制度的具体操作主要是药监局的职责,确实应该规定在药品相关法律法规中。《专利法》是保护一切技术领域的创新的。就药品专利链接制度而言,只要明确仿制药申请上市审评审批行为的性质(拟制侵权行为)就可以,没有必要把这一制度的具体内容也写进《专利法》,而应当写进药品法。

《专利法》是保护创新的法律,药品在专利法保护中有着特殊的位置,也有着特殊的规定,这些规定每一条都有着其立法目的和其要解决的问题。而落实具体条款和具体制度要靠具体办法,只有具体办法落实好了,制度才能真正得到落实,不能"眉毛胡子一把抓",将各种小制度的目的和实施办法混为一谈,否则就会造成混乱的局面。

了解《专利法》对药品的特殊规定和特殊保护，尤其是这些规定的立法目的十分必要，这不仅有利于更加准确地制定具体操作办法，而且有利于统一思想认识，遇到问题时提高解决问题的效率，并有助于推动医药企业在良好的法律环境保护下发展壮大。

# 药品专利纠纷早期解决机制

# 关于落实和完善《专利法》中药品专利纠纷早期解决机制相关规定的建议

2020年10月17日,第十三届全国人民代表大会常务委员会第二十二次会议审议通过了修改《专利法》的决定,历时十多年的关于《专利法》修改的讨论也暂告一段落。此次《专利法》修改的亮点之一是增加了第76条关于药品专利纠纷早期解决机制的相关规定,从法律层面明确了相关制度的方向,而这一制度如何落实和发挥作用,还有赖于具体规则的制定、协调与实施。

鉴于此,国家药监局、国家知识产权局于2020年9月11日发布了《药品专利纠纷早期解决机制实施办法(试行)(征求意见稿)》(以下简称实施办法征求意见稿),最高人民法院于2020年10月29日发布了《关于审理涉药品上市审评审批专利民事案件适用法律若干问题的规定(征求意见稿)》(以下简称司法解释征求意见稿),国家知识产权局于2021年2月9日发布了《药品专利纠纷早期解决机制行政裁决办法(征求意见稿)》(以下简称行政裁决办法征求意见稿)。这些行政规章和司法解释从不同部门的角度出发,对《专利法》第76条规定的药品专利纠纷早期解决机制的具体操作规程作出规定,共同构成药品专利纠纷早期解决机制的制度框架,并于2021年6月1日起与《专利法》共同生效实施。

经过仔细研究后,我们认为,其中有一些规定仍有待进一步完善。

第一,制度设计应以保护创新为前提,并最终达到创仿平衡及实现药品可及性的政策目标。

专利制度是保护创新的制度,各个领域的科学技术创新方案都是《专利法》保护的对象。而在众多技术领域中,医药行业有着其特殊性。新药的研究开发投资大、风险大、难度大和周期长,因此,药品研发成果更有赖于强有力的、充分的专利保护,为其获得高收益提供关键制度保障,由此推动药品研发的可持续发展。引进药品专利纠纷早期解决机制符合《专利法》保护创新的立法目的,也符合党和国家倡导的鼓励创新的政策导向。药品专利纠纷早期解决机制应当建立在用专利制度保护药品创新基础上,没有对药品创新成果的专利保护,创新积极性将受到打击,没有创新,仿制药也无药可仿,更谈不上设计药品专利纠纷早期解决机制。因此,在进行药品专利纠纷早期解决机制的制度设计时,应以关注保护创新为优先和主导,在此基础上,再考虑鼓励仿制,最终实现创仿平衡和整个产业的健康、可持续发展。但就已经或正在征求意见的行政规章和司法解释的具体规定来看,有些规定明显不利于创新药产业的发展,由此可能导致在制度具体实施之后无法实现创仿平衡,甚至无法实现制度设计的目的。

例如,司法解释征求意见稿第 3 条规定的消极的确认之诉没有时效限制,该规定比《专利法》二次审议稿对于仿制药的限制更为宽泛,其结果可能是创新药不得不随时面临确认不落入专利权保护范围的纠纷的巨大威胁中,因此,建议明确,“专利权人或者利害关系人未能在法定期限内提起诉讼的,仿制药申请人可以在期限届满后三十日内向人民法院提起请求确认不落入专利权保护范围的诉讼”。

司法解释征求意见稿第 10 条规定不能申请行为保全禁止申请和审批行为,要禁止上市行为需提供担保。这一规定实际上与韩国的规定是一样的,即专利挑战的结果是不禁止审批行为,而禁止上市行为。但由于在中国,一旦获得批件(而且只有永久批件,没有临时批件),仿制药可以随时上市。因此,建议删除该规范,并在实施办法中明确:

“被仿制药品的专利权人或者利害关系人胜诉的,法院应裁决在涉案专利保护期届满之前,国家药品监督管理机关不得批准仿制药申请人的上市申请。

仿制药申请人在专利链接纠纷中胜诉的,国家药品监督管理机关在首家挑战成功的仿制药申请人市场独占期届满之前,不得批准其他仿制药申请人的仿制药上市申请。”

实施办法征求意见稿第 14 条规定,即使判决结果后续被改判了,批件也不会撤销,也就是创新药将时刻面临仿制药上市的威胁,市场确定性难有保障,建议在该条增加一款,明确,“经法院认定构成侵权的,应撤销已经依法批准的药品的上市许可,并予以公示”。

第二,药品专利纠纷早期解决机制的立法目的是药品专利纠纷的早期、有效解决。

无论是《专利法》第 76 条旨在为药品专利纠纷早期解决机制提供必要法律依

据的相关规定,[①]还是中美“第一阶段经贸协议”建立专利纠纷早期解决的有效机制的相关规定,都可以看出,该制度设计的立法目的旨在实现药品专利纠纷的早期、有效解决。早期解决指的是尽可能在仿制药上市前解决专利权人与仿制药申请人之间的专利侵权纠纷。尽管药品专利链接制度并不能在仿制药上市前解决所有的专利侵权纠纷,但从实施该制度的各国的实践来看,实施该制度后,仿制药上市后的纠纷数量是有明显减少的。有效解决指的是可以使当事人、社会公众得到一个确认的结果,使得创新药企和仿制药企能明确商业确定性,创新药企能够合法地行使专利权,收回研发成本;仿制药企无须在仿制药获批上市后还要因专利侵权而不得不承担停止侵权、损害赔偿的法律责任;患者不至于在仿制药获批上市后,因为其构成侵权不得不退市而不得不再次面临无廉价药可吃,再次转向费用高昂的原研药的尴尬境地。尽管从其他国家的实践来看,也存在个别仿制药上市后退市的情形,但这并非主流。通过药品专利链接制度的实施,绝大多数创新药企与仿制药企之间的专利侵权纠纷是可以在仿制药上市前得以有效解决的。这个制度的设计绝不是在仿制药上市前为创新药和仿制药增加更多的麻烦和困扰,但就现有的规定来看,似乎达不到在仿制药上市前快速、有效解决纠纷的目的,反而会给创新药和仿制药增加更多的诉累。

例如,相关行政规章和司法解释中都没有规定仿制药企的通知义务,这也就意味着创新药企必须实时关注药监部门的公告,否则极有可能错失或浪费提起异议的机会,也不利于创新药企及时了解仿制药企申请的相关信息,进而无法获得相关证据寻求司法或行政救济,这将极大增加创新药企的信息监控义务。

据此,建议将实施办法征求意见稿第 7 条第 1 款调整为:“专利权人或者利害关系人对专利声明、声明依据有异议的,可以自收到仿制药申请人的通知之日起 45 日内,就申请上市药品的相关技术方案是否落入相关专利权保护范围向人民法院提起诉讼或者向国务院专利行政部门申请行政裁决。”

司法解释征求意见稿第 3 条第 1 款调整为:“专利权人或者利害关系人应当在收到仿制药申请人的通知后四十五日内向法院提起专利法第七十六条所称诉讼的,应当符合民事诉讼法关于起诉条件的规定,并在起诉时提交下列证据材料:……”

---

① 《专利法修正案草案三审为药品专利纠纷早期解决机制提供法律依据》,载中国人大网:http://www.npc.gov.cn/npc/c30834/202010/a3ba7681dd91414c88a54850d2e776a5.shtml。

又如，对于故意将无关专利纳入上市药品专利信息登记平台的申请人要实施失信联合惩戒，但却没有提供任何纠错或调整的机会。因此建议在实施办法征求意见稿第 4 条新增第 2 款和第 3 款，明确：

“申请人或者药品上市许可持有人发现已登记的药品专利信息不符合要求的，可以向国务院药品监督管理部门请求变更或删除。国务院药品监督管理部门经核实后，应对已登记的药品专利信息进行变更或删除。

仿制药申请人或其他利害关系人认为已登记的药品专利信息不符合要求的，可以向国务院药品监督管理部门提出异议，国务院药品监督管理部门在收到异议后 20 日内，应通知申请人或者药品上市许可持有人在 45 日内就相关异议作出回复，并决定是否对已登记的药品专利信息进行变更或删除。”

实施办法征求意见稿第 15 条修改为：“对违反诚实信用原则，故意提交虚假信息的专利权人或药品上市许可持有人或仿制药申请人，依法实施失信联合惩戒，申请人在一年内不得再次申请该品种的注册申请，已经登记的上市药品专利信息予以变更或删除，已经核发的仿制药上市许可予以撤销；违反相关法律法规规定的，依法处理；侵犯专利权人相关专利权的，承担相应的法律责任。”

同时，建议在司法解释中增加关于此类诉讼的规定，包括管辖等，明确与专利法第 76 条相关纠纷案件的管辖，规定；“下列案件不属于专利法第七十六条相关纠纷案件，但应当适用专利法第七十六条纠纷案件的专属管辖规定：

（一）涉及中国上市药品专利信息登记平台登记错误的修正与调整相关的行政诉讼。

（二）涉及滥用中国上市药品专利信息登记平台制度的惩戒的行政诉讼。

（三）当事人不服国务院专利行政部门对是否落入专利权保护范围作出的行政裁决的诉讼。”

再如，无论是司法解释征求意见稿还是行政裁决办法征求意见稿中没有关于具体时效的规定，也没有关于此类案件加速审理或优先审理的规定，但这类案件的审理结果又要受到 9 个月等待期的制约，按照现行的审理程序，很多案件可能都无法在 9 个月内作出生效判决（行政裁决需要经过司法审查），可以药监局直接作出是否批准仿制药上市的决定，将相关纠纷留待仿制药上市后再解决，这样的规定并不能达到纠纷早期、有效解决的目的。因此，建议在司法解释中明确：

“受理法院在收到专利法第七十六条诉讼的起诉状后，应当在七日内立案，并通知双方当事人。

立案后，相关当事人应当在五日内将立案通知书副本转交国家药品监督管理机关。立案通知书登载的立案日期即为等待期的起算日期。

被告应当在收到起诉状之日起十日内向受理法院提交答辩状及相关证据。”

“专利法第七十六条纠纷案件由专门审判庭审理。一审法院应自一审案件立案之日起四个月内审结。

当事不服一审判决，在法定期限内提起上诉的，一审法院应当在收到当事人的上诉诉状后及时通知对方当事人，并在一个月内将上诉状及相关案件材料递交二审法院。

二审法院应自二审案件立案之日起二个月内审结。

涉外案件适用本条之规定。”

此外，目前确认落入保护范围之诉，侵权之诉、无效之诉、确认落入保护范围行政裁决的司法复审等各种程序的衔接也并不明确，由此可能导致多个民事、行政程序相互交织，不仅增加了当事人的诉累，也很难在等待期内作出生效裁决，这需要行政裁决办法、司法解释、实施办法进行相互衔接和协调。

第三，相关制度设计应当使得创新药和仿制药都能从中获益，方能促进争议医药产业的发展，但目前的制度设计中，创新药整体处于不利地位。

最典型的是司法解释征求意见稿第 17 条规定的的创新药败诉反赔制度，这将使得创新对是否提起请求确认落入专利权保护范围之诉保持非常慎重的态度，而且也不可能避免因为仿制药提起消极的确认之诉而可能面临的败诉反赔的威胁。这将使得专利权人是否愿意提起请求确认落入专利权保护范围之诉可能存疑。建议删除该条规定。

相对于其他国家和地区批准等待期通常长于或等于首仿药独占期的规定而言，目前中国的规定是等待期为 9 个月，而首仿药独占期为 12 个月，姑且不论 9 个月内法院是否能作出生效判决，在制度整体设计上，似乎对创新药也有失公平。而按照目前的实践操作，在 9 个月等待期内极有可能不能解决大部分纠纷，特别是司法程序需要完成两审。因此建议将等待期相应延长成 18 个月或 24 个月。

事实上，在相关部门制定药品专利纠纷早期解决机制时，似乎汇集了实施药品专利链接制度的各国家对于仿制药有利的条款，但完全忽略了相关的元素是在其本国完整制度框架下的构成元素，是与其制度框架相配套的，而不是孤立的。而这些对于创新药不利的元素而如果最终导致创新药企不愿意利用这一制度，无论是被拖入仿制药提起的的消极的确认之诉中，还是将纠纷留到仿制药上市后再按照一般专利侵权诉讼的程序予以解决，似乎都不符合制度设计的本意。

综上，药品专利纠纷早期解决机制的有效实施涉及国家药监局、国家知识产权局及人民法院三个部门。为了确保药品专利纠纷早期解决机制的有效落地实施，实现立法目的，在制定出台司法解释时，有必要在《专利法》第76条规定的总体原则基础上，关注与实施办法和行政裁决解决办法相关规定的协调和衔接，以免出现各个立法起草部门仅从自身部门的主管和专业角度出发出台相关规定，甚至导致不同规定之间相互矛盾，最终将导致制度实施过程中，当事人无所适从，也无法真正实现制度设计的目的。

# 关于审理(裁决)是否落入专利权保护范围纠纷相关问题的思考*

2020年10月17日《专利法》完成第四次修改,其第76条明确规定了"药品专利纠纷早期解决机制",新修正的《专利法》于2021年6月1日起施行。2021年7月4日,国家药监局、国家知识产权局发布了《药品专利纠纷早期解决机制实施办法(试行)》(以下简称《实施办法》);2021年7月5日,最高人民法院发布了《关于审理涉药品上市审评审批专利民事案件适用法律若干问题的规定》(以下简称《最高院司法解释》),国家知识产权局发布了《药品专利纠纷早期解决机制行政裁决办法》(以下简称《行政裁决办法》)。这三个文件与《专利法》第76条的规定共同构成我国药品专利纠纷早期解决机制的制度基础。

2021年11月,北京知识产权法院受理了第一起涉药品上市审评审批专利民事案件,即原告中外某株式会社诉被告温州某药业有限公司确认是否落入专利权保护范围纠纷案。[①] 2022年4月15日,北京知识产权法院公开宣判了该案。该案上诉后,最高人民法院知识产权法庭于2022年8月作出终审判决,维持了一审判决结果。

2021年10月27日,国家知识产权局受理了第一起药品专利纠纷早期解决机制行政裁决案件;2022年4月,国家知识产权局公布审结首批3件药品专利纠纷早期解决机制行政裁决案件。[②]

---

* 本文原载于微信公众号"知产财经",2022年10月11日。

① 《全国首例药品专利链接诉讼案宣判》,载 https://baijiahao.baidu.com/s?id=1733112712684295214&wfr=spider&for=pc,最后访问时间:2022年8月23日。最高人民法院于2022年8月5日就该案作出二审判决。为行文方便,本文中将此类诉讼称为"药品专利链接纠纷"或"药品专利链接行政裁决案件"。

② 任晓兰、蔡健炜:《关注!首批药品专利纠纷早期解决机制行政裁决案件审结》,载《中国知识产权报》2022年5月8日,第4版。

修改后的《专利法》的实施,与药品专利链接相关的司法解释及新规章的出台,法院及国家知识产权局受理、审判相关案件,表明药品专利链接制度在中国已经正式落地。与该制度实施的相关部门,如北京知识产权法院、最高人民法院知识产权法庭,以及国家知识产权局相关行政裁决部门,边实施,边探讨,对该制度的实际具体落地实施作出了很大努力。

与此同时,业界通过公开渠道可见的前述案例信息,对我国药品专利纠纷早期解决机制实施中存在的问题更为关注,也从多个角度和层面就制度完善进行了探讨。本文拟就相关案件中反映出来的几个具体问题作出简要评述,希望引起业界关注。

## 一、司法裁判文书或行政裁决决定书的公开问题

2022 年 4 月,北京知识产权法院和国家知识产权局分别就其受理的涉及药品专利纠纷早期解决机制的相关案件作出各自的判决和行政裁决,但公众无法在公开渠道获悉相关判决及行政裁决决定,理由似乎是相关文书中涉及保密信息。这种做法受到了业界的质疑。学理上,公开审判至少包含三层含义:审理和判决的公开、审判全过程的公开、向当事人和社会的公开。公开审判原则在我国《宪法》及《民事诉讼法》中均有体现。《宪法》第 130 条规定,人民法院审理案件,除法律规定的特别情况外,一律公开进行。《民事诉讼法》第 137 条规定,人民法院审理民事案件,除涉及国家秘密、个人隐私或者法律另有规定的以外,应当公开进行。这是公民知情权在诉讼领域的必然要求。

就司法裁判文书而言,按照《民事诉讼法》第 151 条的规定,人民法院对公开审理或者不公开审理的案件,一律公开宣告判决,即民事审理以公开为原则,以不公开为例外,但无论是否公开审理,都应该公开宣判。而根据最高人民法院《关于人民法院在互联网公布裁判文书的规定》,除法律另有规定外,法院作出的裁判文书都应在互联网上公布。司法解释明确规定的不公布的情形包括:涉及国家秘密的;未成年人犯罪的;以调解方式结案或者确认人民调解协议效力的,但为保护国家利益、社会公共利益、他人合法权益确有必要公开的除外;离婚诉讼或者涉及未成年子女抚养、监护的;人民法院认为不宜在互联网公布的其他情形。涉药品上市审评审批专利民事案件的案由是请求确认落入专利权保护范围之诉,属于侵犯专利权民事纠纷案件,不属于不公开审理的商业秘密纠纷案件的范畴,其裁判文书应当公开。如果其中涉及当事人的商业秘密,则相关信息可以隐去,而不应以

此为由,将整份裁判文书都纳入不予公布的范围。事实上,前述中外某株式会社诉温州某药业有限公司确认是否落入专利期保护范围纠纷案作为法院审结的第一起药品专利纠纷早期解决机制案件,尽管一审判决没有公开,由最高人民法院知识产权法庭审结的该案的二审判决书则已经全文公开,其中隐去的仿制药企业主张的涉及商业秘密的相关信息,以“****”代替。这种做法符合法律规定,也有效地保护了诉讼当事人的保密信息,是值得肯定的。

同样,就行政裁决的决定书而言,根据《政府信息公开条例》(以下简称《公开条例》)的相关规定,行政机关公开政府信息,应当坚持以公开为常态、不公开为例外,遵循公正、公平、合法、便民的原则;除《公开条例》第 14 条(依法确定为国家秘密的政府信息,法律、行政法规禁止公开的政府信息,以及公开后可能危及国家安全、公共安全、经济安全、社会稳定的政府信息)、第 15 条(涉及商业秘密、个人隐私等公开会对第三方合法权益造成损害的政府信息,但第三方同意公开或者行政机关认为不公开会对公共利益造成重大影响的除外)、第 16 条(行政机关的内部事务信息,包括人事管理、后勤管理、内部工作流程等方面的信息)规定的政府信息外,政府信息应当公开。2022 年 6 月 14 日《国家知识产权局关于专利侵权纠纷行政裁决案件信息公开有关问题的批复》(国知发保函字〔2022〕87 号)也认为,“认定不侵权的专利侵权纠纷行政裁决案件”如果不属于《公开条例》第 14 条、第 15 条、第 16 条规定的政府信息,应当进行政府信息公开。因此,对于国家知识产权局审结的药品专利纠纷早期解决机制行政裁决案件,其行政裁决的决定书也应予以公开。如涉及当事人的保密信息,可以将该部分信息遮挡;同样也不应以此为由,将整份决定书都纳入不信息公开的范围。

实施药品专利链接制度本身就是为了增加透明度,增加原研药企、仿制药企对于药品上市所面临的的收益及风险的可预见性,以便作出相应的商业决定。如果司法裁判文书或行政裁决决定书都不予公开,则会在一定程度上失去这一制度本身应有之义。

## 二、是否落入专利权保护范围诉讼或行政裁决比对时的证据问题

《最高院司法解释》第 3 条明确了专利权人或者利害关系人起诉应当具备的材料。其第 2 款规定,“药品上市许可申请人应当在一审答辩期内,向人民法院提交其向国家药品审评机构申报的、与认定是否落入相关专利权保护范围对应的必要技术资料副本”。第 4 条规定,“专利权人或者利害关系人在衔接办法规定的期

限内未向人民法院提起诉讼的,药品上市许可申请人可以向人民法院起诉,请求确认申请注册药品未落入相关专利权保护范围”。根据司法解释的规定,无论是仿制药企作被告还是作原告,其提交的不落入保护范围的证据都是相同的。

《行政裁决办法》第7条规定,请求国家知识产权局对药品专利纠纷进行行政裁决的,应当提交请求书及下列材料:(1)主体资格证明;(2)中国上市药品专利信息登记平台对相关专利的登记信息、国家药品审评机构信息平台公示的药品上市许可申请及其未落入相关专利权保护范围的声明和声明依据;(3)请求人是药品上市许可申请人的,还应当提交申请注册的药品相关技术方案,该技术方案涉及保密信息的,需要单独提交并声明。第8条请求书应当载明的内容中规定:……(5)关于申请注册的药品技术方案是否落入相关专利权保护范围的理由……第12条规定,国家知识产权局根据当事人的申请,或者根据案件办理需要可以向药品监督管理部门核实有关证据。

应当看到,确认是否落入专利权保护范围纠纷实质上与是否构成专利侵权纠纷一样,都需要进行技术比对,但由于药品专利链接诉讼发生在药品实际上市之前,其比对物并非仿制药企实际生产出来的产品,而是基于仿制药企向法院或国家知识产权局提交的申请注册药品的相关技术方案,这可能会引发关于比对对象认定和举证责任的一些问题。

就比对对象的认定而言,事实上,仿制药企的技术方案至少会有三种版本:其一,其向国家药品审评审批机构(国家药监局)提交仿制药上市申请时提交的技术方案;其二,其在药品专利链接诉讼或药品专利链接行政裁决案件中提交的、用以主张其未落入相关专利权保护范围的技术方案;其三,仿制药获批上市后,其实际生产过程中使用的技术方案。如果这三者之间存在差异,那么,在确认是否落入专利权保护范围纠纷中,应当以哪一种方案作为对比对象?理论上,仿制药企主张未落入专利权保护范围的技术方案应当与其向国家药监局提交的技术方案相一致,因为国家药监局是基于其所提交的技术方案对是否准许仿制药上市予以审批,而药品专利链接纠纷则是发生在药品审批过程中的纠纷,仿制药企主张未落入专利权保护范围的技术方案应当是其申请上市审批的技术方案。但就目前的规定而言,这两者之间是否具有一致性的举证责任的承担并不明晰,既没有明确法院或国家知识产权局核实证据的义务,也没有规定仿制药企提交技术方案不一致所应承担的责任。任凭仿制药企提交对自己有利的证据而缺乏核实机制显然是不妥的。

另外,这种证据规则将导致事实上无法实现药品专利纠纷的早期解决,在仿制药获批上市后,其仍有可能构成侵权。这实际上是确认是否落入专利权保护范围之诉这一诉由本身所固有的缺陷。专利权保护范围确认请求制度肇始于《韩国专利法》第135条。该制度并非为药品专利链接而专门设定的制度,而是《韩国专利法》原本就有的制度和规则。这一制度的设计目的在事先预防侵权。其仅仅是对是否落入专利权保护范围的确认,是认定侵权与否的其中一个要素,但并不等同于侵权认定。其确认结果与是否构成侵权并没有直接对应关系。一般而言,在侵权诉讼中,即使认定被控侵权产品落入专利权的保护范围,被控侵权人依旧可以通过专利权无效、现有技术抗辩、先用权抗辩等,最终可能不被认定为构成侵权,更无须承担侵权责任;而如果被控侵权产品被认定为没有落入专利权的保护范围,则一般不会构成侵权。可见,即使对是否落入权利保护范围进行了确认,在侵权诉讼中,依旧可能得出不一样的结论,由此还会引发双重诉讼问题。尤其是在消极的确认之诉中,实施者提交的并非涉嫌侵权的产品,而是对相关产品的文字描述,一旦该文字描述与实际产品不一致,可能会出现涉嫌侵权人在消极的确认之诉中获得了有利的裁决(认定涉嫌侵权的技术方案没有落入专利权的保护范围),但在侵权案件中依旧被认定为侵权,而需要承担停止侵权、损害赔偿等法律责任。双重诉讼且结果可能会产生矛盾,这也是韩国专利制度中的确认之诉备受诟病的重要原因。

目前我国《专利法》的规定则试图用确认是否落入专利权保护范围之诉解决仿制药上市前的侵权问题,与《韩国专利法》中确认之诉旨在预防侵权的制度目的上就有本质区别。而该制度本身固有的缺陷,加上缺乏对仿制药企提交证据的核实机制,将使得我国药品专利纠纷早期解决机制可能无法实现其制度设计的预期目的。

就举证责任而言,是否落入专利权保护范围诉讼作为专利民事纠纷类型的一种,其证据规则、举证责任等与其他专利侵权诉讼并无二致,都应当遵循诉讼法的相关证据规则。最高人民法院《关于审理侵犯专利权纠纷案件应用法律若干问题的解释》(法释〔2009〕21号)第7条第2款规定,被诉侵权技术方案包含与权利要求记载的全部技术特征相同或者等同的技术特征的,人民法院应当认定其落入专利权的保护范围;被诉侵权技术方案的技术特征与权利要求记载的全部技术特征相比,缺少权利要求记载的一个以上的技术特征,或者有一个以上技术特征不相同也不等同的,人民法院应当认定其没有落入专利权的保护范围。值得注意的是,司法解释在这里强调的是进行全面比对之后作出判断,而非仅仅进行个别技术特征对比项后下结论。在药品专利链接纠纷中,作为不落入专利权保护范围之诉的原告和作为落入专利权保护范围之诉的被告,应当怎样尽到自己的举证义务,在保证证据的真实性、合法性和关联性的前提下,对落入或者不落入专利权保护范围的主张进行全面、充分举证?从目前的实践来看,似乎仿制药企(无论作为不落入专利权保护范围之诉的原告,还是作为落入专利权保护范围之诉的被告)只要向法院提交简单证据,证明自己的技术方案相对于专利技术方案缺少一个或以上技术特征,或者某一个技术特征与创新药存在区别(如辅料配比不同)就足够了,而对于其他技术特征的比对证据可以在所不论。这种认识和做法显然过于简单,将导致法院或行政机关对于仿制药的技术方案是否落入专利权保护范围难以作出准确认定,其结果就会是大多数纠纷以不落入专利权保护范围的结论结案,很难出现结果为落入专利权保护范围的案例,而其结论在后续的侵权诉讼中也可能会被推翻,进而使得早期解决纠纷的目的无法实现。

## 三、专利信息登记平台信息登记错误缺乏救济机制

专利挑战的基础是原研药的专利权人或利害关系人在专利信息登记平台上登记的专利信息。无论是美国的"桔皮书",还是加拿大的"专利登记簿",抑或韩国的"绿色清单",都旨在提供专利信息登记和公示的载体或平台。由于专利信息是由专利权人自行主动登记的,且绝大多数实行专利链接制度的国家和地区并没有向韩国食品药品安全部(Ministry of Food and Drug Safety, MFDS)那样主动对"绿色清单"中登载的专利信息与药品的"直接相关性"作实质审查,一旦出现专利信息登记错误,其后续的专利链接诉讼也将受到影响,使其无法实现专利纠纷早期解决的效果。登记错误可能导致两种后果:其一,专利权人应登记而未登记相关专利信息,由此可能导致专利权人在专利链接诉讼中败诉,丧失尽早制止仿制药上市的机会;其二,专利权人或利害关系人将不符合规定或与所申请批准的药品无关的专利进行登记,由此可能导致仿制药的上市被不当延迟,损害社会公众的利益。

鉴于此,各国均提供了登记错误的救济途径,包括:专利权人发现登记错误,可以申请删除或修改;仿制药申请人可以提起反诉,要求删除或变更不当登记的信息;韩国还规定了 MFDS 可以依职权进行删减或变更。

但我国目前并没有对登记错误提供任何救济途径。笔者曾在 2020 年 4 月 6

日《为"药品专利链接司法解释"建言》一文中特别指出"与专利链接相关纠纷案件的管辖"问题,并建议相关司法解释中应规定:"下列案件不属于专利链接纠纷案件,但应当适用专利链接纠纷案件的专属管辖规定:(一)涉及《中国上市药品目录集》登记错误的修正与调整相关的行政诉讼;(二)涉及滥用《中国上市药品目录集》制度的惩戒的行政诉讼(相关内容应当在'药品专利链接制度规则'中规定)"。而从最高人民法院相关司法解释名称的变化看,法院有意将这类案件排除在药品专利链接纠纷之外。2020 年 3 月司法解释立法计划的名称是《关于审理药品专利链接纠纷案件适用法律若干问题的规定》;2020 年 10 月 17 日征求意见稿的名称是《关于审理涉药品上市审评审批专利民事案件适用法律若干问题的规定》;2021 年 7 月 5 日最终发布的司法解释的名称是《关于审理申请注册的药品相关的专利权纠纷民事案件适用法律若干问题的规定》。纠纷的案由明确为"确认是否落入专利权保护范围纠纷",而与此相关的行政纠纷均被明确予以排除了。这是法院仅仅针对《专利法》第 76 条的内容进行解释,而不是针对这一制度在实施过程中可能出现的所有问题作出解释而造成的局限。

《实施办法》第 5 条规定,化学药专利链接仅包括化合物专利、组合物专利和用途专利。那么,如果专利权人登记了不应登记的中间体、晶型、制备方法等专利应当如何处理,仿制药企认为专利权人将不应该登记在"桔皮书"中的专利登记了,是否可以专利不该登记,进而仿制药不落入专利权保护范围进行抗辩?法院和行政机关对此抗辩理由,是审理还是不审理?如果登记有误而法院对此置之不理,则会影响是否落入专利权保护范围诉讼的审理质量;如果予以审理,则显然缺乏法律依据。即使法院真的要审理,应当如何审理和裁决,审理后是只从程序上作出判决或裁定,还是作出实体判决?如果认定是登记错误,是认定仿制药不落入专利权保护范围,还是判决专利权人修改登记,抑或在落入诉讼中不审,由当事人另择途径解决?这些都是值得进一步探讨的问题。

笔者认为,由于国家药监局对于专利信息登记的准确性仅做形式审查,一旦出现信息登记错误、不当等情形,可能会对仿制药上市申请造成妨碍,因此,应当就信息登记错误或者不当提供救济途径。这个途径主要应当为行政途径,即专利权人或当上市许可人发现登记信息有误时,可以向国家药监局申请进行修正,国家药监局在核实情况后,确发现登记有误的,应当及时予以调整。而仿制药企业或第三方发现登记信息有误时,可以向国家药监局申请更正。在这种情况下,国家药监局应当将相关请求转给上市许可持有人或专利权人,并根据核实的情况,确认是否对登记信息予以调整。在国家药监局作出相关决定后,根据 TRIPs 协议的相关规定,行政相对人应当有权请求司法复审进行救济。而对于专利权人或利害关系人滥用专利信息登记制度的行为也应予以惩戒,如一旦发现滥用行为,责令其一定时间内不予提交新申请或不予核发新药注册证等。在药监部门作出相关决定后,行政相对人同样有请求司法复审权利。

药品专利纠纷早期解决机制已经实施,专利链接纠纷的第一个生效判决也已经作出,但《实施办法》所设计的制度框架仍有诸多不明确或亟待完善之处。尽管这些问题是在诉讼或行政裁决过程中反映出来的,但其与整个制度构建及实施效果密切相关,这些问题的解决也有赖于整体制度构架的完善与协调。

# 从仿制药企角度看药品专利早期解决机制的完善*

随着《专利法》第四次修改的完成,“药品专利纠纷早期解决机制”作为新增的内容也最终在法律层面上得以明确。2021 年 7 月初,国家药监局、国家知识产权局发布了《药品专利纠纷早期解决机制实施办法(试行)》(以下简称《实施办法》),最高人民法院发布了《关于审理涉药品上市审评审批专利民事案件适用法律若干问题的规定》(以下简称《最高院司法解释》),国家知识产权局发布了《药品专利纠纷早期解决机制行政裁决办法》(以下简称《行政裁决办法》)。这三个文件与《专利法》第 76 条的规定共同构成我国药品专利纠纷早期解决机制的制度基础。

从“药品专利纠纷早期解决机制”整个立法过程来看,业界普遍希望它能成为本土化的药品专利链接制度,并期待其能实现保护创新、鼓励仿制,实现创仿平衡的效果;而立法者则根据我国医药产业依旧是以仿制药为主的国情,在制度设计上有意倾向于选择有利于仿制药发展的元素,以期实现药品可及和消费者福祉。然而,站在仿制药企的角度,从药品专利纠纷早期解决机制的实践效果看,这一制度仍有待完善。

## 一、上市药品专利信息登记平台登记内容不明晰,且缺乏救济措施,导致登记信息混乱,给仿制药提出声明和发起专利挑战带来困难

创新药的专利权人或利害关系人在专利信息登记平台上登记的专利信息是仿制药提出专利挑战的基础。但由于如何在中国上市药品专利信息登记平台进行专利登记缺乏明确的指引和操作规程,导致实践中专利信息登记平台上信息登

* 本文原载于微信公众号“知产力”,2022 年 10 月 15 日。

记混乱。一方面,尽管《实施办法》第5条规定化学药专利链接仅包括化合物专利、组合物专利和用途专利,实践中创新药的专利权人或利害关系人因为不确定应该登记哪些专利信息而通常选择将所有与上市药品相关的专利全部进行登记,而不论其是否为化合物专利、组合物专利或用途专利,如将中间体专利、晶型专利、制备方法专利等专利信息也登记在平台上,或者变相登记在平台上,有的也可能是重大笔误,导致仿制药企在声明和挑战时出现困惑;另一方面,在仿制药企业提出四类声明及挑战的过程中,专利权效力发生了变化,仿制药声明的类型本应随之发生变化,但《实施办法》中并没有相关规定,致使仿制药企手足无措。

我国药监部门和世界上且绝大多数实行专利链接制度的国家和地区的药品监管部门一样,并不对专利信息登记平台上登记的专利信息与药品的"直接相关性"进行实质审查,而是由专利权人自行主动登记。专利信息登记主要是为了给专利挑战提供"靶子",一旦出现专利信息登记错误或不当,如专利权人或利害关系人将不符合规定或与所申请批准的药品无关的专利进行登记,仿制药企告状无门,由此可能导致仿制药的上市被不当延迟,损害社会公众的利益。

与其他实施药品专利链接制度的国家和地区不同,我国"药品专利纠纷早期解决机制"并没有规定错误或不当登记的救济途径。一旦出现登记错误或不当登记,而专利挑战程序已经启动,是直接作出不落入专利权保护范围裁决进而认定仿制药"挑战"成功,还是对其置之不理,目前无论是《最高院司法解释》,还是《行政裁决办法》都没有明确规定。实际操作也各有不同。在部分案件中,由于专利信息登记不当,创新药起诉之后撤诉的情形时有发生,不仅造成创新药企和仿制药企的诉累,也造成司法和行政资源的浪费。

缺乏具体、明确、规范、具有可操作性的专利信息登记规则,这势必导致诉讼资源浪费、仿制药上市的不当延迟,以及在专利挑战案件中的一系列实体和程序问题,因此亟待相关部门重视,加以研究并予以明确。

## 二、鼓励仿制药提出"挑战"的首仿药独占期难以实现

随着药品专利链接制度的实施,陆续出现仿制药"挑战"专利成功的实例。但成功的仿制药企并没有制度设计者想象的那么高兴。《实施办法》第11条第1款规定,"对首个挑战专利成功并首个获批上市的化学仿制药,给予市场独占期"。也就是说,仿制药要获得首仿独占期,需要同时满足"双首个"的条件,即首个挑战成功,并首个获批上市,这对于仿制药而言难度很大。因为依据《实施办法》第11

条第2款的规定,挑战专利成功是指化学仿制药申请人提交四类声明,且根据其提出的宣告专利权无效请求,相关专利权被宣告无效,因而使仿制药可获批上市。换言之,挑战成功并非指不落入专利权保护范围而使仿制药可获批上市,而是指相关专利权被宣告无效进而使得仿制药可获批上市。这个规定存在诸多不明确、不清晰之处。例如,“相关专利权”指的是什么?是与仿制药相关的专利无效或部分无效,还是指与创新药相关的专利全部无效?是给首仿的仿制药上市排除障碍,还是要扫清所有后来者做仿制药的专利障碍?进一步而言,根据《专利审查指南(征求意见稿)》涉及药品专利链接中无效案件审查的特殊规定,共同挑战成功的可能性更是微乎其微。其第8.2条“审查顺序”规定,针对同意专利权的多个无效请求,按照请求日先后排序;其第8.3条规定,在先作出的审查决定维持专利有效,后面的无效申请可以继续审查;在先作出的决定宣告专利无效或者部分无效的,对在后申请暂停审查,等待法院的生效判决后再恢复审查。据此,《实施办法》中第11条第2款提及的“共同挑战专利成功”是不可能发生的。

从制度设计的角度来看,专利链接制度提供了一套创仿平衡的机制。一方面赋予遏制期,使得仿制药上市得以推迟;另一方面赋予仿制药首仿独占期,以鼓励仿制药提起专利挑战,促进药价降低,实现药品可及。仿制药首仿独占期是激励仿制药提起挑战的动力。一旦挑战成功,则市场上只有原研药和首仿药,首仿药可以利用价格优势占据市场,获取更多收益。

笔者认为,关于首仿药享有独占期的标准应当有所降低。既然在制度上规定了既可以主张相关专利权应当被宣告无效(4.1类声明),也可以主张仿制药未落入相关专利权保护范围(4.2类声明),那么,只要仿制药满足其中一个条件(仿制药落入专利权保护范围的专利权被宣告无效或仿制药被认定为未落入专利权保护范围),均可以认定为专利挑战成功,进而可以使提起挑战的仿制药享受首仿药独占期,以此激励仿制药积极挑战专利,而非陷入挑战成功即“为他人做嫁衣裳”的尴尬境地。

## 三、现行规定中设定的9个月的等待期是否科学、合理、符合实际

《实施办法》第8条规定,收到人民法院立案或者国务院专利行政部门受理通知书副本后,国务院药品监督管理部门对化学仿制药注册申请设置9个月的等待期。也就是说,目前我国药品专利纠纷早期解决机制的等待期设定为9个月。

按照各国的经验,等待期长短的确定主要考虑案件审理周期,即绝大多数案

件能够在等待期内得出结论,药监部门可以根据该结论决定是否批准仿制药上市。以美国为例,其遏制期为 30 个月,基本上是法院审理专利链接诉讼的时间(即便是通过美国专利商标局提起无效诉讼,专利商标局作出决定并经过联邦巡回上诉法院审查的时间也大约为 30 个月)。事实上,美国仿制药审批上市的时间超过了 30 个月,也就是遏制期并不会对仿制药的上市审批构成妨碍。

我国规定了 9 个月的等待期,与韩国的规定一致。但就目前的实践来看,这一等待期的规定仍值得认真论证研究,使之更加科学、合理、符合实际。

一方面,较短的等待期似乎更有利于仿制药尽早上市,但就药监部门的上市审评周期来看,目前的平均审查周期是 220 个工作日,超过了 9 个月的时间,也就是说,即使专利链接纠纷在 9 个月内审结,仿制药也不可能在 9 个月等待期届满时就能获得上市审批。另一方面,就案件审理周期而言,如果主张专利无效,专利行政管理部门作为无效行政决定的时间为 5 个月左右,但后续还有司法复审对行政决定予以法律监督的流程;如果主张不落入专利权保护范围,绝大多数专利链接纠纷和专利链接行政裁决无法在 9 个月内得出结论,而且由于均不是生效判决,仍存在终局不确定的法律风险。

笔者认为,根据目前我国司法及行政裁决的实际情况,考虑到纠纷解决应当需要生效判决,将等待期设置为 24 个月更为科学和合理。实际上,2017 年 5 月 12 日原国家食品药品监督管理总局发布的《关于鼓励药品医疗器械创新 保护创新者权益的相关政策(征求意见稿)》(2017 年第 55 号)第 1 条"建立药品专利链接制度"规定,"……药品审评机构收到司法机关专利侵权立案相关证明文件后,可设置最长不超过 24 个月的批准等待期;在此期间,不停止已受理药品的技术审评工作……"这是相关文件中首次提出批准等待期,并明确规定批准等待期为 24 个月。这个时间期限的设置在当时得到了多个研究报告的支持。而就目前我国司法实践和行政裁决的周期而言,如果认为等待期的期限设置为 24 个月过长,则至少应当设置为 12 个月较为科学、合理,因为设置这一制度的目的是使得可能的药品专利侵权纠纷可以早期解决,为创新药企和仿制药企作出商业决定提供确定性,而不是不顾质量、一味追求速度的快速解决。

## 四、是否落入专利权保护范围的确认之诉自身固有的缺陷可能会导致仿制药面临更大的风险和责任

我国"药品专利纠纷早期解决机制"试图用确认是否落入专利权保护范围之

诉解决仿制药上市前的侵权问题。应当看到,始于《韩国专利法》的确认之诉,其目的在预防侵权,与我国"药品专利纠纷早期解决机制"旨在解决侵权纠纷的目的有着根本区别。而即使在韩国,确认之诉,尤其是消极的确认之诉也有其自身固有的缺陷。确认之诉与侵权判定之间没有必然的因果关系,也不会引发侵权之诉所导致的诸如停止侵害、损害赔偿等法律后果。在侵权诉讼中,即使认定被控侵权产品落入专利权的保护范围,被控侵权人依旧可以通过主张专利权无效、现有技术抗辩、先用权抗辩等事由进行抗辩,最终可能并不会被认定为构成侵权,更无须承担侵权责任;而如果被控侵权产品被认定为没有落入专利权的保护范围,则一般不会构成侵权。可见,即使对是否落入权利保护范围进行了确认,在侵权诉讼中,依旧可能得出不一样的结论,由此还会引发双重诉讼问题。鉴于此,确认之诉是否还有存在的必要也曾在韩国引发过讨论。有人认为这个程序并没有太多存在的价值,可将其并入其他程序中。但最终韩国大法院认为,该程序依旧有存在的价值,并通过更改侵权案件二审的管辖权,将侵权诉讼的二审由原来的一般高等法院集中到专利法院统一管辖,而专利法院也是确认之诉的二审法院,在一定程度上减少了(但不可能完全消除)两种程序结果不一致的情形。

而在我国,确认是否落入专利权保护范围之诉也面临同样的问题。由于缺乏对仿制药在专利挑战过程中所提供的证明其技术方案没有落入专利权保护范围的文本的明确的核实机制和惩戒机制,仿制药所提供的技术方案与其向国家药监局提交的技术方案和/或实际生产使用的技术方案可能存在不一致,那么,尽管在专利挑战中被认定为没有落入专利权保护范围,在后续侵权诉讼中,由于技术方案上的差异,依旧可能被认定为构成侵权。一旦出现这种情况,一方面,由于专利挑战成功而获批上市的仿制药将面临停止侵权、药品退市的后果,这必然会影响病患的用药,当然,法官能否作出停止侵权的司法裁决对其也是很大的考验;另一方面,若仿制药在专利挑战中故意提供与提交上市审批和/或实际生产不一样的技术方案,以期挑战成功获得上市审批,其后续的生产、销售行为是否构成故意侵权,是否需要承担惩罚性赔偿的法律后果,也是值得关注的。而无论是哪种后果,显然都是仿制药所不乐见的。

综上可见,尽管制度设计者在制度设计之初侧重于考虑仿制药的利益,但我国"药品专利纠纷早期解决机制"实施一年多以来,仿制药企的获益和叫好声似乎不如预期。可以明确的是,这一制度中许多具体的规则和操作规程有待进一步细化、明确,一些实践中反映出来的问题也有待进一步完善。

# 盼望药品专利链接制度的升级版尽早出台*

经过有关政府主管部门和立法机关十年的努力，修订后的《专利法》终于在2020年10月17日经全国人大常委会讨论通过，并于2021年6月1日起实施。第四次修改的《专利法》新增加的专利纠纷早期解决机制（又称药品专利链接制度）引起了社会尤其是医药企业的广泛关注，多数企业盼望通过法律的修改完善，进一步激励药品创新，并得到《专利法》的有效保护；更高质量的仿制药尽早上市，惠及患者；希望激励创新、鼓励仿制的大好局面尽早出现。

两年来，随着时间的推移和该制度的实施，在肯定这一制度进步性的同时，业界开始更加关注该制度实施中出现的问题，并盼望在总结经验的基础上，尽快出台该制度实施办法的升级版。

本文拟就专利纠纷早期解决机制实施中产生问题的原因作些分析，并提出对这一制度具体操作办法升级版的完善建议，供业界思考。

## 一、立法中研究出台药品专利链接制度时间较短

药品专利链接制度自20世纪80年代在美国出现后，在我国历次《专利法》修改中均有提及，但更多的是美国医药企业、行业协会提出的要求，我国立法部门虽然也有过专门研究论证，但由于国情的原因，致使这一制度实际上并没有引起相关立法、执法、司法部门的重视，专利法方面的专家学者对此问题的专门研究也不多见，国内医药企业对这一制度更是知者寥寥。

2017年5月12日，当时的国家食品药品监督管理总局发布《关于鼓励药品医疗器械创新保护创新者权益的相关政策（征求意见稿）》，内容中第一次涉及“建立药品专利链接制度”。这是在相关政府部门文件中首次出现这一概念，但此时，对大多数医药企业及业界相关人员而言，对此制度的内容仍是知之甚少或者是一

---

* 本文原载于微信公众号“知产前沿”，2023年8月30日。

片空白。

2017 年 10 月 8 日,中共中央办公厅、国务院办公厅印发了《关于深化审评审批制度改革鼓励药品医疗器械创新的意见》这一医药改革的纲领性文件,正式明确提出:探索建立药品专利链接制度。而此时,除少数跟踪研究此制度的立法部门及专家学者、药企人员外,绝大多数专家学者、业界同行对这一制度的具体内容并不了解,也不理解为什么要在中国以仿制药为主的情况下实施这项制度。

2020 年 1 月 15 日,中美两国政府签订第一阶段经贸协议,对建立药品专利纠纷早期解决机制作出明确规定,这无疑迅速推动了专利链接制度在我国的立法进程。6 月 27 日,全国人大常委会在对《专利法》修正案二读时,就将此制度明确写入《专利法(修正案)》第 75 条之中。直至 3 个月后的 10 月 17 日,《专利法》第四次修改的修正案经过全国人大常委会第三次讨论之后获得通过。药品专利链接制度作为专款规定在《专利法》第 76 条之中。

由此可见,药品专利链接制度写进《专利法》中立法速度之快,从政府有关部门提出此制度概念至写进《专利法》并获得通过,仅仅用了 3 年;如果从中美第一阶段经贸协议中我国政府作出承诺算起,不足 10 个月;如果从在立法过程中提出此内容的二读稿(2018 年 12 月 28 日的一读稿中并无此内容)到三读获得立法通过,仅仅用了 3 个月。这就使得在立法过程中的许多疑问、问题并没有全部研究明白透彻,因此在规定该制度的法条中及为落实该制度的相关部门规章中出现一些缺陷和遗憾,也是可以理解的。

例如,在《专利法》第 76 条中规定,药品上市许可申请人与有关专利权人可以向法院起诉,“请求就申请注册的药品相关技术方案是否落入他人药品专利权保护范围作出判决”,这里的“他人”就令人费解,或者说是明显笔误。在第 76 条第 1 款和第 2 款对法院和行政裁决的纠纷作出了不同的表述,当事人因“申请注册的药品相关的专利权产生的纠纷”可以向法院起诉,也可以向国务院行政部门请求行政裁决,规定法院是“就申请注册的药品相关技术方案是否落入他人药品专利权保护范围作出判决”,而对行政裁决针对什么作出裁决并没有明确。那么,行政裁决的范围是不是更宽泛?还是与法院审理的相同呢?

正因如此,在随后最高人民法院公布的司法解释中也仅仅关注了“是否落入保护范围”的诉讼而不顾其他,如与“是否落入保护范围”诉讼相关联的上市药品登记平台登记错误,司法可否予以监督,以及仿制药在提出声明和挑战过程中,专利权效力发生了变化,仿制药声明类型是否可以转换等问题,国家药监局与国家知识产权局公布的相关法规中对此类问题均无规定,也无任何救济措施。

## 二、构成药品专利链接制度本身立法层级混乱

目前构成我国药品专利链接制度的框架,除涉及《专利法》第76条规定,还涉及药监局和国家知识产权局共同发布的《药品专利纠纷早期解决机制实施办法(试行)》(以下简称《实施办法(试行)》)、最高人民法院《关于审理涉药品上市审评审批专利民事案件适用法律若干问题的规定》(以下简称《司法解释》)以及国家知识产权局发布的《药品专利纠纷早期解决机制行政裁决办法》(以下简称《行政裁决办法》),具体实施中还涉及北京知识产权法院《关于申请注册的药品相关的专利权纠纷民事案件立案指引(试行)》和国家知识产权局《重大专利侵权纠纷行政裁决办法》等,但这些文件的法律层级不同,有的属于法律,有的属于部门规章,还有的属于司法解释,它们之间在具体内容上难免出现不统一、不一致的情况。

由于药品专利链接制度的实施与药监局关系密切,在《专利法》修改过程中,根据国家药监局关于药品专利纠纷早期解决机制问题的修改建议,在修正案草案二审稿中增加了相应规定。也就是说,涉及此条款如何规定是由药监局负责起草的,而《专利法》的修改本身是由知识产权局负责的,因此出现了不同以往的规定,即第76条第3款"国务院药品监督管理部门会同国务院专利行政部门制定药品上市许可审批与药品上市许可申请阶段专利纠纷解决的具体衔接办法,报国务院同意后实施",而不是由国务院公布实施。

在《专利法》修改同时,《专利法实施细则》的修改也启动,但药品专利链接制度是解决药品上市审查审批中的遇到可能侵犯专利权的情况后,如何进行技术操作的问题,与《专利法》本身并无太大关系。因此,药品上市审批具体的操作问题不可能规定在《专利法实施细则》中,而应当规定在《药品法》下面的《药品管理注册办法》中。因此,《专利法》中规定了具体操作办法由药监局会同知识产权局制定后报国务院同意后实施,这样一来就使具体《实施办法(试行)》降低了法律层级,虽然要报国务院同意,但他们属于行政规章级别,而不是法规层级。法律、法规、规章的法律效力是不同的。药监局和国家知识产权局出台的《实施办法(试行)》中,并没有明确它出台的法律依据,也没有明示是否已经报国务院同意后才公布实施,但事实上它的法律依据来源于《专利法》第76条第3款的法律授权毋庸置疑,只是它的法律层级较低,属于部门规章性质。

最高人民法院出台的司法解释不同于经全国人大授权对法律条文作出的专门法律解释。依据《立法法》的规定,司法解释应当向全国人大常委会备案。因此,它的法律效力明显要高于部门规章。最高人民法院公布的涉及药品专利链接制度的《司法解释》依据是《专利法》和《民事诉讼法》,《专利法》第76条规定,法院只能审理“确认是否落入专利权保护范围纠纷”,因此,司法解释的名称就仅针对民事纠纷案件,而不包含行政纠纷案件。应当说,药监局和国家知识产权局发布的《实施办法(试行)》并不是司法解释直接根据。

国家知识产权局出台的《行政裁决办法》则是依据《专利法》和有关法律、法规、规章制定的,当然它的法律性质也属于部门规章。

针对药品专利链接这项专业性、技术性很强的制度,《司法解释》和《实施办法(试行)》由各自不同的部门从各自不同的角度作出解释规定,内容上出现不一致、不协调也是难免的。

例如,仿制药企业在申请仿制药品上市时,向药监局提交的与专利有关的材料与发生专利挑战(4.2类声明)后,当事人向法院起诉或向国知局请求行政裁决“是否落入专利权保护范围”时提交的证据材料在要求上就出现了不一致,审理和裁决中的要求也不相同,这种不一致的规定可能会直接影响药品上市审评审批等待期存在的价值和意义,因为等不等未来都可能发生仿制药上市后的新的侵权诉讼。

## 三、各相关部门分别立法(出台政策),相互之间协调欠缺

所谓药品专利链接制度,其本意是药监局在收到药企申报药品上市申请时,该药品可能是仿制他人有专利权的药品,这时要不要考虑他人专利权有效的情况?如果不考虑,直接从技术上审查药品的安全性、有效性,一旦仿制药品批准上市造成侵权会带来较严重的社会后果,并有损保护专利权、保护创新的基本国策,因此,就要考虑不能让侵害他人专利权的药品上市。但药监局不是专利侵权的判定部门,做不到对是否侵权进行甄别判断,于是设立一套机制、办法,提前解决仿制药和专利权之间可能会发生的专利权纠纷,待纠纷解决之后再批准仿制药上市,即仿制药申请上市审评审批工作与可能发生的侵犯专利权纠纷相链接。正因如此,在中美第一阶段经贸协议中,将“药品专利链接制度”称为“药品专利纠纷早期解决机制”,使人们对这一制度更容易理解。先解决侵权纠纷,后批准仿制药上市,这是该制度的核心。这一制度主要是从程序上提前解决可能发生的专利侵权

纠纷,因此,从已经实施之一制度的国家看,也主要是从程序上作出一些明确规定,而与之相关的行政部门和法院,其本身的职能均无大的变化或者根本没有变化。

而我国则不然,在制度建立的过程中,我们将法律的修改(《专利法》相关内容的起草)和制度规则即《实施办法(试行)》的制定归由药监局负责;法律赋予人民法院和国家知识产权局负责专门解决与此相关的纠纷,并将其定义为"是否落入相关专利权保护范围"的纠纷,以区别普通的侵犯专利权纠纷,并分别出台了相关《司法解释》及《行政裁决办法》。该《司法解释》直接对《专利法》第 76 条规定的相关内容作出解释;而《行政裁决办法》虽然也是依据《专利法》第 76 条的规定,针对和法院处理相同性质的纠纷案件,但却还要依据《实施办法(试行)》的规定,因此,虽然相关行政部门和法院在这些文件在起草过程中部门之间做了大量交流、沟通,并广泛征求了社会意见,仍难免各自更多地考虑自己部门的职责、利益,而对其他部门新的的职责、对医药企业的利益考虑不足,且出现一些不协调、不一致的内容。

## 四、实施"药品专利链接制度"的立法目的并不十分清晰

实施专利制度的根本目的在于鼓励发明创造,提高创新能力。在专利法律制度中对药品这种特殊商品作了许多特殊规定。如"在国家出现紧急状态或者非常情况时,或者为了公共利益的目的",国家可以实施强制许可;为了鼓励仿制药企提前启动仿制工作,保证仿制药在专利期满后及时上市,规定了 Bolar 例外;为了弥补创新药为获得上市批准而造成的专利期损失,设置了药品专利期延长制度。那么,设立"药品专利链接制度"的直接目的是什么呢?

2017 年 10 月 8 日,在中共中央办公厅、国务院办公厅印发的《关于深化审评审批制度改革鼓励药品医疗器械创新的意见》中,第一次明确:"探索建立药品专利链接制度。为保护专利权人合法权益,降低仿制药专利侵权风险,鼓励仿制药发展,探索建立药品审评审批与药品专利链接制度。"随后,在新闻发布会上,药监局领导在回答"实施药品专利链接制度的目的是什么"时,指出:"在药品审批过程当中,如果发现有专利侵权纠纷可以通过法院裁定解决,把专利纠纷和侵权风险解决在药品上市之前,有利于保护专利权人的合法权益,提高专利的质量,也有利于降低仿制药企业挑战专利的市场风险。"

2018 年 12 月 18 日,国卫体改发《关于印发加快落实仿制药供应保障及使用

政策工作方案的通知》(国卫体改发〔2018〕53 号),明确“逐步探索研究药品专利链接制度,降低仿制药专利侵权风险”。

2019 年 10 月,国家市场监督管理总局关于《药品注册管理办法(征求意见稿)》的说明中指出:“探索建立药品专利链接制度的核心目的,是尽量减少仿制药审批中潜在的专利纠纷。专利链接制度涉及药品专利权人和仿制药企业的利益,以及对药品可及性和公共健康产生影响。”

可见,在《专利法》修改之前,对于建立药品专利链接制度的目的,在相关文件中讲的最多的、最早的、最直接的是提前解决纠纷,降低仿制药上市后侵权风险。

2020 年 10 月 17 日,《专利法》四修通过后,国家知识产权局条法司负责人在接受记者采访时讲:“《专利法》新增了专利纠纷早期解决机制,以在相关药品上市前,尽早解决潜在的专利纠纷,为相关当事人提供可供选择的纠纷解决途径,可以更好地平衡专利权人、仿制药企和社会公众利益,提高药品可及性,保障公共健康。需要说明的是,即使未在法定期限内通过这一机制解决纠纷,仍可以另行提起专利侵权纠纷。”这里明显在建立专利链接制度的目的里增加了新的内容,重点似乎成为“为相关当事人提供可供选择的纠纷解决途径”,而不是要解决纠纷。

也有发文指出:此次修改专利法,建立了药品专利纠纷早期解决机制。主要为了解决两个问题:

“第一,法院能不能审?药品上市许可申请人申请药品上市审评审批,本身不侵犯专利权,专利权人和利害关系人无法提起合法有效的民事诉讼。为推动在药品上市审评审批过程中尽早解决相关专利侵权纠纷,就需要《专利法》为其提供依据,让法院提前对申请注册的药品相关技术方案是否落入他人药品专利权保护范围作出判断。需要注意的是,这是一种特殊的确认之诉,虽然学理上称为‘拟制侵权’,但是这并非真正的侵权行为,不适用有关侵权救济的规定。

药品监督管理部门能不能等?药品上市审批程序在一定期限内等待专利侵权纠纷审判结果(等待期),是各国专利链接制度的通行做法。但是,国务院药品监督管理部门审评审批药品上市申请,属于行政许可行为,应当遵守相关行政许可条件、期限的规定。药品管理法规定的上市审评审批程序,并未涉及药品的专利侵权纠纷问题;如果没有其他法律依据,国务院药品监督管理部门就不得以存在专利侵权纠纷为由暂停其审评审批程序。为解决这一问题,新《专利法》第 76

条第1款同时规定,国务院药品监督管理部门在规定的期限内,可以根据人民法院生效裁判作出是否暂停批准相关药品上市的决定。"①

由此可见,《专利法》中建立药品专利链接制度程序意义大于实体意义,其实际目的似乎并不一定真的要通过这一制度提前解决可能发生的侵权纠纷。

2021年7月4日,国家药监局、国家知识产权局发布的《药品专利纠纷早期解决机制实施办法(试行)》第1条规定,为保护药品专利权人合法权益,鼓励新药研究和促进高水平仿制药发展,建立药品专利纠纷早期解决机制,制定本办法。

2021年7月4日,国家药监局关于《药品专利纠纷早期解决机制实施办法(试行)》政策解读,明确:"药品专利纠纷早期解决机制是指将相关药品上市审批程序与相关药品专利纠纷解决程序相衔接的制度。""《办法》旨在为当事人在相关药品上市审评审批环节提供相关专利纠纷解决的机制,保护药品专利权人合法权益,降低仿制药上市后专利侵权风险。"

2021年7月5日,最高人民法院民事审判第三庭负责人就最高人民法院《关于审理申请注册的药品相关的专利权纠纷民事案件适用法律若干问题的规定》回答记者提问指出,"药品专利链接制度是一项全新的法律制度,国内没有实践基础""药品专利链接制度的目的是,让与申请注册的药品相关的专利权纠纷早期得到解决"。

2021年7月5日,国家知识产权局发布《药品专利纠纷早期解决机制行政裁决办法》的公告(第435号),指出:"为认真贯彻落实党中央、国务院关于全面加强知识产权保护的决策部署,切实维护专利权人合法权益,鼓励药物研发创新,依法依规办理涉药品上市审评审批过程中的专利纠纷行政裁决案件,根据《专利法》和有关法律、法规、规章,按照《药品专利纠纷早期解决机制实施办法(试行)》有关规定,国家知识产权局制定《药品专利纠纷早期解决机制行政裁决办法》,现予发布,自发布之日起施行。"

分析可见,不同的政府部门、不同的人员对我国建立药品专利纠纷早期解决机制的理解,虽然总的方向目标似乎是一致的,但说法不尽相同。这种不相同对相关法律法规、政策文件的出台是有影响的。因此,有必要进一步研究明确药品专利链接制度的含义是什么,我国建立这一制度的目的到底是什么,《实施办法(试行)》《司法解释》《行政裁决办法》各自要解决、应该解决什么问题。

---

① 陈扬跃、马正平:《专利法第四次修改的主要内容与价值取向》,载《知识产权》2020年第4期。

## 五、对完善药品专利链接制度实施相关规定的几点建议

第一,进一步研究明确我国实施药品专利纠纷早期解决机制的真正目的,从目的出发,切实摆正创新与仿制的关系,考虑真正建立一种适合中国医药行业发展国情的激励创新、鼓励仿制、使创新药与仿制药健康平衡发展的新机制,使这一制度实施后真正能达到早期解决药品专利纠纷的目的。只有目的明确,初心一致,我们才可能向着一个共同的目标去努力。

第二,由于药品专利纠纷早期解决机制的实施涉及对《专利法》与《药品管理法》两个法律制度的调整。《专利法》是鼓励创新的法律,对于药品这种特殊的商品而言,在《专利法》中作出相应的特殊规定是各国的普遍做法。但是,就药品专利链接制度而言,其主要规范的是仿制药申请上市审评审批时,如何对待可能发生的与现有有效的专利权侵权问题,其主要是在仿制药上市审评审批时操作规范,这应当归于《药品管理法》规范的内容,而不是《专利法》应该规范的内容。2022 年 5 月 9 日,国家药监局发布《药品管理法实施条例(修订草案征求意见稿)》中第 38 条和第 39 条专门规定了专利链接的内容,其与现行《专利法》第 76 条规定是相同的。同一个制度,在两个不同的法律法规中分别作出大体相同的规范实属不必。结合目前正在修改的《药品管理法实施条例》,明确哪些内容应当规定在《专利法》之中,哪些内容应当规定在《药品管理法》及《药品管理法实施条例》中。

第三,修改完善《实施办法(试行)》。首先,从法律效力上将其提升为法规,由国务院制定颁布实施,提高其法律效力层级,对具体实施其规则的法院及行政部门是有益的;其次,增加其不完整的内容,使其在技术层面更全面、更完整、更具有可操作性;最后,完善其现有规定中模糊、不清晰之内容。

第四,修改完善相关司法解释的规定。首先,从立法目的出发,将所谓的是否落入专利权保护范围的诉讼与专利侵权诉讼的关系予以明确,使之不仅仅解决当事人可诉的问题,还应当从实质上解决是否可能构成专利侵权的问题,真正达到通过司法手段定分止争的目的。其次,应当扩大与此制度相关纠纷案件的受理及审理范围,而不应仅仅局限于是否落入专利权保护范围这一民事纠纷案件。我们既然认识到这是一项新的制度,就一定会引发不少新问题、新纠纷,司法不应放任不管。最后,应当对这类案件如何加快审理速度,在程序上作出一些具体规定。

# 构建不当或错误专利信息登记及仿制药声明之救济机制*

在实施“药品专利纠纷早期解决机制”的过程中，原研药企在上市药品信息登记平台上进行专利信息登记，是该机制实施的基础；而仿制药企提交声明则是该机制能否启动的关键。然而，在两年多的实践中，无论是原研药的专利信息登记，还是仿制药的声明，都出现了一些不当的情形。而在现行的制度框架下，这些不当的专利信息登记及声明却没有相对应的纠错或救济机制，给这一机制的运行带来了许多新的隐患。

## 一、专利信息登记及仿制药声明中的问题

1. 原研药在专利信息登记中出现的问题

就原研药企的专利信息登记规则而言，根据国家药品监督管理局和国家知识产权局联合发布的《药品专利纠纷早期解决机制实施办法（试行）》（以下简称《实施办法（试行）》）第 2 条规定，只有在上市药品专利信息登记平台上登记的专利信息，才会成为仿制药企提交声明所参照的对象，是仿制药企专利挑战的基础。

《实施办法（试行）》第 4 条第 1 款规定，药品上市许可持有人在获得药品注册证书后 30 日内，自行登记专利信息。

第 4 条第 3 款规定，药品上市许可持有人对其登记的相关信息的真实性、准确性和完整性负责，对收到的相关异议，应当及时核实处理并予以记录。登记信息与专利登记簿、专利公报以及药品注册证书相关信息应当一致；医药用途专利权与获批上市药品说明书的适应症或者功能主治应当一致；相关专利保护范围覆盖获批上市药品的相应技术方案。……也就是，关于专利登记信息登记的真实

* 本文原载于微信公众号“知产前沿”，2023 年 9 月 21 日。

性、准确性、完整性由登记者自行负责，如果“故意将保护范围与已获批上市药品无关或者不属于应当登记的专利类型的专利登记至中国上市药品专利信息登记平台”，则将依法承担相应责任。

第5条规定，化学药上市许可持有人可在中国上市药品专利信息登记平台登记的专利限于药物活性成分化合物专利、含活性成分的药物组合物专利、医药用途专利。此外，目前的制度仅仅规定了“相关信息发生变化的，药品上市许可持有人应当在信息变更生效后30日内完成更新”，而并没有第三方特别是利害关系人对此提出异议的规定。

但实践中，上市许可持有人进行专利信息登记做法各异，也遇到种种困惑，包括：

(1)不进行专利信息登记。出于对《专利法》所规定的药品专利纠纷早期解决机制的不了解、不信任，有些上市许可持有人仍坚持通过正常的专利纠纷解决途径进行维权。这种做法亦无可厚非。这些上市许可持有人并非放弃其专利权或维权的权利，而仅是放弃适用链接制度这一早期解决专利纠纷的途径。

(2)登记的专利范围过宽过大。将所有相关的专利都进行登记，或者将不呼吁专利链接范围的专利，如方法专利、晶型专利进行登记，还有的将已经过期的或者未授权的也进行了登记。由此导致两个后果：其一，仿制药企不得不针对每一个登记在平台上的专利作出声明，由此可能导致一些本不应该被纳入专利挑战范围的专利被纳入专利挑战范围中，这将大大增加仿制药专利挑战的诉累，也将导致司法和行政裁决资源的浪费。其二，尽管《实施办法(试行)》第4条第2款要求“相关专利保护范围覆盖获批上市药品的相应技术方案”，但法律上并没有明确对登记专利与上市药品的对应性或相关性的审查机制，换言之，实际上并任何一个机构负责审查专利与上市药品技术方案的对应关系，导致登记的专利与上市药品之间可能并不具有对应性或相关性。这几乎是每一个专利挑战案件中当事人双方争议的焦点。仿制药企往往主张所登记的专利与药品的技术方案并不对应，或者其仿制药中的某些组分或者技术方案并没有为专利所公开，基于此，以案件涉及商业秘密为由，进行不公开审理。这也导致通过司法和行政裁决已经审结的绝大多数专利挑战案件的相关信息，一般公众无法通过公开渠道了解和知悉。严格说，这既有悖于民事诉讼法中审判公开原则和TRIPs协议等国际公约中要求的“透明度”原则的规定，也不利于相关公众通过了解相关案例，明确司法和行政机关对相关制度规则的理解和界定，以使得相关公众尤其是原研药企和仿制药企，对于自己的行为具有可预见性。

(3)上市许可持有人依据《实施办法(试行)》的规定,可以在新药获批上市后30日内进行专利信息登记,但仿制药在新药上市不足30日,即抢先在上市许可持有人进行专利信息登记前作出一类声明,认为专利权不存在,这使得在后登记的专利信息无法成为专利挑战的基础,上市许可持有人的专利信息登记实际上沦为一纸空文。

(4)《实施办法(试行)》只规定了上市许可持有人发现自己登记的专利信息发生了变化,需要进行更新,并且说明理由。而上市许可持有人因自身失误导致专利信息登记不正确、不准确,如错登专利号等,拟自行修改,却找不到相关途径,因为这并不属于专利信息发生变化的情形。

(5)在相关程序进行过程中,如专利无效程序过程中,专利权的状态发生了变化,上市许可持有人尚未作出修改或尚在修改过程中,仿制药企抢先作出声明,同样也会使得声明针对的专利的状态与实际不符。

(6)实践中,还有一些仿制药企,将自己的专利进行了信息登记,但这与药品专利纠纷早期解决机机制的立法目的并不一致。

2. 仿制药企作出声明中出现的问题

就仿制药企的专利声明而言,《实施办法(试行)》第6条第1款规定,化学仿制药申请人提交药品上市许可申请时,应当对照已在中国上市药品专利信息登记平台公开的专利信息,针对被仿制药每一件相关的药品专利作出声明。声明分为四类,不同类别的声明将引发不同的法律后果。依据第7条之规定,专利权人或者利害关系人对四类专利声明有异议的,可以就申请上市药品的相关技术方案是否落入相关专利权保护范围向人民法院提起诉讼或者向国务院专利行政部门请求行政裁决。而对于一类、二类和三类声明,则并不会也不应该引发专利挑战的相关诉讼。

与专利权人的专利信息登记一样,《实施办法(试行)》第6条第2款规定,仿制药申请人对相关声明的真实性、准确性负责。提交不实声明,弄虚作假,侵犯专利权人相关专利权或者其他给当事人造成损失的,依法承担相应责任。

由于一类和三类声明并不会引发专利挑战的相关诉讼,实践中,仿制药企的两种规避专利挑战的行为引发了原研药企的不安。其一,《实施办法(试行)》规定,上市许可持有人应在药品获批上市后30日内进行专利信息登记,而部分密切关注原研药动向的仿制药则抢在这30日的空窗期内,提交一类声明,即"中国上市药品专利信息登记平台中没有被仿制药的相关专利信息”,待原研药进行专利信息登记后,也无法就专利信息登记前的声明提起挑战。其二,仿制药企如果提交三类声明,即“中国上市药品专利信息登记平台收录有被仿制药相关专利,仿制药申请人承诺在相应专利权有效期届满之前所申请的仿制药暂不上市”,原研药企同样无法基于三类声明提起请求确认落入专利权保护范围的诉讼或行政裁决。我国药品批件上并不会标示专利到期的时间,而仅仅标示提起了三类声明,无法有效避免仿制药企基于上市批件参加招标采购或药品销售的行为。

《实施办法(试行)》并没有关于仿制药修改声明类别的相关规定。在仿制药作出声明的过程中,出现了声明错误,如有的仿制药同时作出了三类声明和类声明,发现后即使希望更正,也更正无门;当专利权效力发生变化时,仿制药企希望根据专利权效力的变化而变更其声明类型同样也是不可行的。

实际上,药监部门倾向于认为,声明是一件非常严肃的事情,需要非常慎重,一旦作出,不能轻易变更。但实际情况是,尽管发明专利经过实质审查,其权利效力通常比较稳定,但也并非一成不变。原研药登记在平台上的专利可能被第三人宣告无效,也可能因为种种原因而失效,或者仿制药进行专利挑战失败后,不得不将四类声明改为三类声明,前述种种情形是不可避免的,也可能是仿制药作出声明时无法控制或不可预见的。缺乏变更声明类别的程序和规则,仿制药企即使想变更声明类别也无所适从。而是否可以基于此,认定其提交不实声明,进而要求其承担法律责任,似乎也并不妥当。

## 二、不当或错误专利信息登记及仿制药声明产生的原因

不当或错误专利信息登记及仿制药声明产生等原因,是多方面的,既有制度规则本身的问题,也有药企的问题。笔者认为,究其原因,可能包括:

第一,药企不完全了解相关的制度规则,或者对制度规则理解有误。药品专利纠纷早期解决机制是《专利法》第四次修改确立的新制度,较之于国外的相关制度规则,如美国、韩国、加拿大等国的专利链接制度,我国的药品专利纠纷早期解决机制有着其自身的特点。如前文所述,这一制度规则自实施至今,仅经历了两年多。尽管在此期间,国家知识产权局、国家药监局,以及法院对于该制度规则作了许多介绍和解释,但实践中,仍有许多具体实施规则需要企业逐步学习和摸索。加之迄今为止审结的大多数专利挑战案件,无论是通过司法途径解决的,还是通过行政途径解决的,公开判决或裁决的并不多见,这对药企正确理解制度规则细

节,增加了诸多障碍。因此,药企可能对专利信息登记或仿制药声明的具体操作细节存在误区或并不了解,由此导致不当或错误的登记或声明。

第二,法律制度规则规定本身并不明确,药企只能目前的规则体系下,摸索前行。如前所述,药品专利纠纷早期解决机制是全新的制度,目前依旧处于试行阶段,许多制度规则的规定并不明确、不具体、不细化,或存在缺位。法无禁止即可为,一些不当登记或声明,是药企在目前制度框架的范围内作出的对自身最有利的选择,也是无可厚非的。这需要相关立法部门总结实践中出现的问题,进一步完善现行制度对则,使之更为科学、合理,并真正能实现制度设计的目的。

第三,有些不当或错误的专利信息登记或仿制药声明则是企业故意为之。毕竟就目前的制度规则而言,相关的惩罚性规定也并不会给企业造成很大的损失,甚至《实施办法(试行)》第15条规定的所需承担的法律责任所适用的程序规则也并不明确,使得药企即使明知故犯,进行错误的专利信息登记或者作出错误的声明,事实上也不会受到惩戒。这需要从制度上明确相关行为的边界,并完善追责的程序规则,必要时,根据产业的特点,增加相关的惩戒措施,如一段时间内,不得再提交上市申请等,使得企业能够规范自身行为,保障这一制度的顺利实施。

## 三、构建相关救济机制之建议

鉴于实践中相关问题的出现,既有制度方面的原因,也有当事人自身的原因,笔者认为,可以从以下几个方面着手,构建相关救济机制:

1. 统一、细化的格式化文件

目前,上市药品专利信息登记平台的登记的信息基本上是与《实施办法(试行)》第4条第1款之规定相对应的信息,但是对于每一项信息的具体登记要求并没有进一步的细化规定,使得上市许可持有人只能根据自己的理解,尽可能将符合条件的专利信息进行登记,包括目前规则中尚未明确的晶型专利等,也可能被登记其中;而仿制药企可能也有自己的专利,也进行了专利登记。由此导致专利信息登记处于混乱、无序的局面。专利信息登记是药品专利纠纷早期解决机制的基础,错误或不当登记,将极大增加仿制药企的诉累,浪费司法和行政资源;而仿制药企进行专利信息登记,则似乎偏离的上市药品专利信息登记平台制度的初衷。

因此,药监部门有必要根据制度实施的需要,进一步提供统一、细化的格式化文件,编发相应的操作指南或指引,帮助药企准确进行专利信息登记,也便于药监部门的管理和相关公众的检索,构建药品专利纠纷早期解决机制的基础。

2. 提供主动修改或变更的途径

根据《实施办法(试行)》之规定,如果上市许可持有人发现自己登记的专利信息发生了变化,应当在信息变更生效后30日内完成更新。相关信息修改应当说明理由并予以公开。也就是说,目前的制度框架允许原研药企或其利害关系人主动修改登记的专利信息。

但是,《实施办法(试行)》并没有提供仿制药企发现自己声明不当或错误的修改或变更途径,甚至认为,声明应慎重,一经作出,不宜修改或变更。这实际上并不符合实际需求。专利权的效力可能是一个变化的过程。专利的失效或无效(尤其是并非由仿制药企专利挑战导致的专利无效或失效),将导致仿制药企的声明由三类或四类变为二类;或者由于仿制药企挑战失败,其声明可能需要由四类变为三类。这些都可能是仿制药企作出声明之后发生的变化。不允许仿制药企对其声明进行修改或变更,使得其不得不面临原研药企专利挑战的诉累,而无法上市,这显然是不合适的。因此,应当为仿制药企提供主动修改或变更声明的途径,药监部门和原研药企也能够根据实践变化,及时作出决策的调整。

3. 提供利害关系人的异议途径

药企是趋利的,在目前制度尚不完善,存在缺位的情况下,药企处于种种原因,尽可能选择对自己有利的做法,包括将相关专利都进行登记,或者在原研药企登记专利的空档期间,抢先作出一类声明等,似乎也无可厚非。

事实上,美国专利链接制度实施的过程中,也出现过类似的问题。因此,美国在2016年修订的规则中,为纠正"桔皮书"中登记错误或不当的专利信息提供了行政救济途径,允许任何人以就"桔皮书"中所登记的专利信息的准确性和相关性提出挑战。其具体规则和流程如下:任何人均可以就"桔皮书"中所登记的专利信息的准确性和相关性提出挑战。提出挑战者应向美国食品药品管理局(FDA)提交陈述其争议理由的声明,FDA将向新药申请(NDA)批件持有人送达该声明。NDA批件持有人应在30日内确认系争信息的准确性,撤销或修订系争信息。若被挑战的专利信息与使用方法相关,则NDA批件持有人还应就其专利保护范围提交叙述性说明,对现有的或经修订的用途编号的适当性加以解释说明。若NDA批件持有人及时对争议声明进行回应,且并未撤销或修订争议专利信息,FDA将不会修改或变更已经登记在"桔皮书"中专利信息。后续仿制药上市申请应针对每一项登记在"桔皮书"中的专利(包括有争议的专利)分别作出适当声明。FDA 将在其网站上发布专利争议的相关信息。[①]

韩国食品药品安全部(MFDS)则在绿色清单的建立和管理过程中发挥着积极主动的作用,包括对登载专利的适格性进行实质审查,尤其是对“直接相关性”作出狭义解读,往往要求专利权利要求与获批药品精确对应,MFDS 有权对登载的权利要求进行修正以缩小其权利要求的保护范围,进而其得以与获批药品直接对应。MFDS 还有权依职权对不在符合要求的登载专利信息进行修改或删除。在此之前,MFDS 应听取包括仿制药申请人在内的利害关系人的意见。[②]

就我国的实际情况而言,考虑到目前药监部门无法过多介入专利与上市药品技术方案对应性审查的实际情况,可以参考美国的做法,构建第三方(特别是利害关系人)对于登记的专利信息提出异议或挑战的机制是有其必要性和可行性的。

具体而言,由于国家药监局对于专利信息登记的准确性仅做形式审查,一旦出现信息登记错误、不当等情形,可能会对仿制药上市申请造成妨碍,因此,应当制定关于信息登记错误或者不当登记时的救济途径。这个途径主要应当为行政途径,即专利权人或当上市许可人发现登记信息有误时,可以向国家药监局申请进行修正,国家药监局在核实情况后,确发现登记有误的,应当及时予以调整。而仿制药企业或第三方发现登记信息有误时,可以向国家药监局申请更正。在这种情况下,国家药监局应当将相关请求转给上市许可持有人或专利权人,并根据核实的情况,确认是否对登记信息予以调整。

这也将使得原研药企在登记专利时更为慎重,而后期一旦进入专利挑战程序,相关问题可能已经在前置的异议程序中得到解决,也有助于专利挑战程序的顺利解决。

而对于仿制药企故意作出不当或错误的声明,赋予原研药企提起异议或挑战的权利同样重要。仿制药企为了规避批准等待期而不作出四类声明,仅作三类声明,或者甚至抢在原研药企进行专利信息登记之前作出一类声明,这显然与药品专利纠纷早期解决机制以及进行上市药品专利信息登记制度的设计初衷是相背离的。如果允许仿制药企借助这类方式直接获批上市,原研药企的利益将受到极大损害,而药品专利纠纷早期解决机制也将失去意义。

因此,如果原研药企有证据证明仿制药企为规避批准等待期作出一类或三类

---

① 《联邦法规汇编》(C. F. R. )第 21 篇第 314.53(f)条。

② Kimberlee Thompson Raley: *The South Korean Patent Linkage System*: *A Model for Reforming the United States Hatch - Waxman Act*, Emory International Review, Vol. 33 (2019), p. 474 - 476.

声明,其应有权提出异议或挑战,要求仿制药企变更或修改声明。

4. 对故意作出不当或错误登记及声明的惩戒

如前所述,尽管《实施办法(试行)》第 15 条规定,提交不实声明等弄虚作假的、故意将保护范围与已获批上市药品无关或者不属于应当登记的专利类型的专利登记至中国上市药品专利信息登记平台、侵犯专利权人相关专利权或者其他给当事人造成损失的,依法承担相应责任。但实际上,相关的程序规则并不明确。如何承担责任,承担什么样的责任也并不明晰。如果仅仅是基于给当事人造成损失,依法承担相应责任,则似乎可以理解为,应当依据《专利法》的规定,承担专利侵权责任。而如果仅仅是提交不实声明或者进行不当专利信息登记,目前并没有明确的法律责任的规定。

对于上市许可持有人或专利权人故意进行错误或不当登记的负面影响应当仅及于信息公示不准确可能导致上市药品专利信息登记对仿制药的技术引导、研发注册引导及法律引导将会受到影响,进而导致仿制药上市延迟。而仿制药企故意作出不当或错误声明,以规避专利挑战,将会影响原研药企的利益,并可能导致仿制药获批上市后因为侵权而退市,影响患者用药和社会福祉。前述两种情况均应予以惩戒。笔者认为,在这种情况下,一经发现,应当在一定时期内,限制当事人提交上市申请(无论是原研药还是仿制药)或不予核发上市许可,使得其慎重对待自己的专利信息登记和声明行为。当然,在什么情况下要求其承担法律责任,需要通过相关的实体和程序规则予以明确。

5. 与专利链接相关的诉讼

无论是第三人对不当或错误专利信息登记或声明的异议或挑战,还是药监部门对于不当或错误登记或声明的惩戒,都是具体行政行为,在国家药监局作出相关决定后,行政相对人应当有请求司法复审进行救济的权利。

这是两类与专利挑战相关的行政案件,考虑到这两类案件与药品专利纠纷早期解决机制和专利挑战的密切联系,也应该对这两类案件的管辖以及程序规则予以明确,应扩大司法解释规定的案件受理范围。上述两类案件虽然属于不服药品行政管理机关决定的行政纠纷案件,但是考虑到这两类案件与药品专利链接制度的密切联系,这类案件虽然为行政纠纷案件,但应当明确由北京知识产权法院和最高人民法院知识产权法庭作为管辖法院,而不是依据《行政诉讼法》由国家药监局所在的北京市第一中级人民法院管辖。

# 请求确认是否落入专利权保护范围之诉与专利侵权之诉之比较*

我国《专利法》第四次修改确立了药品专利纠纷早期解决机制，并在程序上借鉴了韩国专利制度中"确认之诉"的机制，引入了"请求确认是否落入专利权保护范围"这一全新的诉由，这与其他实施药品专利链接制度的国家通过"拟制侵权"制度，以专利侵权之诉处理专利挑战纠纷有着很大的区别。即使在我国专利法框架内，"请求确认是否落入专利权保护范围"之诉与专利侵权之诉的关系似乎也一直没有被厘清。

从诉的类型而言，请求确认是否落入专利权保护范围之诉属于确认之诉的范畴，即原告要求法院确认其主张的法律关系存在或不存在的请求；专利侵权之诉属于侵权之诉的范畴，旨在追究被控侵权人因侵犯他人权利而产生的法律责任。两者有着不同的诉讼目的，决定了其在程序规则上也存在许多差异，如确认之诉可能并不适用临时措施，法律责任也存在差异。而本文则仅关注专利法制度框架下，请求确认是否落入专利权保护范围之诉与专利侵权制度的差异，而对于由于确认之诉与侵权之诉的差异所必然导致的两者之间的区别则不作赘述。

## 一、诉讼主体范围不同

专利侵权诉讼适用于各个技术领域。专利侵权诉讼的主体与《民事诉讼法》关于诉讼当事人的规定是一致的。只要是依法享有专利的专利权人或者利害关系人，均可作为原告提起专利侵权诉讼。依据最高人民法院《关于审查知识产权纠纷行为保全案件适用法律若干问题的规定》第2条规定，知识产权许可合同的被许可人申请诉前责令停止侵害知识产权行为的，独占许可合同的被许可人可以

---

* 本文原载于微信公众号：知产前沿，2023年12月18日。

单独向人民法院提出申请;排他许可合同的被许可人在权利人不申请的情况下,可以单独提出申请;普通许可合同的被许可人经权利人明确授权以自己的名义起诉的,可以单独提出申请。而被告则是被控实施了制造、使用、销售、许诺销售和进口行为的主体。

而请求确认是否落入专利权保护范围之诉作为药品专利纠纷早期解决机制的组成部分,是为药品领域仿制药上市前纠纷解决而特设的程序,旨在在仿制药上市前提供一种司法或行政的早期解决创新药企与仿制药企之间专利纠纷的解决途径。根据《专利法》第76条的规定,其仅仅“药品上市审评审批过程中,药品上市许可申请人与有关专利权人或者利害关系人,因申请注册的药品相关的专利权产生纠纷的”,这也是我国的请求确认是否落入专利权保护范围之诉与韩国可以适用于各个技术领域的“权利范围确认之诉”在适用范围上的区别之处。

依据北京知识产权法院《关于申请注册的药品相关的专利权纠纷民事案件立案指引(试行)》(以下简称《立案指引》)的规定,专利权人或者利害关系人作为原告提起诉讼的,应以药品上市许可申请人为被告;药品上市许可申请人作为原告提起诉讼的,应以专利权人为被告。此处的专利权人或者利害关系人指的是系争原研药专利的专利权人或利害关系人,包括独占被许可人、排他被许可人等,但应提交符合上述规定内容的主体资格证明材料①。而药品上市许可申请人则指的是仿制药的上市许可申请人。简言之,请求确认是否落入专利权保护范围之诉的争议双方是原研药企和仿制药企。

## 二、案件管辖不同

专利侵权纠纷实行特别指定管辖。依据最高人民法院《关于第一审知识产权民事、行政案件管辖的若干规定》的相关规定,发明专利、实用新型专利的权属、侵权纠纷以及垄断纠纷第一审民事、行政案件由知识产权法院,省、自治区、直辖市人民政府所在地的中级人民法院和最高人民法院确定的中级人民法院管辖。外观设计专利的权属、侵权纠纷,经最高人民法院批准,也可以由基层人民法院管辖,但外观设计专利行政案件除外。同时,还应依据《民事诉讼法》的相关规定,根据案件标的额确定一审管辖法院。二审案件则由最高人民法院知识产权法庭集

---

① 知产北京:《北京知识产权法院关于申请注册的药品相关的专利权纠纷民事案件立案指引(试行)》(附全文),载 https://m.thepaper.cn/baijiahao_16109090,最后访问时间:2023年10月18日。

中管辖。截至 2022 年 3 月，全国知识产权法院/法庭已经形成“1 +4 +26”知识产权大保护格局，专利侵权纠纷主要由四个知识产权法院及 26 个知识产权法庭依据地域管辖原则进行管辖①。管辖权异议依旧是侵权诉讼双方当事人常常采取的诉讼策略之一。

而请求确认是否落入专利权保护范围之诉则实行专属管辖。依据最高人民法院《关于审理申请注册的药品相关的专利权纠纷民事案件适用法律若干问题的规定》(以下简称《药品专利链接司法解释》)，当事人依据《专利法》第 76 条规定提起的确认是否落入专利权保护范围纠纷的第一审案件，由北京知识产权法院管辖。同时，此类案件的二审由最高人民法院知识产权法庭专属管辖。因此，此类纠纷不会涉及管辖权异议问题。

## 三、起诉条件不同

专利侵权诉讼只需符合《民事诉讼法》第 122 条的规定即可，包括：原告是与本案有直接利害关系的公民、法人和其他组织；有明确的被告；有具体的诉讼请求和事实、理由；属于人民法院受理民事诉讼的范围和受诉人民法院管辖。

而请求确认是否落入专利权保护范围之诉除了需要能满足前述《民事诉讼法》所要求的基本的起诉条件外，由于案件的特殊性，最高人民法院还进一步规定了其他起诉时需要提供的资料。依据《药品专利链接司法解释》第 3 条的规定，专利权人或者利害关系人依据《专利法》第 76 条起诉的，应当按照《民事诉讼法》第 119 条第 3 项的规定提交下列材料：

(1)国务院有关行政部门依据衔接办法所设平台中登记的相关专利信息，包括专利名称、专利号、相关的权利要求等；

(2)国务院有关行政部门依据衔接办法所设平台中公示的申请注册药品的相关信息，包括药品名称、药品类型、注册类别以及申请注册药品与所涉及的上市药品之间的对应关系等；

(3)药品上市许可申请人依据衔接办法作出的四类声明及声明依据。

药品上市许可申请人应当在一审答辩期内，向人民法院提交其向国家药品审评机构申报的、与认定是否落入相关专利权保护范围对应的必要技术资料副本。

---

① 君策 Justra：《一文收藏|全国知识产权法院/法庭管辖一览(1 +4 +26)》，载 https://mp.weixin.qq.com/s，最后访问时间：2023 年 10 月 17 日。

北京知识产权法院在其《立案指引》中重申了前述专利权人或者利害关系人提起诉讼时应提交材料证明其诉讼请求及事实理由，并进一步明确药品上市许可申请人提起诉讼时可参照上述内容提交用以证明其具体诉讼请求和事实理由的证据材料。

就诉讼请求而言，实际上，请求确认是否落入专利权保护范围是认定是否构成专利侵权的必要步骤，换言之，请求确认的技术方案是否落入专利权保护范围是专利侵权诉讼中必须审理的内容，因此，在一般的专利侵权纠纷中，原告无法单独将涉案技术方案是否落入专利权保护范围作为独立的诉讼请求，因为其缺乏确认的诉的利益，这实际上也是韩国司法界在探讨"权利范围确认之诉"的存废时的主要争议焦点之一。在中国司法实践中，在专利侵权诉讼中，请求确认涉案技术方案是否落入专利权保护范围这一诉讼请求是无法独立提起的。

而在药品专利纠纷早期解决机制中，请求确认是否落入专利权保护范围是独立的诉讼请求，旨在为在仿制药上市前，解决原研药与创新药之间的专利纠纷提供法律依据。

## 四、比对对象不同

由于《专利法》规定的专利侵权行为限于制造、使用、销售、许诺销售和进口五种，在专利侵权纠纷发生时，绝大多数情况下，侵权产品已经存在，因此，专利侵权诉讼中的侵权比对通常是专利技术方案与被控侵权产品的技术方案之间的比对。当然，在许诺销售的情况下，可能侵权产品并不实际存在，其侵权比对对象可能需要通过被控侵权人的广告、相关文件等获得。

而由于药品的特殊性，未经药品监管部门的审批，仿制药无法生产上市。请求确认是否落入专利权保护范围之诉发生在仿制药申请上市审批的过程中，其结果将对仿制药是否可以获批上市产生直接影响，因此，此类纠纷中，侵权产品均是不存在的，而比对的对象是仿制药提供的申请注册的药品相关技术方案。依据《药品专利链接司法解释》第 9 条的规定，药品上市许可申请人向人民法院提交的申请注册的药品相关技术方案，与其向国家药品审评机构申报的技术资料明显不符，妨碍人民法院审理案件的，人民法院依照《民事诉讼法》第 111 条的规定处理。也就是说，法院有权将仿制药企向国家药品审评机构（国家药监局）提交的技术资料作为比对对象。换言之，在我国现行制度规则下，就目前的实践而言，仿制药企在确认是否落入专利权保护范围之诉发生之时，涉及的技术方案理论上至少会有两种版本:其一,其向即国家药监局提交仿制药上市申请时提交的技术方案;其二,其在药品专利链接诉讼或药品专利链接行政裁决案件中提交的、用以主张其未落入相关专利权保护范围的技术方案。当然,在仿制药获批上市后,其实际生产过程中使用的技术方案。这所将引发的双重诉讼问题是我国的请求确认是否落入专利权保护范围之诉和韩国的权利范围确认之诉所共同面临的问题,也是该制度备受诟病之处,本文中不再赘述。因此,即使在仿制药上市前法院认定了不落入专利权保护范围,在仿制药上市后,还有可能面临侵权纠纷,并承担侵权责任。

## 五、抗辩事由不同

专利侵权纠纷中,在被控侵权产品落入专利权保护范围的情况下,被控侵权人仍可以主张现有技术抗辩、不侵权抗辩,以及专利权无效等事由进行抗辩。一旦抗辩事由成立,则被控侵权人的侵权行为将不构成侵犯专利权,亦无须承担侵权责任。

而在请求确认是否落入专利权保护范围之诉中,依据《药品专利链接司法解释》第 7 条之规定,药品上市许可申请人主张具有《专利法》第 67 条、第 75 条第 2 项等规定情形的,人民法院经审查属实,可以判决确认申请注册的药品相关技术方案未落入相关专利权保护范围。也就是说,在此类诉讼中,仿制药与一般专利侵权诉讼一样,可以主张现有技术抗辩,但司法解释明确的仿制药可以适用的不侵权抗辩似乎仅限于"先用权抗辩"。而该司法解释第 6 条又规定,当事人依据《专利法》第 76 条起诉后,以国务院专利行政部门已经受理宣告相关专利权无效的请求为由,申请中止诉讼的,人民法院一般不予支持。实际上,专利权的效力与确认是否落入专利权保护范围似乎没有直接关系,而就仿制药的声明而言,也分属于 4.1 类和 4.2 类两类声明。最高人民法院似乎有意将请求确认是否落入专利权保护范围的认定结果在一定程度上与侵权认定结果相关联,但时间效果如何,则有待进一步验证。

## 六、法律后果不同

就法律后果而言,一般在专利侵权纠纷中,被控侵权人的侵权行为一旦被认定成立,则面临需要承担侵权法律责任的后果,主要表现为停止侵权和损害赔偿;而请求确认是否落入专利权保护范围之诉的法律后果则主要体现为仿制药无法获得上市审批,无法上市销售,通常情况下,不会涉及损害赔偿问题。当然,如果是专利权人或者利害关系人知道或者应当知道其主张的专利权应当被宣告无效或者申请注册药品的相关技术方案未落入专利权保护范围,仍提起请求确认是否落入专利权保护范围之诉的,则可能会面临仿制药上市许可申请人关于损害赔偿的反诉。

综上,请求确认是否落入专利权保护范围之诉与侵权之诉作为两种诉的种类,在专利制度框架下,亦存在许多差异。但就现有制度总体而言,请求确认是否落入专利权保护范围之诉与侵权之诉的关系,尤其是如何相互衔接并不明晰,由此可能导致原研药与仿制药诉累增加,且并不能真正在仿制药上市前解决纠纷等问题,则有待于在后续实践基础上,进一步完善现有药品专利纠纷早期解决机制。

# 中国与韩国专利链接中的“确认之诉”之比较*

我国《专利法》第四次修改确立了药品专利纠纷早期解决机制（也称药品专利链接制度），并且在程序上引入了“请求确认是否落入专利权保护范围”这一全新的诉由，它在很大程度上借鉴了韩国专利制度中“确认之诉”的机制。但实际上，中韩两国专利链接中的“确认之诉”存在许多差异，这些差异决定了制度实施效果的不同。厘清这些差异，有助于我们重新审视我国药品专利纠纷早期解决机制的程序规则，并进行完善。

## 一、韩国药品专利链接中的“权利范围确认之诉”

1. 韩国专利法中“权利范围确认之诉”的立法背景及立法目的

韩国的“权利范围确认之诉”借鉴了1921年《日本特许法》中权利范围行政确认制度的相关规定。日本专利法中引入该制度起初是为了解决不同专利权之间保护范围重叠的问题，后来为了使专利权纠纷能够获得专利局的审查，而扩大了其适用范围。由于对其法律性质以及效力范围（是具有对世效力还是仅对当事人具有拘束力）争论不休，1959年《日本特许法》修订时废止了该制度，变更为不具有法律效力的行政判定制度后沿用至今。①

而韩国在其1946年《特许法》中首次明确规定了“权利范围确认之诉”，由于是由行政机关韩国知识产权局（KIPO）知识产权审判与上诉委员会（IPTAB）进行的准司法程序，该制度一般也称为“权利范围行政确认”制度。

现行有效的《韩国特许法》第135条规定，（1）专利权人及独占被许可人为了确认获得专利的发明的保护范围，可以请求确认专利权的权利范围（积极的权利范围确认请求）；（2）利害关系人为了确认他人获得专利的发明的保护范围，可以

---

* 本文原载于微信公众号“知产前沿”，2023年11月1日。

① 姜珍英：《日韩专利行政部门确认专利侵权制度比较研究》，载《知识产权》2020年第2期。

请求确认专利权的权利范围(消极的权利范围确认请求);(3)在提交第(1)项和第(2)项请求时,若有多个权利要求,可以对每个权利要求分别提出请求。这是目前韩国专利制度中“确认之诉”最直接的法律依据。

韩国的多数研究者认为,这一制度是在韩国专利制度尚未得到充分发展,法官专业性不足的背景下引入的,旨在解决难以准确理解和判断发明专利的技术内容问题。而在目前专利制度已经健全的情况下,该制度的有用性还体现在技术专业性强,以及能够作出快速判断。① 而《韩国审判概览》就这一制度的目的则指出,“有必要向具备专业性和丰富的技术见解的知识产权审判与上诉委员会提出请求,快速作出权威性的判断,以判断结果为依据,尽快解决当事人之间的纠纷,或者避免无意义的纠纷”。②

2. 韩国专利法中的“权利范围确认之诉”的程序

韩国司法实行三级三审制。目前,与知识产权相关的案件审判涉及的三级分别为韩国知识产权审判与上诉委员会(IPTAB)、韩国专利法院和大法院(韩国最高法院)(见图1)。

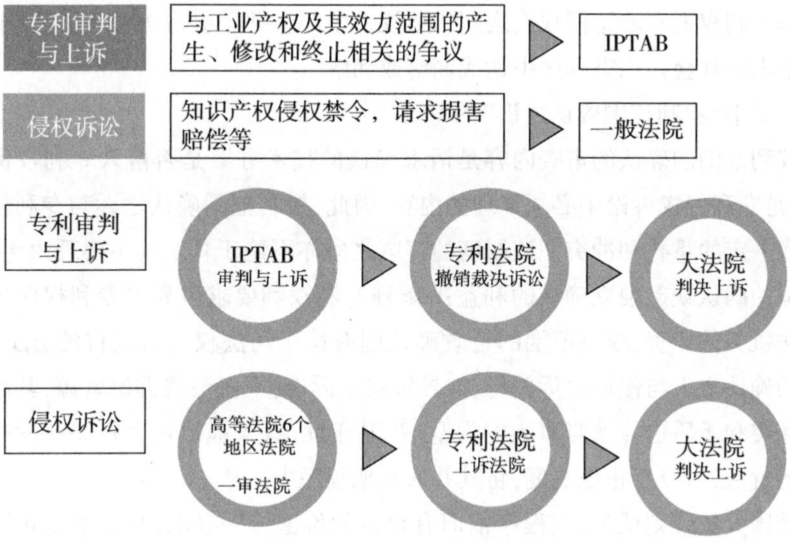


**图1 韩国专利案件的管辖③**

---

① 姜珍英:《日韩专利行政部门确认专利侵权制度比较研究》,载《知识产权》2020年第2期。

② 参见姜珍英:《日韩专利行政部门确认专利侵权制度比较研究》,载《知识产权》2020年第2期。

③ IPTAB, https://www.kipo.go.kr/upload/en/download/brochure_IPTAB.pdf,最后访问时间:2023年9月6日。

其中,IPTAB是在合并了原审判委员会和上诉委员会的基础上成立的,于1998年3月1日起开始运作。它是韩国知识产权局中的准司法机构,作为知识产权相关案件的第一审级在KIPO中完全独立运作(类似但不完全等同于中国2018年3月机构改革之前的专利复审委员会在国家知识产权局中的位置)。IPTAB审理的专利案件包括单边程序案件(如专利驳回,专利修改),双边程序案件(如专利无效,专利保护期延长无效,权利范围确认,专利修改无效,授予非独占许可等)以及专利异议案件。而依据《韩国特许法》第135条提起的权利范围的确认作为其中一类双边程序案件,由IPTAB负责第一审级的审查。《韩国特许法》对权利范围的行政确认的效力未作特殊规定。根据《韩国审判概览》的解释,权利范围的行政确认类似于民事诉讼中的确认之诉。[①] IPTAB依据专利复审的一般规定就权利范围的行政确认请求作出审查决定,作为准司法机构,其所作出的决定对当事人具有约束力。如图1所示,当事人对审查决定不服的,可以依据《韩国特许法》第186条向韩国专利法院申请司法复审,并可进一步上诉到韩国大法院(韩国最高法院)进行终审。与专利无效案件一样,专利法院对确认之诉进行的司法复审程序同样是专利权人和涉嫌侵权人之间的争议。IPTAB并不会成为被告。实践中,双方当事人通常会在二审程序中达成调解或和解。

3. 关于"权利范围确认之诉"的争议

权利范围的确认的审查内容是请求确认的技术方案是否落入专利权保护范围,也是专利侵权诉讼中必须审理的内容,因此,权利范围确认之诉与专利侵权之诉存在一定的重叠和冲突。该制度的存废之争亦不绝于耳。其主要理由包括:权利范围的确认缺乏独立确认的利益;[②]解释专利权利要求以界定专利权保护范围是司法机关的职责,权利范围的行政确认则有悖于司法权与行政权的分工;权利范围的确认之诉与侵权之诉并行,将导致双重诉讼,不仅浪费诉讼资源,其结果的相互冲突和矛盾也导致当事人的混乱。[③] 基于此,有人提出这个程序并没有太多存在的价值,可以废止该制度,将其并入其他程序中。

韩国大法院则认为,该程序依旧有存在的价值。一方面,与日本废止该制度时的情况不同,日本废止该制度的其中一个原因是由于该类确认请求的数量持续

---

① 参见姜珍英:《日韩专利行政部门确认专利侵权制度比较研究》,载《知识产权》2020年第2期。

② 事实上,在我国专利法之前的实践中,法院往往会拒绝当事人提出的确认是否落入专利权保护范围的诉讼请求,其理由也是基于没有独立的诉的利益。

③ 姜珍英:《日韩专利行政部门确认专利侵权制度比较研究》,载《知识产权》2020年第2期。

走低，但韩国此类请求的数量则远高于同时期的专利侵权诉讼；另一方面，权利范围确认之诉可以弥补民事诉讼时间长、成本高等不足，且由于主要请求者集中于中小企业，而权利范围确认之诉不会引发损害赔偿或禁令等法律救济，但由于可以得到对是否落入专利权保护范围的审查结果，有助于协助当事人判断是否提起侵权诉讼，也有助于快速终结当事人之间的潜在侵权纠纷。①

鉴于权利范围的行政确具有预防侵权以及快速终结纠纷的制度功能，其独立地位获得了认可，且该制度在韩国专利制度中发挥着重要作用。特别是在 2015 年韩国实施药品专利链接制度后，该制度的作用更为明显。韩国大法院也通过更改侵权案件二审的管辖权，将侵权诉讼的二审由原来的一般高等法院集中到专利法院统一管辖，而专利法院也是确认之诉的二审法院，在一定程度上减少了（但不可能完全消除）两种程序结果不一致的情形。

4. 韩国药品专利链接制度中的“权利范围确认之诉”

根据《韩国药事法》第 50－5 条之规定，专利权人在收到仿制药申请人的通知之日起 45 日内，专利权人或原研药企应向韩国食品药品安全部（MFDS）提交制止仿制药上市的申请。而在提交遏制期的申请前，专利权人应（1）依据《韩国特许法》第 126 条之规定向法院提起侵权或预防专利侵权之诉，或（2）依据《韩国特许法》第 135 条之规定向提起积极的权利范围确认（请求确认仿制药技术方案落入其专利权保护范围）之请求。若仿制药申请人已经向 IPTAB 提起消极的权利范围确认（请求确认仿制药技术方案没有落入登载专利的权利保护范围）之请求，则专利权人应予应对，且无须再提起确认请求。根据该条规定，权利范围确认之诉被纳入专利链接的制度范畴，成为“专利挑战”的一种请求类型，而且至少在韩国药品专利链接制度实施之初发挥着重要作用，这也是韩国一些研究者认为“权利确认范围之诉”有继续存在理由的重要依据。

数据显示，在韩国 2015 年实施药品专利链接制度的最初几年内，权利范围确认之诉的请求量激增。截至 2018 年 3 月，在全面实施专利链接制度 3 年间，原研药企业和仿制药企业共向 IPTAB 提交涉及专利链接的请求 2928 件。2015 年，共有无效宣告请求 1801 件，消极的权利范围确认请求 410 件；到 2017 年，无效宣告请求只有 22 件，而消极的权利范围确认请求共 372 件。

3 年间，IPTAB 共审结 2248 件涉及药品专利链接的请求。在仿制药企业进行

---

① 姜珍英：《日韩专利行政部门确认专利侵权制度比较研究》，载《知识产权》2020 年第 2 期。

的专利挑战中,无效宣告请求胜诉的有 265 件(成功率 24%),消极的权利范围确认请求胜诉的有 465 件(成功率 74%)。

从前述数据可以看出,就专利挑战请求的类型而言,除了制度实施之初,消极的权利范围确认请求的案件量明显高于无效宣告请求的案件量,其原因在于消极的权利范围确认请求容易被认可,而且该结果仅对特定仿制药企业的特定仿制药有效,其他仿制药企业难以直接利用这一结果。而无效请求如果仿制药企业胜诉,则其他任何相关仿制药企业也都能"搭便车"上市其仿制药。因此,仿制药企业更倾向于选择通过消极的权利范围确认请求来挑战原研药专利。在消极的权利范围确认请求中,作为请求人的仿制药企业需要公开其实施的技术内容或制备方法,但很多时候争论的焦点在于其公开的技术内容或制备方法是否确实与仿制药报批申请的内容一致。而消极的权利范围确认请求成功率高的原因之一在于,请求人公开的技术内容并不触及专利权的内容。

## 二、我国"请求确认是否落入专利权保护范围之诉"与韩国"权利范围确认之诉"之比较

1. 立法背景及立法目的不同

在韩国专利制度体系中,"权利范围确认之诉"是与专利侵权之诉(基于《韩国特许法》第 126 条)和专利无效之诉(基于《韩国特许法》第 133 条)并行的三类相互独立的专利诉讼之一,其直接法律依据是《韩国特许法》第 135 条。如前所述,该制度规则源于对日本专利法的借鉴,制度引入最初的目的,旨在在法官专业性不足的情况下,解决其难以准确理解和判断发明专利的技术内容问题;而制度延续至今,则旨在实现对复杂技术问题的快速判断,实现预防侵权、快速解决纠纷的目的。与专利侵权之诉和专利无效之诉一样,权利范围确认之诉适用于所有专利法能涵盖的所有技术领域,当然也包括药品领域。换言之,在韩国专利制度体系中,"权利范围确认之诉"并非药品领域,尤其是药品专利链接制度所特设,而是在韩国药品专利链接制度实施前,其专利制度体系中已经固有的,即先有"权利范围确认之诉",后有药品专利链接制度,后者直接援用了原有制度体系内的程序规则。至于其在韩国药品专利链接制度实施之后,更受当时人的青睐,则与这一制度的作用密切相关。

对于我国的专利制度体系而言,"请求确认是否落入专利权保护范围之诉"是一项全新的诉由,在《专利法》第四次修改之前,这一诉讼请求作为独立诉讼请求,

在司法实践中往往被认为缺乏诉的利益,而不为法院所接受。而我国《专利法》第四次修改引入这一诉由,则是作为新引进的药品专利纠纷早期解决机制(药品专利链接制度)的组成部分,与之同时进入专利法的。因此,探讨这一诉由的出台背景无法脱离我国专利法引入药品专利纠纷早期解决机制的背景,也就是在强化知识产权保护的新形势下,我国医药产业取得了巨大发展,创新能力得到了提升,在需要大力支持、鼓励药品创新,同时又要考虑仿制药企占主导的现状的背景下,我国出台了药品专利纠纷早期解决机制。而专门规定这一新的诉由,则是为在仿制药上市前提供一种司法或行政的早期解决创新药企与仿制药企之间专利纠纷的解决途径。因此,根据《专利法》第 76 条的规定,这一诉由的适用范围仅仅是"药品上市审评审批过程中,药品上市许可申请人与有关专利权人或者利害关系人,因申请注册的药品相关的专利权产生纠纷的",而不像韩国的"权利范围确认之诉"可以适用于各个技术领域。简言之,这是为药品领域仿制药上市前纠纷解决而特设的程序,与其他技术领域无涉。

2. 程序不同

如前所述,韩国的"权利范围确认之诉"也称为"权利范围的行政确认",首先由韩国知识产权局的准司法机构 IPTAB 进行审查,对审查决定不服,可以进一步上诉到韩国专利法院,乃至韩国大法院。

而我国《专利法》第76 条则为"请求确认是否落入专利权保护范围之诉"提供了两种途径:其一为司法途径,即相关当事人可以向人民法院起诉,请求就申请注册的药品相关技术方案是否落入他人药品专利权保护范围作出判决。根据相关司法解释,此类案件为专属管辖,一审法院为北京知识产权法院,二审法院为最高人民法院知识产权法庭。其二为行政途径,即药品上市许可申请人与有关专利权人或者利害关系人也可以就申请注册的药品相关的专利权纠纷,向国务院专利行政部门请求行政裁决。根据国家知识产权局的相关规定,此类请求由药品专利纠纷早期解决机制行政裁决委员会负责作出裁决。其裁决结果与仿制药上市审批相关联。至于后续根据《行政诉讼法》相关规定,由法院进行司法复审的结论,则基本不会对仿制药上市审批的结果产生影响。

## 三、我国"请求确认是否落入专利权保护范围之诉"存在的问题

韩国的权利范围的行政确因具有预防侵权以及快速终结纠纷上的制度功能,其独立地位获得了认可。虽然这一制度在韩国大法院的支持下一直被保留下来,

但关于该制度本身存在的问题和争议的探讨一直存在,包括其与侵权之诉的关系,双重诉讼问题等。

而在我国司法和行政双轨制的程序规则下,我国的"请求确认是否落入专利权保护范围之诉"的问题似乎更为突出。

第一,各类程序的关系、界限、衔接混乱。根据我国之前的司法实践,涉及专利权侵权认定和专利权效力确定的诉由包括三种,即侵犯专利权之诉、专利无效之诉以及请求确认不侵权之诉。这三类诉讼有明确的诉的利益、起诉条件以及诉讼后果,三类诉讼之间的界限是明确的。而新引入的确认之诉与侵犯专利权、专利权无效和请求确认不侵权之间是什么关系,与这三类诉讼之间的界限是什么,如何与其他诉讼程序相衔接,并不十分明确。

第二,当事人诉累更甚。药监部门可以先行根据行政裁决作出是否批准仿制药上市的决定,而后再进行行政裁决的司法复审,这似乎与韩国的相关规定类似。但与韩国的 IPTAB 作为准司法机构不同,我国并没有准司法制度,法院对于行政裁决的司法复审属于行政诉讼,其结果可能会导致整个制度设计偏离原来的初衷和轨道,而进入一个较为混乱、不具有确定性、纠纷处理更为复杂、当事人诉累更重的境地。

第三,循环诉讼无法避免。按照目前的制度设计,国务院专利行政部门对确认之诉作出的裁决属于行政裁决,其生效仍然需要人民法院进行裁判(尽管其结果并不会影响仿制药的上市审批)。目前我国法院并没有对专利权效力进行认定的权利,在专利无效行政程序中也没有司法变更权,这与包括韩国在内其他国家和地区的实践并不相同,因此,其结果将可能会与目前的专利无效行政诉讼一样,导致循环诉讼,造成资源的浪费和当事人的诉累。此外,由于在行政裁决的后续行政诉讼,国务院专利行政部门从行政程序中的居中裁判者转变为代位被告,极有可能成为一方当事人的强势代理人,并对另一方当事人的利益造成损害。

第四,双重诉讼是可以预见的结果。如前所述,韩国的"权利范围确认之诉"旨在预防侵权和快速解决纠纷,但其所可能导致的双重诉讼问题,一直是这一制度备受诟病之处。而在药品专利链接制度框架下,韩国食品药品安全部(MFDS)在制度正式实施之前耗费了 3 年,完成了"绿色清单"登载专利的适格性,尤其是专利权利要求与获批药品的"直接相关性"或直接对应关系的实质性审查。尽管也可能存在仿制药挑战时提交的文字资料与实际生产是使用的技术方案不一致而引发双重诉讼,但 MDFS 在绿色清单的建立和管理过程中发挥着积极主动的作用，至少在专利挑战提交的问题资料以及与 MDFS 的资料之间的一致性是可以有保证的。而在我国现行制度规则下，就目前的实践而言，仿制药企的技术方案理论上至少会有三种版本：其一，其向国家药品审评审批机构（国家药监局）提交仿制药上市申请时提交的技术方案；其二，其在药品专利链接诉讼或药品专利链接行政裁决案件中提交的、用以主张其未落入相关专利权保护范围的技术方案；其三，仿制药获批上市后，其实际生产过程中使用的技术方案。如果这三者之间存在差异，那么，在确认是否落入专利权保护范围纠纷中，应当以哪一种方案作为对比对象？任凭仿制药企提交对自己有利的证据而缺乏核实机制显然是不妥的。此外，专利权利保护范围与上市药品之间的对应关系几乎是每个纠纷案件的争议焦点。这些都导致我国药品专利纠纷早期解决机制更类似于一种程序规则，至于能否在仿制药上市前，真正解决原研药与仿制药之间的纠纷，则不是其考虑的问题。可以预见，即使有了这一制度，在仿制药上市之后侵权纠纷仍可能不断发生。实际上，有观点认为，专利法新增了专利纠纷早期解决机制，以在相关药品上市前，尽早解决潜在的专利纠纷，为相关当事人提供可供选择的纠纷解决途径，可以更好地平衡专利权人、仿制药企和社会公众利益，提高药品可及性，保障公共健康。需要说明的是，即使未在法定期限内通过这一机制解决纠纷，仍可以另行提起专利侵权纠纷，①因此，双重诉讼的结果是可以预见的。

概言之，作为一项为了匹配药品专利纠纷早期解决机制这一全新机制而新引进的诉由，我国的"请求确认是否落入专利权保护范围之诉"似乎借鉴了韩国的"权利范围确认之诉"的做法，但一方面，这些元素在韩国制度中之所以能够正常运作是由于这些元素是与韩国的整体制度框架相匹配的，仅仅因素其中几个元素，难免会有失偏颇，乃至挂一漏万；另一方面，这些元素能否适应中国的国情，能否实现制度设计的目的，乃至能否达到韩国的制度效果，有待深入研究。

---

① 《修改后专利法表决通过，医药行业迎来重磅利好！》，载 https://www.sohu.com/a/425662991_120052111，最后访问时间：2023 年 9 月 6 日。

# 中美药品专利链接制度的宏观比较*

《专利法》第四次修改确立了药品专利纠纷早期解决机制,并自 2021 年 6 月 1 日起实施。我国的药品专利纠纷早期解决机制在很大程度上参照、借鉴了美国的专利链接制度,并在此基础上,结合中国国情,做了许多本土化的制度设计。可以说,我国的药品专利纠纷早期解决机制和美国的专利链接制度在制度设计的要素上存在许多差异。厘清这些不同或差异,对正确理解及完善我国药品专利纠纷早期解决机制是有益的。

## 一、制度出台的背景不同

1. 美国专利链接制度的出台背景

(1)严格保护专利权是药品专利链接制度有效实施的前提和基础

美国 1984 年《药品价格竞争与专利期补偿法案》(Hatch - Waxman 法案)及药品专利链接制度之所以能顺利实施,是建立在通过专利制度对药品创新给予强有力保护的基础之上的。没有对药品创新成果的专利保护,就谈不上 Hatch - Waxman 法案的出台,更谈不上药品专利链接制度的实施。

作为世界上最早建立专利制度的国家之一,自 1790 年建立专利制度以来,尽管出于产业发展、防止过度垄断等考量,美国对创新的专利保护力度发生过变化,如 20 世纪初至 70 年代末期,美国的专利保护力度较弱①,但自 20 世纪 80 年代后,美国开始大力加强对专利的保护。

美国对创新的强保护至少体现在两个方面:其一,美国专利保护的客体范围比其他国家要宽泛,其《专利法》第 101 条规定,任何人若发明或发现任何新且实用的方法、机器、制造品、物质组合,或者对上述做出任何新而实用完善的,均可以

---

* 本文原载于微信公众号"知产前沿",2023 年 11 月 17 日。

① 高金旺:《美国专利保护趋势研究》,载《河南社会科学》2007 年第 9 期。

根据本法的相关规定申请专利权。一个更为令人熟知的表述是1980年美国最高法院在查克拉巴蒂一案中所引用的国会1952年专利法报告中的表述,“阳光之下一切人造之物皆可专利”①。其二,实施专利侵权行为可能面临高额的损害赔偿。《美国专利法》第284条关于损害赔偿的规定为,一旦法庭作出有利于申诉人的裁定,法院应判给申诉人足以补偿侵权损害的赔偿金,其金额在任何情况下不得少于侵权者使用发明所应支付的合理专利权使用费再加上法院所定的利息和费用。若陪审团没有裁定损害,法官应对损害进行评估。在任一情况下,法院可将损害赔偿金增至裁定或评估金额的3倍。②

一方面,对创新、对专利权加大保护力度;另一方面,严格制裁侵权行为;大量创新药在获得保护的同时,让仿制药尽早上市,免受侵权诉讼的困扰。正是在这种背景下,Hatch – Waxman 法案出台了。

(2)创新药占主导的医药产业导致政府医疗卫生成本居高不下

众所周知,自美国国会于1938年针对“磺胺药事件”通过《联邦食品、药品与化妆品法案》,开始了影响深远的“新药申请”流程(NDA)后,为加强对药品安全的管控,又于1962年通过了《卡法尔—哈里斯法案》,该修正案是美国食品药物“零风险管制”政策体系的重要组成部分,该理念的主导地位持续了近30年。③

但该法案在强调药物安全性、有效性以避免药害事件的同时,却打击了创新型制药企业投入新药研发的积极性,特别是阻碍了低价仿制药进入市场。对仿制药而言,即使是仿制其他已经被证明是安全有效的创新药,也必须重新进行药物临床安全性和有效性研究,仿制药公司投入的成本高居不下,极大伤害了其生产仿制药的积极性,最终导致了许多创新药专利保护期届满却没有相应的仿制药出现的局面,市场上药品价格仍然长期居高不下。没有仿制药的竞争,创新药企也失去了创新的紧迫感,整个产业进入一个恶性循环。④ 高昂的药品价格不仅使广大患者难以承受,也大大增加了政府卫生保健成本。当时美国政府的保健成本甚

---

① See Diamond v. Chakrabarty, 447 U. S. 303, 206 U. S. P. Q. (BNA) 193(1980).转引自朱雪忠、杨远斌:《转基因植物的专利保护探讨》,载中国私法网:http://www.privatelaw.com.cn/Web_P/N_Show/? News_CPI = 9&PID = 5697,最后访问时间:2023年9月6日。

② [美]Erik R. Puknys:《美国专利侵权诉讼中损害赔偿的计算方法——以朗讯诉微软案为例》,载《电子知识产权》2009年第5期。

③ 陈永法、胡廷熹:《浅析FDA管理药品的成功经验》,载《药学进展》1999年第1期。

④ 《师夷长技:看美国如何成为第一制药强国》,载 http://www.z3z4.com/a/4m6sizd,最后访问时间:2023年8月27日。

至一度达到国民生产总值的14%。FDA烦琐的监管审批流程则被视为药价上升的罪魁祸首。

Hatch－Waxman法案正是在这样的背景下出台。法案中最重要的一项内容就是建立药品专利链接制度，在极大简化仿制药的审批程序的同时，规范化仿制药企业对创新药专利的挑战过程，以期为创新药和仿制药提供商业确定性。仿制药厂一旦挑战成功，则将获得180天的市场独占期，以此激发仿制药企挑战的积极性。

这部法案的出台，一方面提升了美国仿制药公司的竞争能力；另一方面大幅缩减了消费者的药品费用支出负担；同时，药品创新得到了更加有效的保护。从实施效果来看，在当时创新药为主导的背景下，Hatch－Waxman法案实际上给仿制药产业带来了更大的利益，因此也被称为"仿制药法案"，也有人将1984年称为美国"仿制药元年"。

2. 我国药品专利纠纷早期解决机制的出台背景

党的十八大以后，对知识产权的保护上升到国家战略层面，从立法到执行，对知识产权的保护力度不断加大，保护水平不断提升。

就医药行业而言，与美国创新药为主导的产业环境不同，我国医药产业始终是以仿制药为主导的。改革开放40多年来，我国药品行业主要围绕引进国外专利过期药品，引进先进技术并消化吸收，进行模仿创新，药品原创的软硬件基础相对落后和薄弱，研发投入严重不足，大多数制药企业的研发投入不足销售额的5%，且有限的经费大都投入在"短、平、快"的仿制药上。由于技术创新不足，多年来仿制药占医药工业总产值的比例一直在95%以上。① 2015年以前，国家发了1万多张新药证书，但实际上都是仿制药。②

2015年以来，我国出台了一系列旨在提高药品质量、提升审评审批速度、激励创新的改革措施。至2017年10月8日，中共中央办公厅、国务院办公厅印发了《关于深化审评审批制度改革鼓励药品医疗器械创新的意见》(以下简称两办《创新意见》)，这是医药改革的纲领性文件。两办《创新意见》第三部分"促进药品创新和仿制药发展"首次明确提出，要探索建立药品专利链接制度。至2020年10

① 刘泉、红刘方：《中国医药产业发展及产业政策现状、问题与政策建议》，载《经济参考研究》2014年第32期。

② 姚成志：《从仿制到创新，中国医药行业经历了什么？》，载https://mp.weixin.qq.com/s，最后访问时间：2023年9月6日。

月 17 日,第十三届全国人大常委会审议通过第四次修改的《专利法》中,增加了关于药品专利纠纷早期解决机制的相关规定。

应当看到,在强化知识产权保护的新形势下,我国医药产业取得了巨大发展,创新能力得到了提升,目前正在从创新的第二梯队向第一梯队迈进,甚至在诸如生物药领域,处于世界领先地位,我们需要大力支持、鼓励药品创新,同时又要考虑现状,即整体上依旧是仿制药企占主导。我国的药品专利纠纷早期解决机制也是在这种产业环境和背景下出台的,这与美国专利链接制度出台的立法背景并不相同。

## 二、制度出台的目的不同

1. 美国专利链接制度的目的

所谓药品专利链接制度中的"链接"主要指的是两个环节的链接:其一,仿制药申请上市时与创新药专利状态的链接,即仿制药上市申请人在提交上市申请时,以及药监部门在对仿制药上市申请进行审批时,都需要考虑相关仿制药所涉及的药品专利的状态;其二,药监部门作出的仿制药上市审批决定与仿制药上市申请人专利挑战结果的链接,即根据仿制药上市申请人基于第四种声明而提起的专利挑战的结果,决定是否对仿制药上市申请予以审批。这样做,旨在提升仿制药企的竞争力,减少政府卫生保健成本,维持药品创新的积极性,实现创仿平衡,同时让患者利益和社会福利得到保障。

市场确定性是药品专利链接制度的核心价值所在。对于药品产业而言,药品的安全性及市场的确定性是药企关注的焦点与核心。药品专利链接制度之所以获得了创新药产业和仿制药产业的一致认可,其最主要的优点在于,通过药品专利链接制度和专利挑战程序,使得创新药企与仿制药企之间可能发生的专利纠纷得以提前到仿制药上市之前解决,进而为创新药企和仿制药企提供市场可预见性和确定性。

对于创新药企而言,药品专利链接制度为创新药企了解创新药的仿制药企及其仿制药的上市进程提供了可能。特别是仿制药企通过专利挑战程序挑战创新药企专利时,创新药企有机会了解该仿制药的基本情况,并可以通过和解程序延缓仿制药的上市,为自己赢得更长时间的市场独占期,也使其对仿制药上市之后可能面临的药价的"专利悬崖"有明确的预期。

对于仿制药企而言,仿制创新药的行为尽管不需要像新药研发那样的高额投入，但同样需要一定水平的研发和投入，而如果不能在仿制药上市前扫清障碍，特别是创新药的专利障碍，其仿制药的上市将面临巨大的专利侵权风险。在美国的专利制度框架下，这意味着仿制药企将面临高额的损害赔偿和仿制药的退市。

在依据《专利法》严格依法保护药品创新的情况下，药品专利链接机制中的专利挑战程序为仿制药企确认其仿制药上市是否会引发侵权风险，并由此导致高额损害赔偿提供了司法路径。即使在某些情况下，仿制药企最终与创新药企达成和解，仿制药企亦可以通过相关和解协议获得了药品平安上市而免于承担侵权风险的许可和保证。对于社会公众和消费者而言，仿制药所获得的这种许可和保证将确保其能在仿制药上市后，持续获得与创新药具有生物等效性的仿制药的供应，而不会因为侵权行为引发的仿制药退市而使其一夜之间丧失获得廉价仿制药的来源。成功的专利挑战可以为其他仿制药企提交 ANDA 铺平道路，并使其对首仿药 180 天独占期届满后上市有明确市场预期，有助于其制定商业规划。

2. 中国药品专利纠纷早期解决机制的目的

我国这一制度的目的，从“药品专利纠纷早期解决机制”的名称可见一斑，即强调将仿制药与原研药之间的侵犯专利权纠纷提前到仿制药上市许可申请获批之前予以解决，以期保护创新药专利权人的利益，避免仿制药上市之后面临损害赔偿的风险，也避免由于仿制药侵权所导致的仿制药退市而给患者（消费者）及公共利益造成的不良影响。当然，通过这个机制，还可以避免药监局因提前审批仿制药上市，造成仿制药侵犯专利权时，误成为专利侵权共同被告的风险。

2020 年 10 月《专利法》四修通过后，新增了专利纠纷早期解决机制，以在相关药品上市前，尽早解决潜在的专利纠纷，为相关当事人提供可供选择的纠纷解决途径，可以更好地平衡专利权人、仿制药企和社会公众利益，提高药品可及性，保障公共健康。需要说明的是，即使未在法定期限内通过这一机制解决纠纷，仍可以另行提起专利侵权纠纷。

而另一种观点则认为，这一制度的目的在于解决专利权人可否就专利权有效期内仿制药提交上市申请的行为向法院提起诉讼的问题。《专利法》中明确可以提起是否落入专利权保护范围的诉讼，这为权利人提供了纠纷解决的途径。①

在这种理念下，我国药品专利纠纷早期解决机制的立法目的更倾向于，为仿制药在上市前提供一种司法或行政的早期解决创新药企与仿制药企之间专利纠

① 陈扬跃、马正平：《专利法第四次修改的主要内容与价值取向》，载《知识产权》2020 年第 4 期。

纷的解决途径。至于该制度的实施能否真正实现专利纠纷早期解决的效果,是否可以真正提前解决纠纷,似乎并非最终目标。笔者认为,实际上,尽管确实不能寄希望于仅依靠药品专利纠纷早期解决机制就能提前解决所有纠纷,但应当引导企业善用这个制度规则,在仿制药上市前尽早、有效地解决相关纠纷。

## 三、对于仿制药上市申请行为的性质认定不同

基于不同的立法背景和立法目的,在具体规则的设计上,我国的药品专利纠纷早期解决机制与美国的专利链接制度也呈现出极大的不同,主要体现为仿制药上市申请的行为的定性上,即这一行为是否构成"拟制侵权"。

1. 美国专利链接制度中的"拟制侵权"

考虑到药品的特殊性,《美国专利法》第271(e)(2)条规定,药品或药品的使用受专利保护,依据《联邦食品、药品及化妆品法案》的规定提交的简略新药申请(ANDA),若其意在获得批准以便在专利到期前从事商业制造、使用或销售,则该提交ANDA的行为视为侵犯专利权。该条款通常也被称为"拟制侵权"条款。"拟制侵权"条款旨在为联邦法院管辖专利挑战相关案件提供法律基础。从行为定性上,其将仿制药申请上市的行为认定为一类"拟制"的新的侵权行为,这种定性本身简单、一目了然,对该行为所适用的判定规则与其他专利侵权行为并无二致。

当然,拟制侵权仅仅针对仿制药上市申请行为。在涉及拟制侵权的案件中,由于仿制药往往尚未正式上市销售,不会对原告(通常是NDA批件持有人,也包括专利权人)的市场份额和药品销售造成实际损失,因此,通常情况下,该类案件中原告所能获得的救济方式为:法院裁决批准后续产品上市的决定的生效日不得早于专利保护期届满之日,换言之,法院裁决在创新药专利保护到期前,FDA不得批准涉案仿制药的上市申请。如果涉案仿制药在30个月遏制期满获得临时批件,或在一审胜诉后即依据FDA颁发的批件将其仿制药上市,则一旦法院认定仿制药构成侵权,法院可以禁止后续产品的商业化制造、使用、许诺销售、销售或进口;同时,在后续产品已经进行商业化制造、使用、许诺销售、销售或进口的情况下,法院可以判决其赔偿损失或给予其他金钱救济方式。此外,在特殊情况下,法院可以要求败诉方承担律师费。① 如果仿制药尚未上市,原告没有请求损害赔偿,

---

① 35 U.S.C. §§ 271(e)(4) &285.

而仅仅是寻求禁令救济,则其无权要求陪审团审判(jury trial),而只能由法官审判(bench trial)。[①]

实践中,尽管在30个月遏制期届满后如果专利挑战案件尚未审结,仿制药企可以获得FDA的临时批件,甚至是仿制药企在专利挑战一审案件中胜诉,并取得了FDA的永久批件,在相关裁决经二审终审确认前,仿制药企通常倾向于不会仅基于临时批件或一审案件的审理结果就将仿制药上市。其原因在于,此时其市场的确定性尚无法得到保障,一旦后续程序结果对其不利,仿制药企将面临高额赔偿及产品退市,这是仿制药企所不乐见的。

2. 我国的"是否落入专利权保护范围"之诉

我国药品专利纠纷早期解决机制立法目的的重点是"为相关当事人提供可供选择的纠纷解决途径",因此,法律及司法解释明确将其作为一种新的纠纷案由,以解决过往针对仿制药的上市申报行为状告无门的困境。有发文指出:[②]此次修改《专利法》,建立了药品专利纠纷早期解决机制,主要解决的问题是,药品上市许可申请人申请药品上市审评审批,本身不侵犯专利权,一般情况下,专利权人和利害关系人无法提起合法有效的民事诉讼。为推动在药品上市审评审批过程中尽早解决相关专利侵权纠纷,就需要《专利法》为其提供依据,让法院提前对申请注册的药品相关技术方案是否落入他人药品专利权保护范围作出判断。

在这种情况下,似乎《专利法》中建立药品专利纠纷早期解决机制的程序意义大于实体,其实际目的似乎并不一定真的要通过这一制度提前解决可能发生的侵权纠纷,所以,只规定了较短的9个月的等待期,也是可以理解的。

如果不厘清落入之诉与侵权之诉、专利无效诉讼的关系,可能会导致在仿制药上市申请前,一方已经提起了落入之诉,在仿制药上市之后,专利权人再次提起专利侵权诉讼,这实际上并没有实现专利纠纷的早期有效解决,反而可能会引发两重诉讼,或者由于"一事不再理"原则的适用而剥夺创新药请求侵权救济的权利。另外,由于规定了司法和行政两种解决途径。根据《行政诉讼法》及TRIPs协

---

① 参见In re Tech. Licensing Corp, 423 F. 3d 1286 (Fed. Cir. 2005), Novartis Pharms. Corp. v. Roxane Labs., Inc., No. 08 – CV – 3853, 2009 WL 1140440, 第1页(D. N. J. 2009年4月28日)("可以确定的是,仅寻求禁令救济的专利权人无权获得陪审团审判。")根据美国宪法第七修正案之规定,"在普通法的诉讼中,其争执价额超过二十美元,由陪审团审判的权利应受到保护。由陪审团裁决的事实,合众国的任何法院除非按照普通法规则,不得重新审查。"因此,如果不涉及损害赔偿而仅仅是寻求禁令救济的案件,当事人无权要求陪审团审理并作出裁决,而只能由法官审理并作出裁决。

② 陈扬跃、马正平:《专利法第四次修改的主要内容与价值取向》,载《知识产权》2020年第4期。

议的相关规定,行政裁决需要接受司法审查。就目前的规则来看,行政裁决可以直接作为药监部门作出批准或不批准仿制药上市申请的依据,之后还要接受司法审查,因此,事实上,相关纠纷并没有真正在仿制药上市前得到有效解决。相关规则实施的结果,可能是较为混乱的多个民事诉讼程序、行政裁决、对行政裁决的司法复审程序相互交织,并且这种混乱可能要从仿制药上市申请前持续到仿制药获批上市之后,不仅增加了各方当事人的诉累,也没能解决创新药和仿制药的商业确定性问题。仿制药上市是否构成侵权没能在其上市前得以确认,在其上市后,依旧面临侵权风险,患者利益和公共利益依旧可能受到损害。

## 四、仿制药获得独占期的条件不同

为了鼓励仿制药企积极提起挑战,美国的药品专利链接制度和中国的药品专利纠纷早期解决机制都规定了首先挑战成功的仿制药能够享受一定期限的市场独占期,即首仿药的独占期。但实际上,美国专利链接下的首仿药获得独占期的条件比中国的要宽松。

1. 美国首仿药独占期的获得条件

美国药品专利链接制度中关于首个仿制药上市申请人(以下简称第一申请人)的界定及其市场独占期计算方式,随着实践不断向宽泛调整。第一申请人指的是向 FDA 提交与药品相关 ANDA 首日,提交了含有第Ⅳ段声明的基本完整的 ANDA 的申请人,且该申请人必须“合法保留”该声明。[①] 如果有多个 ANDA 申请人均符合上述定义,则该多个 ANDA 申请人将均被视为第一申请人而共享 180 天的市场独占期。[②] 180 天独占期始于任何一个第一申请人仿制药上市第一天或其仿制药获得上市授权之日。[③]

实践中,尽管第Ⅳ段声明包含了无效或不侵权的两种情形,但绝大多数专利挑战还是基于专利无效提起的。依据规定,只要是首个提交了带有第Ⅳ段声明的符合要求的 ANDA 申请人申请人,无效成功、与专利权人达成和解,都可以获得 180 天的市场独占期。而这 180 天市场独占期所带来的价值,正是鼓励仿制药企

---

① 21 U.S.C. §355(j)(5)(B)(iv)(II)(bb).

② 参见 FDA 的行业指南草案:《180 天专属期:问答》,第 4 页,如果第一天提交了一份该 ANDA,则仅有一个第一申请人;如果第一天提交了两个或两个以上的该 ANDA,则 ANDA 申请人共享第一申请人身份。

③ 21 U.S.C. §355(j)(5)(B)(iv)(I).

提起挑战的动力。[①] 通过这一机制,最终有助于实现仿制药在专利到期前上市,进而惠及整个社会。

2. 我国仿制药获得独占期的难度极大

《药品专利纠纷早期解决机制实施办法(试行)》(以下简称《实施办法(试行)》)第 11 条第 1 款规定,"对首个挑战专利成功并首个获批上市的化学仿制药,给予市场独占期。国务院药品监督管理部门在该药品获批之日起 12 个月内不再批准同品种仿制药上市,共同挑战专利成功的除外"。也就是说,仿制药一旦挑战成功,将会获得 12 个月的市场独占期。

从表面上看,这个时间是美国专利链接制度下首仿药市场独占期的两倍。但与美国制度规则下,只要首仿药成功无效专利,或者与专利权人达成和解就能获得独占期不同,我国的机制下,仿制药要获得独占期几乎难以实现,以至于药品专利纠纷早期解决机制已经实施了两年多,专利挑战也不在少数,但迄今为止,尚未有仿制药企获得独占期。

《实施办法(试行)》第 11 条第 2 款对挑战成功的界定是,"化学仿制药申请人提交四类声明,且根据其提出的宣告专利权无效请求,相关专利权被宣告无效,因而使仿制药可获批上市"。结合第 1 款规定的条件,"对首个挑战专利成功并首个获批上市的化学仿制药,给予市场独占期",也就是说,仿制药要获得首仿独占期,需要同时满足"双首个"的条件,即首个挑战成功,并首个获批上市,这对于仿制药而言难度很大。因为依据《实施办法(试行)》第 11 条第 2 款的规定,挑战成功并非指不落入专利权保护范围而使仿制药可获批上市,而是指相关专利权被宣告无效,进而使得仿制药可获批上市。这个规定存在诸多不明确、不清晰之处。根据《专利审查指南(征求意见稿)》涉及药品专利链接中无效案件审查的特殊规定,共同挑战成功的可能性更是微乎其微。考虑到我国药品行业以仿制药为主的现状,在制度设立时完全可以作出一些对仿制药有利的倾斜。

## 五、各相关部门分工的变化

药品专利链接制度实施往往和药品监督管理机构、专利审查授权机构及法院相关。当然,各个机构在这一制度实施过程中发挥的职能作用有所不同。

---

① 美国最高法院认为,"可证明 180 天独占期极具价值,有可能价值数亿美元。"FTC v. Actavis, Inc., 570 U.S. 136, 144 (2013).

1. 美国药品专利链接制度下各机构的职能及其变化

在美国药品专利链接制度实施过程中,FDA、美国专利商标局(USPTO)以及法院的职责范围和内容没有明显变化。药品专利链接制度的实施并不依赖于FDA与USPTO之间或FDA与法院之间关于未决仿制药上市申请的沟通。事实上,在药品专利链接制度框架内,上述三个机构之间并不会发生任何直接沟通。

(1)FDA

在药品专利链接制度的实施过程中,FDA仍然主要负责药品安全性、有效性的监督管理工作。为了保障药品专利链接制度的顺利实施,FDA就专利信息的登记、专利声明的提交、第Ⅳ段声明的通知及FDA对仿制药上市申请的审批时限制定了多个规定,①并在"桔皮书"中增加了专利登记信息,负责"桔皮书"的更新与维护,以及负责确保FDA对于ANDA的审批时间符合药品专利链接制度相关法律的规定。

实践中,FDA并不会就"桔皮书"所载专利的准确性及效力,专利权人和仿制药申请人的通知、声明的准确性主动向USPTO或者法院进行核实,而仅仅依据法律设定的流程,履行其职责。依照FDA的相关规定,应对第Ⅳ段声明而提起专利诉讼的相关信息,应由仿制药上市申请人负责通知FDA(专利权人和新药申请批件持有人也可能会将相关信息通知FDA),并负责向FDA递送法院相关命令的副本。

(2)USPTO

USPTO仍然负责专利有效性等问题的审查,而并不参与药品专利链接制度的管理。在目前的实践中,如果仿制药上市申请人根据《美国发明法案》之规定向USPTO行政法官组成专利审判及上诉委员会(PTAB)提起关于创新药专利无效的多方复审(IPR),也视为其提起了基于第Ⅳ段声明的专利挑战。

(3)法院

在药品专利链接制度体系下,法院也仍然依照正常的程序审理与专利权有关的案件。但是,为了实施药品专利链接制度,在美国,尽管目前尚未有适用于各个法院的统一规则,但某些地区法院已经针对Hatch - Waxman法案的相关诉讼制

---

① 参见21 C. F. R. § § 314.50(h) &(i)、314.52、314.53、314.54(a)(1)(v) -(vi)、314.60(f)、314.94(a)(12)、314.95、314.96(d)及314.107。

定了特别程序规则[①]。这些规则主要涉及如下内容：申请人向创新药企提供完整的仿制药上市申请文本的时限；确认权利主张及披露各方争议焦点的时限；在诉讼期限内向其他各方提供与 FDA 就仿制药上市申请进行沟通的相关文本；将禁令救济之动议通知 FDA；审前听证的时限等。

此外，法院应在专利诉讼案件提起后一个月内以及判决或决定作出后一个月内将相关信息通知 USPTO，但法院的该项通知责任并非基于 Hatch – Waxman 法案或药品专利链接制度而产生，而是基于美国专利法的相关要求。[②] USPTO 将把这些通知记录到专利文档中。[③]

2. 我国药品专利纠纷早期解决机制下各部门职能的变化

我国药品专利纠纷早期解决机制实施后，国家药监局、国家知识产权局及法院的职责范围均有所增加，相互间的衔接关系也较为复杂。

(1)国家药品监督管理局

根据《专利法》第 76 条之规定，国家药监局和国家知识产权局于 2021 年 7 月 4 日发布了《实施办法(试行)》，作为实施药品专利纠纷早期解决机制的基础性规范文件。

而在部门职能上，国家药监局依旧负责药品上市审评审批，只是依据 2021 年 7 月 4 日国家药监局发布的《关于实施〈药品专利纠纷早期解决机制实施办法(试行)〉相关事宜的通告》(2021 年第 46 号)的规定，增加了关于上市药品专利信息登记平台的建设和管理的职责，以使得药品上市许可持有人可以根据需要在中国上市药品专利信息登记平台完成相关药品专利信息登记与主动公开，同时，国家药监局还需要对实施中的技术相关问题负责作出解答、说明；而对仿制药而言，则需要依据药品业务应用系统中的企业操作指南的规定，提交相关声明。

国家药监局并不具有专利法行政执法职能，也不具有“专利无效”或“专利侵

---

① 参见 D. Idaho Local Patent R. 3.6; D. Md. Local R. 804(3); E. D. Mo. Local Patent R. 3 – 1; D. N. J. Local Patent R. 3.6; N. D. Ohio Local Patent R. 3.9; W. D. Tenn. Local Patent R. 3.10; E. D. Tex. Local Patent R. 3 – 8。

② 35 U. S. C. § 290. 法院书记员负责在依据《美国专利法》提起诉讼以及法院就专利诉讼作出判决或决定后一个月内，向专利局局长发出通知。

③ USPTO：《利审查程序手册》(*Manual of Patent Examining Procedures*)第 2207 条(第 9 版，2017 年 8 月修订，2018 年 1 月最新修订)，参见 https://www.uspto.gov/web/offices/pac/mpep/s2207.html。依据《专利审查程序手册》，由知识产权法与律师办公室(the Office of Solicitors)负责接收法院书记员发出的通知，并将其记录在专利文档中。

权”判明和裁决的管辖权。但在具体纠纷解决过程中，法院或国家知识产权局可能需要向药监局调取创新药和仿制药的上市申请文件，这需要药监部门与行政部门、司法部门之间进行协调和沟通。

(2)国家知识产权局

我国药品专利纠纷早期解决机制规定了行政裁决的途径，因此，除了由各审查部继续负责专利授权审查，由专利局复审与无效审理部继续负责专利复审与无效请求的审查外，国家知识产权局为此于2021年7月5日成立了药品专利纠纷早期解决机制行政裁决委员会。委员会下设办公室，办公室负责日常工作，由知识产权保护司执法指导处和专利局复审和无效审理部综合处共同承担。其主要职责包括：①根据《专利法》第76条第2款、第3款的规定，组织和开展药品专利纠纷早期解决机制相关行政裁决工作；②研究解决药品专利纠纷早期解决机制相关行政裁决工作中的疑难问题；③负责制定药品专利纠纷早期解决机制行政裁决办案质量评价的办法，并组织实施。根据目前公布的名单，委员会中共有主任委员1人，副主任委员3人，委员84人。[①] 这个裁决委员会所承担的职责实质上与相关人民法院所承担的职责并无本质区别。

在程序规则上，国家知识产权局于2021年7月5日发布《药品专利纠纷早期解决机制行政裁决办法》，旨在贯彻落实党中央、国务院关于全面加强知识产权保护的决策部署，切实维护专利权人合法权益，鼓励药物研发创新，依法依规办理涉药品上市审评审批过程中的专利纠纷行政裁决案件。

此外，国家知识产权局与2021年5月26日发布，自2021年6月1日起施行的《重大专利侵权纠纷行政裁决办法》，也可能涉及药品专利纠纷的解决。

(3)法院

我国药品专利纠纷早期解决机制导致法院实际上多了一类与之前的案件不同类型的纠纷，即“确认是否落入专利权保护范围纠纷”。根据最高人民法院于2021年7月5日发布并实施的《关于审理申请注册的药品相关的专利权纠纷民事案件适用法律若干问题的规定》，此类案件一审由北京知识产权法院专属管辖，二审由最高人民法院知识产权法庭管辖。北京知识产权法院随后也制定、发布了《关于申请注册的药品相关的专利权纠纷民事案件立案指引(试行)》，以便于申

---

① 参见《国家知识产权局办公室关于成立药品专利纠纷早期解决机制行政裁决委员会的通知》(国知办函保字〔2021〕600号)，载 https://www.cnipa.gov.cn/art/2021/7/6/art，最后访问时间：2023年8月29日。

请注册的药品相关的专利权纠纷民事案件当事人明确立案审查阶段的相关事项。

由此可见,中美两国药品行业虽然均称为“药品专利链接制度”,但其立法背景、立法目的、立法方式、挑战成功的认定及其后果、各相关部门的职能等均有很大不同。我国建立实施药品专利纠纷早期解决机制的时间尚短,其最终效果还需要由实践予以检验。

# 中国实施药品专利链接和专利期延长制度初探*

1. 中国相关政府部门(包括立法机关、药品监督管理局、国家知识产权局)确信:

药品专利链接和药品专利期延长这两项制度,对激励药品行业的创新发展,促进创仿平衡,使广大患者能够尽早地享受到安全、可靠、疗效好、价格低的药品是有利的。所以,在医药界、学术界有较大争论的情况下,仍然坚持在中国《专利法》第四次修改中增加这两项规定,药品专利链接制度已经落地,药品专利期延长制度也很快会落地,表明了中国政府对这些制度的认可、肯定,这一点无可怀疑。

2. 这两项制度写入《专利法》中,时间短、速度快

2017 年 10 月 8 日,中共中央办公厅、国务院办公厅印发《关于深化审评审批制度改革鼓励药品医疗器械创新的意见》,在中央政府文件中第一次明确,"探索建立药品专利链接制度和开展药品专利期限补偿制度试点"。2020 年 10 月通过"三读"的《专利法》便将这两项制度写入。

《专利法》四修从 2011 年开始用了 10 年,药品专利链接制度从政府有关部门提出此制度概念至写进《专利法》并获得通过,仅仅用了 3 年;如果从中美第一阶段经贸协议(2020 年 1 月)中我国政府作出承诺算起不足 10 个月,就作出了明确的法律规定。此时,除少数立法部门及专家学者、药企人员外,绝大多数专家学者、业界同行对这一制度的具体内容并不十分了解,在立法过程中的许多疑问、问题并没有全部探究明白。因此,在实施过程中出现一些缺陷和遗憾,也是可以理解的。我们应该总结经验,提出问题,解决问题,一味指责是解决不了问题的。

3. 中美两国在制度设计上有所不同,不能用美国的制度直接套用在中国,这

---

* 本文根据 2023 年 9 月 15 日在"生物医药行业知识产权保护的当前趋势:中美视角"上的发言汇总整理。

一点非常重要，只有清楚这一点，才能对中国现行制度有清晰的理解

(1)制度出台的背景不同:20 世纪 60 年代开始，美国加强对技术创新的专利保护，在药品方面，对药品安全有效的监管要求更严，造成仿制药上市成本加大，市场上创新药多，仿制药少，政府和患者的经济负担加重。于是，1984 年出台了 Hatch – Waxman 法案。通过药品专利期延长、药品专利链接等一整套制度解决仿制药上市不足问题。因为搞药品专利链接制度对仿制药是有利的(简化申请)，所以 1984 年又称为“仿制药元年”。

中国目前创新药虽然有了很大进步，但药品市场上仍然是以仿制药为主。这与美国当年出台 Hatch – Waxman 法案的背景是不同的。有人担心在中国实行药品专利期延长、药品专利链接等制度会不会对仿制药行业打击太大，对仿制药行业、市场造成过度挤压，这种担心不无道理。

(2)美国药品专利链接制度中，通过在《专利法》中规定“拟制侵权”，在专利有效的情况下，仿制药提前申请上市，对专利权发起专利挑战时，专利权人可以通过诉讼提前解决可能的专利侵权纠纷。

中国则是通过仿制药提出专利挑战，给专利权人提供一个提起诉讼的机会、理由、途径(仿制药落入专利保护范围，也不一定构成侵权，专利侵权纠纷不一定能够彻底解决)，明显是更注重诉权、注重程序。这与中国在实施此制度前的实践中的做法混乱、专利权人诉讼无门的情况是对应的。

(3)就药品专利期延长而言，美国的立法目的是:弥补专利药(创新药)为获得上市批准而造成的专利有效期的损失(减少)，即专利市场独占期的缩短，从而鼓励创新药的研发，促进药品创新。

中国药品专利期延长则是采用了“全球新”的概念，目的是吸引(鼓励)各国的创新药首先到中国申请上市。仅对首先在中国上市的专利药才给予补偿，而如果在其他国家已经上市的专利药，再到中国申请批准上市的专利药不在补偿之列。这与美国和其他很多国家是不一致的，它与中国立法目的有关。当然，这样做能否达到立法目的还需要时间和实践的检验。

4. 药品专利链接和药品专利期延长这两项制度是美国创立的，并且已经实施了近 40 年，中国则刚开始，是新制度

从法律规定、制度设计、操作运行等方面还需要不断完善，这需要一定的时间，需要一边实践，一边总结，不可能一下就达到美国的运作水平。

近年来，政府相关部门在不断听取医药行业的意见，逐步完善相关规定。如:

(1)国家知识产权局将《专利法实施细则》再次列入立法计划;

(2)药品监督管理局在征求意见的基础上,出台《关于药品专利早期解决机制相关问题的解答》,细化完善"实施办法"的内容。

5. 关于医保谈判、集中采购、挂网招标引发的问题

目前,此问题(相关政策)对医药创新、药品上市、仿制药发展影响很大。医药界十分关注。

中国不同的政府部门担负着不同的职责。国家知识产权局(专利局)负责对创新药物申请专利的审查、授权;药品监督管理局负责药品的安全、有效、质量可控的审查及上市审批;国家医疗保障局负责药品价格的管控,药价越低,对患者有利并可减少医保压力。由于各部门职责不同,因此,各部门在出台政策规定时会从本部门任务、职责出发,因此,有时会造成政策之间的不协调。

由国家医疗保障局负责的医保谈判、挂网招标、集中采购过程中,经常会出现涉嫌侵犯专利权的行为,也引发了一些纠纷。目前,法院已经有一些生效的判决,对侵权行为,如许诺销售行为作出了认定,这些判决对集中采购、招标挂网行为会起到一定约束作用。

同时,相关政府部门也相互协调,共同出台一些部门规章,规范集中采购、挂网招标行为。如国家知识产权局、国家医疗保障局发布了《关于加强医药集中采购领域知识产权保护的意见》,上海市政府相关部门也准备出台《关于加强医药采购领域知识产权保护的实施意见》,探索在集采过程中加强对专利权保护问题。

有人问:中国药品专利链接制度已经实施了两年多了,实现了它的立法目的了吗?我认为,这是一个好问题!实践是检验真理的唯一标准,也是检验一项新制度效果好与不好的标准。当然,实践要有一个过程,需要一定时间。

中国实施这一制度仅仅两年,从这两年情况看,至少短期的立法目标基本实现。短期目标是什么?要解决什么问题?大家知道,中国 2015 年开始医药改革,加快了药品上市审评审批速度,出现了仿制药"强仿"上市的情况,即专利药在专利有效期内,仿制药就申请上市审批,药品监督管理局进行药品审评审批并不审查别人是不是有专利权,专利权是不是在有效期内。因此,有可能批准了仿制药上市,仿制药一旦获批,对专利药的专利权是个威胁。此时,仿制药涉嫌构成许诺销售侵权,但法律并无明确规定,当然,也有人认为这也可以归为 Bolar 例外的情形。此时,专利权人就处于十分被动的地位,有的甚至将药品监督管理局告上法庭。

中国搞药品专利链接制度,立法者明确讲,通过确定是否落入专利权保护范围的诉讼或行政裁决,给专利权人一个诉权,一个提起诉讼的途径,这个立法目的显然是达到了。至于是否一定要通过这个程序解决侵权与否的问题倒不一定,解决了更好,没解决也没关系,因为还有后续的解决纠纷程序。

# 药品专利保护期补偿制度

# 药品领域"新药"概念溯源及探讨*

2020 年 10 月 17 日修订的《专利法》增加了第 42 条第 3 款规定:"为补偿新药上市审评审批占用的时间,对在中国获得上市许可的新药相关发明专利,国务院专利行政部门应专利权人的请求给予专利权期限补偿。补偿期限不超过五年,新药批准上市后总有效专利权期限不超过十四年。"随后,关于"新药"的定义引发了广泛的关注与探讨。立法部门在《专利法实施细则》及《专利审查指南》修改草案中,对于"新药"概念的界定,似乎倾向于直接适用《药品注册管理办法》中"新药申请"中的"新药"定义,从立法技术角度出发,认为这两者应该具有相同的内涵和外延。

从法律制度规则的一致性角度出发,对于不同法律中的同一法律术语,尽可能赋予相同的定义本无可厚非,对于成文法国家尤甚。而基于立法部门的逻辑,笔者试图通过对药品法中"新药"概念的溯源,重新探讨目前正在修改的《专利法实施细则》和《专利审查指南》对"新药"的界定是否准确、恰当。毕竟,明确界定"新药"概念,对药品专利期补偿新制度能否实现立法目的、达到预期效果至关重要。

## 一、药品法中"新药"的定义

我国药品法的法律渊源主要包括作为药品监管根本大法的《药品管理法》以及《中医药法》、《疫苗管理法》等法律,诸如《药品管理法实施条例》《医疗器械监督管理条例》《中药保护条例》等行政法规,以及诸如《药品注册管理办法》《药品生产监督管理办法》《医疗器械不良事件监测和再评价管理办法》等部门规章。药品法中"新药"定义的演变体现了我国药品产业及药监部门审评审批及监管事业的形成、起步、发展并逐渐走向成熟的历程;"新药"定义的"缩水"也反映了我国

* 本文原载于微信公众号"知产前沿",2021 年 12 月 23 日。

对于药品创新逐渐重视和扶持的过程。

1. 形成时期：新药指“我国创制和仿制的药品”

改革开放之前，我国一度没有现代药品工业，药品极度缺乏。国家在各级政府的卫生和经济主管部门中设置药政管理和医药管理机构，制定鼓励药品发展的政策和制度，以改变药品奇缺的现状。此时，尚无对“新药”进行权威定义，并对药品进行专门监管的需求。

现代药品管理意义上关于“新药”的正式、权威、完整表述，可以追溯到1978年7月30日通过国务院批转的原卫生部发布的《药政管理条例（试行）》。其中第15条规定，“新药系指我国创制和仿制的药品”。此后，1979年2月20日，原卫生部根据《药政管理条例（试行）》制定了《新药管理办法（试行）》，其中第1条规定，“新药系指我国创制和仿制的中西药品（包括放射性药品和中药人工合成品）。分以下四类：第一类：我国创制的药品及其制剂。第二类：国外已有生产，但未列入一国之药典或副药典的药品及其制剂。第三类：国外已有生产，并列入一国之药典或副药典的药品及其制剂。第四类：不属上述三类新药的中西药品和中草药制剂的新品种（包括剂型改变的品种）”。

从上述“新药”定义及分类可以看出，此时“新药”的定义仍主要旨在“解决药品数量缺乏、品种不足、剂型单薄的矛盾，定位于包含内容新、形式新限于境内之新的‘中国新’。加之当时省级有审批药品的权限，除创新的重大品种及国内未生产过的放射性药品、麻醉药品、中药人工合成品、避孕药品由原卫生部审批外，大量的药品甚至是‘地方新’。对新药的监管工作则带有计划体制的管理特点和政府包揽一切的工作色彩”。①

2. 起步时期：新药指“我国未生产过的药品”，增加新的适应症、改变给药途径和改变剂型的药品亦属新药范围

在法律中明确“新药”定义则始于1984年9月20日第六届全国人民代表大会常务委员会第七次会议通过、1985年7月1日起施行的《药品管理法》。这部法律诞生于改革开放之初，奠定了我国药政管理的基石，其立法目的旨在加强药品监督管理，保证药品质量，增进药品疗效，保障人民用药安全，维护人民身体健康。在这部《药品管理法》第57条，对“药品”和“新药”分别作出了定义，即本法下列用语的含义是：“药品：指用于预防、治疗、诊断人的疾病，有目的地调节人的生理

---

① 辜颖：《新药定义“进化史”演绎药监发展与自信》，载《医药经济报》2019年10月17日，第3版。

机能并规定有适应症、用法和用量的物质,包括中药材、中药饮片、中成药、化学原料药及其制剂、抗生素、生化药品、放射性药品、血清疫苗、血液制品和诊断药品等。""新药:指我国未生产过的药品。"

1985年7月1日,原卫生部根据《药品管理法》制定了《新药审批办法》,其中第2条规定,"新药药材系指我国未生产过的药品。已生产的药品,凡增加新的适应症、改变给药途径和改变剂型的亦属新药范围"。这种对于"药品"和"新药"的定义在今天看来,似乎值得商榷,但它反映出法律出台之时国内药品行业处于空白的真实状况。

将"创制和仿制的药品"调整为"未生产的药品",虽然依旧是"中国新",但"新"的概念和程度有了不同含义。将新药界定为"未生产",无论是创制还是仿制,都体现出从无到有、从零到一的突破。《新药审批办法》第4条将新药分类由之前的四类调整为按中药和西药分别分为五类。其中,西药的五类包括:"第一类:我国创制的原料药品及其制剂(包括天然药物中提取的及合成的新的有效单体及其制剂);国外未批准生产,仅有文献报道的原料药品及其制剂。第二类:国外已批准生产,但未列入一国药典的原料药品及其制剂。第三类:西药复方制剂,中西药复方制剂。第四类:天然药物中已知有效单体用合成或半合成方法制取者;国外已批准生产,并已列入一国药典的原料药品及其制剂;改变剂型或改变给药途径的药品。第五类:增加适应症的药品。"同时根据管理权限明确的管理类别,围绕新药临床研究、审批和生产、试用等展开一系列的监管工作。①

3. 发展时期:新药指"我国未生产过的药品",增加新的适应证、改变给药途径、改变剂型或制成新的复方制剂的亦按新药管理

1999年4月22日,国家药品监督管理局根据《药品管理法》《药品管理法实施办法》制定了《新药审批办法》,其中第2条规定,"新药系指我国未生产过的药品。已生产的药品改变剂型、改变给药途径、增加新的适应症或制成新的复方制剂,亦按新药管理"。相对于1985年的规定,这次修改保留了《药品管理法》规定的新药指的是"我国未生产的药品"的基本定义,而"改变剂型、改变给药途径、增加新的适应症"的已生产的药品,由"亦属新药范围"调整为"亦按新药管理",并新增了"制成新的复方制剂"的药品"亦按新药管理"的内容。也就是说,改变剂型、给药途径、适应证等的药品不再是法定意义上的新药,而只是按照新药的标

① 辜颖:《新药定义"进化史"演绎药监发展与自信》,载《医药经济报》2019年10月17日,第3版。

准、程序和要求进行管理。措辞的变化实际上缩小了新药的范围,这也被认为是对新药认识的一次重要提升。与此同时,药品监管面临的情况逐步从品种缺乏、数量安全向满足公众多种需求和质量安全转变,全国统一高效的适应这一转变的药品监管体制机制随之建立。①

4. 逐步成熟时期:新药,指未曾在中国境内上市销售的药品

2001 年修订的《药品管理法》的附则部分“第一百零二条　本法下列用语的含义”中仅保留了“药品”的定义,删除了关于“新药”的定义,将“新药”的定义规定在 2002 年 8 月 4 日发布、2002 年 9 月 15 日起施行的《药品管理法实施条例》中,其第 83 条规定,本条例下列用语的含义:“新药,是指未曾在中国境内上市销售的药品。”较之于 1985 年《药品管理法》,“新药”的定义从“我国未生产过”修改为“未曾在中国境内上市销售”,应当说,在《药品管理法实施条例》中规定的“新药”定义比之前在《药品管理法》中规定的定义更为科学、准确、合理。在关于地域范围的表述上,由“我国”调整为“中国境内”,更符合我国药品监管的实际;在药品生命周期的环节上,从“未生产”调整为“未曾上市销售”,即从“生产环节”向后推移到“上市销售环节”,因为上市销售才是药企研发,药品最终发挥作用的环节。

此后,《药品管理法实施条例》经过 2016 年和 2019 年两次修订,在这两次修订中,关于“新药”的定义均未再作调整,均规定在第 77 条,本条例下列用语的含义:“新药,是指未曾在中国境内上市销售的药品。”2019 年 3 月 2 日修订的《药品管理法实施条例》是现行有效的行政法规。

而关于改变剂型、改变给药途径、增加新适应症的药品,则不再规定在界定“新药”定义的条款中,而是规定在《药品注册管理办法》关于“新药申请”定义的条款中,并且表述上也逐渐弱化了其“新药”性质,由“按照新药管理”逐步调整为“按照新药申请管理”和“按照新药申请的程序申报”。这也在一定程度上反映了药品法的立法部门试图将“新药”和“新药申请”加以区分。这一问题在下文中将有详细说明,在此不作赘述。

从前述法律和行政法规的规定可以看出,对“新药”的定义并没有太大变化,也没有目前《专利法》中药品专利期补偿制度讨论中,关于所谓“全球新”和“中国新”的争议。可以说,从 1985 年的《药品管理法》到 2002 年的《药品管理法实施条例》,对于“新药”的“新”的地域范围从始至终没有发生变化,都是“中国新”,即

① 辜颖:《新药定义“进化史”演绎药监发展与自信》,载《医药经济报》2019 年 10 月 17 日,第 3 版。

"我国未生产过"或者"未曾在中国境内上市销售"。就药品法相关法律条文规定本身,无法得出"新药"的"新"应该是"全球新"的结论。

## 二、药品注册审批程序中"新药申请"的定义

1. 医药改革前"新药申请"的定义

《药品注册管理办法》是为规范药品注册行为,保证药品的安全、有效和质量可控而制定的部门规章,在我国境内以药品上市为目的,从事药品研制、注册及监督管理活动,均适用该办法。

药品注册审批程序中关于"新药申请"的明确定义,可以追溯到 2002 年 12 月 1 日起施行的《药品注册管理办法(试行)》。它是在《药品管理法》和《药品管理法实施条例》施行后,根据其上位的法律和行政法规的规定,出台的行政规章。其中第 7 条规定,药品注册申请包括新药申请、已有国家标准药品的申请和进口药品申请及其补充申请。境内申请人按照新药申请、已有国家标准药品的申请办理,境外申请人按照进口药品申请办理。而关于"新药申请"的定义,其中第 8 条第 1 款规定,"新药申请,是指未曾在中国境内上市销售药品的注册申请。已上市药品改变剂型、改变给药途径的,按照新药管理"。从这一规定可以看出,《药品注册管理办法(试行)》中"新药申请"的定义,是基于《药品管理法实施条例》中"新药"的定义作出的。同时规定,已经上市的药品,但是要"改变剂型、改变给药途径的,按照新药管理"。这表明,某些药品虽然按照"新药申请"程序注册申请,但并不一定是"新药"。这在一定程度上也说明,在药品法律框架下,"新药"与"新药申请"中的"新药"并非两个完全重合的概念。此外,对于在境外生产需要在境内上市销售的药品,境外申请人需要走进口药品的流程,这是属人方式的区分,对于药品是否已经在中国境外上市销售,在所不问。只要是未曾在中国境内上市销售的药品,由境内申请人申请,就要适用新药申请流程。

2005 年 5 月 1 日起施行的《药品注册管理办法》第 8 条第 1 款对"新药申请"的定义作了部分调整,规定:"新药申请,是指未曾在中国境内上市销售的药品的注册申请。已上市药品改变剂型、改变给药途径、增加新适应症的,按照新药申请管理。"较之于 2002 年的规定,增加了关于已上市药品"增加新适应症的",也要按照新药申请管理的规定。在此规定中,"新药申请"中"新药"的定义依旧是"未曾在中国境内上市销售的药品"。

2007 年 3 月 31 日,国务院办公厅《关于进一步加强药品安全监管工作的通

知》(国办发〔2007〕18 号),要求"认真清理药品批准文号,重点清理 1999 - 2002 年地方标准升国家标准品种,坚决淘汰安全性、有效性得不到保证的品种。同时,加快完善药品审评审批制度,科学制订药品标准,规范新药品、仿制药品的申报资料要求,坚决纠正药品注册申报秩序混乱、研制资料弄虚作假等问题"。7 月 10 日,国家食品药品监督管理总局发布了新的《药品注册管理办法》,并废止了 2005 年《药品注册管理办法》。2007 年《药品注册管理办法》明确区分了"新药申请"和"仿制药申请"。而关于"新药申请"的定义与 2005 年规定的表述基本一致。其中第 12 条规定,"新药申请,是指未曾在中国境内上市销售的药品的注册申请。对已上市药品改变剂型、改变给药途径、增加新适应症的药品注册按照新药申请的程序申报"。

2. 2015 年医药改革重新定义"新药"的概念

作为仿制药为主的国家,我国历史上曾出现过三次审评积压的高峰,第一次是 2005 年,药品审评积压超过 17,000 件;第二次是 2007 年、2008 年,审评积压数量达到了 27,000 件;第三次是 2015 年,审评积压数量达到了 21,000 件。以 2015 年为例,在审的 21,000 个品种中,90% 是仿制药,而这些仿制药是根据现有国家标准,如果标准定得不高,则申报量会增大,重复申报严重导致市场上很多产品批文闲置严重。据统计,截至 2014 年年底,国家药监局批准的药品中,批文在 50 个以上的药品有 610 个,虽然只占全部药品品种的 3.64%,却占到批文总量的 56.44%,同一品种的注册批文重复严重。2015 年全国药品生产企业拥有的批准文号是 16.8 万个,但是真正在市场上销售的产品,只涉及 5 万多个批文,2/3 的批文在"睡觉"。一方面过剩的药品批文没有投入生产,另一方面还有企业继续申报药品批文。这种重复实质上大量占用着非常有限的审评资源,而批准的产品又没有多大的市场价值。与此同时,一些自主知识产权的创新药上市缓慢,给企业的回报迟滞,加剧创新困难。[①]

针对当时"药品医疗器械审评审批中存在的问题日益突出,注册申请资料质量不高,审评过程中需要多次补充完善,严重影响审评审批效率;仿制药重复建设、重复申请,市场恶性竞争,部分仿制药质量与国际先进水平存在较大差距;临床急需新药的上市审批时间过长,药品研发机构和科研人员不能申请药品注册,

---

① 参见马飞:《药审改革:重新定义新药》,载《医药经济报》2015 年 7 月 31 日,第 3 版;孟庆伟:《药品审批审评改革启动　部分仿制药或将提价》,载新浪财经:http://finance.sina.com.cn/chanjing/gsnews/20150822/061323036374.shtml。

影响药品创新的积极性”的实际情况,2015 年 8 月 18 日,国务院发布了《关于改革药品医疗器械审评审批制度的意见》(国发〔2015〕44 号,以下简称《意见》)吹响了医药审评审批改革的号角,它旨在提高审评审批质量,解决注册申请积压,提高仿制药质量,鼓励研究和创制新药,提高审评审批透明度。

前述《意见》引人关注的焦点之一是将药品分为新药和仿制药,并分别重新定义了两者的概念:一方面,将新药由原来的“未曾在中国境内上市销售的药品”调整为“未在中国境内外上市销售的药品”,即从“中国新”调整为“全球新”;根据物质基础的原创性和新颖性,对创新药和改良型新药作了区分。另一方面,将仿制药由原来的“仿已有国家标准的药品”调整为“仿与原研药品质量和疗效一致的药品”。通过重新定义新药和仿制药的概念,提高了药品审批标准,以期达到减少药品申报数量,提高审批速度的效果。例如,根据 2015 年 11 月 4 日第十二届全国人大常委会第十七次会议上通过的《关于授权国务院开展药品上市许可持有人制度试点和药品注册分类改革试点工作的决定》,“批准生产在境外已经上市在境内尚未上市的药品,尚无国家药品标准的,应当达到原研药品的质量和疗效”;而 2015 年 11 月 11 日国家食品药品监督管理总局发布的《关于药品注册审评审批若干政策的公告》(2015 年第 230 号)规定,“对已在中国境外上市但尚未在境内上市药品的仿制药注册申请,应与原研药进行生物等效性研究并按国际通行技术要求开展临床试验,所使用的原研药由企业自行采购,向国家食品药品监督管理总局申请一次性进口;未能与原研药进行对比研究的,应按照创新药的技术要求开展研究”。这意味着原本数量众多的在国外已经上市而在国内尚未上市的药品,不再属于新药的范围,将按仿制药进行审批。通过对创新药实行特殊审评审批制度加快创新药审评审批,加快仿制药一致性评价提高仿制药质量,鼓励境内外开展临床试验等措施,达到鼓励药品创新,推动药品产业发展的目的。

需要指出的是,前述《意见》是在改革药品注册审评审批制度的语境下提出的。其后,涉及“新药申请”“全球新”“改良新”“新注册分类”等一系列法律术语和概念,也都是出现在药品注册审评审批程序的相关制度规则中。

2016 年 3 月 4 日,国家食品药品监督管理总局发布了《化学药品注册分类改革工作方案》,其中第 1 条规定了“调整化学药品注册分类类别”:对化学药品注册分类类别进行调整,化学药品新注册分类共分为 5 个类别,具体如下:1 类:境内外均未上市的创新药。指含有新的结构明确的、具有药理作用的化合物,且具有临床价值的药品。2 类:境内外均未上市的改良型新药。指在已知活性成分的基础上,对其结构、剂型、处方工艺、给药途径、适应症等进行优化,且具有明显临床优势的药品。……5 类:境外上市的药品申请在境内上市。第 2 条规定了“相关注册管理要求”,其中第 2 项规定,“新注册分类 1、2 类别药品,按照《药品注册管理办法》中新药的程序申报;新注册分类 3、4 类别药品,按照《药品注册管理办法》中仿制药的程序申报;新注册分类 5 类别药品,按照《药品注册管理办法》中进口药品的程序申报”。随后,国家食品药品监督管理总局在对前述方案的解读中,在回答关于“新注册分类中,新药的含义是什么”的问题时,其回复是:“新药指中国境内外均未上市的药品,分为创新药和改良型新药。新注册分类 1 为创新药,强调含有新的结构明确的、具有药理作用的化合物;新注册分类 2 为改良型新药,在已知活性成份基础上进行优化,强调具有明显的临床优势。”在回答关于“新注册分类下的技术标准有何变化”的问题时,回复是,对按新注册分类申报的化学药品注册申请实行新的审评技术标准。其中,对于创新药,一是强调“创新性”,即应当具备“全球新”的物质结构,二是强调药物具有临床价值。其中,将新药的定义由国内新提升至全球新,有望从根本上改变之前国内“首仿”“抢仿”的新药开发模式;而“具有明显临床优势”则明确了新药研发的目的,同时可以预期在今后的招、投标和医保支付阶段,临床优势也是考量已上市药物的重要指标。①

3. 现行《药品注册管理办法》删除了关于“新药申请”的定义

2017 年 8 月 29 日,国家食品药品监督管理总局就《药品注册管理办法(修订稿)》征求意见。其中第 13 条将“新药注册申请”定义为“未曾在中国境内外上市销售的药品的临床试验或上市申请”,旨在与 2016 年启动的化学药品注册分类改革相对应。

2018 年 4 月 12 日国务院常务会议决定,加强知识产权保护。对创新化学药设置最高 6 年的数据保护期,保护期内不批准同品种上市。对在中国与境外同步申请上市的创新药给予最长 5 年的专利保护期限补偿。

2019 年 10 月 25 日,国家市场监督管理总局在《药品管理法》及其实施条例完成修改后,第三次就《药品注册管理办法(修订草案征求意见稿)》公开征求意见,其第 5 条(药品注册类别)规定,药品注册类别,按照中药、化学药和生物制品等进行分类。化学药注册分类:创新药,改良型新药,仿制药,境外已上市境内未上市

---

① 唐金睿、孙敏、徐丽丽:《浅谈〈化学药品注册分类改革工作方案〉实施后对化学药品研发的影响及对策》,载《中国新药杂志》2018 年第 2 期。

化学药等……国家药品监督管理局根据注册药品的产品特性、创新程度和审评管理需要,组织制定发布各类药品的细化分类和相应的申报资料要求。需要指出的是,这一稿中已经删除了2017年8月29日征求意见稿中第13条关于"新药注册申请"定义的相关内容。

2020年1月22日,经过反复征求意见后,国家市场监管总局正式发布《药品注册管理办法》,并自2020年7月1日起施行。其中第4条规定,药品注册按照中药、化学药和生物制品等进行分类注册管理。化学药注册按照化学药创新药、化学药改良型新药、仿制药等进行分类。……中药、化学药和生物制品等药品的细化分类和相应的申报资料要求,由国家药品监督管理局根据注册药品的产品特性、创新程度和审评管理需要组织制定,并向社会公布。境外生产药品的注册申请,按照药品的细化分类和相应的申报资料要求执行。这是现行有效的《药品注册管理办法》,与2019年的征求意见稿一样,其中并没有关于"新药注册申请"的明确定义。

由于在2019年化学药品注册分类改革实施3年后最终完成修订的《药品管理法实施条例》中,"新药"的定义依旧没有调整,依旧是"中国新",立法者可能考虑到如果《药品注册管理办法》中"新药注册申请"使用"全球新"的概念,与其上位法《药品管理法实施条例》中"新药"的定义不符,因此,2019年第三次征求意见以及2020年最终出台的《药品注册管理办法》中干脆直接删除了关于"新药注册申请"的明确定义,而仅仅规定了"药品注册……进行分类注册管理……药品的细化分类和相应的申报资料要求,由国家药品监督管理局根据注册药品的产品特性、创新程度和审评管理需要组织制定……"从而避开了需要直接定义"新药注册申请"所可能面临的进退维谷的局面。

通过梳理《药品注册管理办法》的立法变化过程可以看出关于"新药申请"(或"新药注册申请")定义所经历的变化的过程。这一过程与国家药品监管部门为建立科学、有效药品监管机制,提高药品质量,提高药品审评审批速度,并最终提高药品可及性而进行的药品改革相伴而行。应当说,药监部门所做的大胆探索、改革和努力是有益的,非常值得肯定,其积极效果也是明显的。

4. 区分"新药"与"新药申请"具有合理性

从最初2002年《药品注册管理办法(试行)》中明确规定某些并不符合"新药"定义的已上市药品,在注册中按照新药管理,到2020年最终通过的《药品注册管理办法》删除了以往各版《药品注册管理办法》(包括公开征求意见稿)中均专门界定的“新药申请”定义的立法过程来看，药品法的立法者似乎从一开始就有意将“新药”与“新药申请”进行区分。

事实上，从规则文义解释的角度来看，这种区分是有道理的。“新药”更偏向实体法的概念，即什么样的药品、符合什么条件可以被认定为是“新药”。这可以追溯到2002年版，并在现行法律中依旧保留的定义，“未曾在中国境内上市销售的药品”都属于“新药”。而“新药申请”或者“新药注册申请”则更偏向于程序法，如前所述，相关概念都是与药品注册审评审批流程相关联的。药品注册审评审批流程更关注的是药品安全性、有效性和质量可控性的审查。考虑到“未曾在中国境内上市销售的药品”可能会有多种情况，如创新药、改良型新药、首先在境外上市而后寻求在中国境内上市的进口药，药监部门对于这三种类型的“新药”注册的审评审批要求是不一样的，相应地，药品注册申请人所需提交的申报材料、数据资料也是不一样的，因此，适用不同的注册申请流程，也是科学、合理、符合实际的。在药品审评审批过程中，对于完全未曾在境内外上市销售的“新药”的审评审批要求势必要比已经在境外上市后寻求在境内上市的药品严格得多。前者作为“全球新”的创新药，其安全性、有效性需要经过更为严格、缜密的评估，因此无论是申报提交的资料，还是审批的流程，比进口药要更为复杂。这种注册流程的区别同样也可以追溯到2002年《药品注册管理办法(试行)》，并一直延续至今。

笔者认为，2016年化学药品注册分类改革重新将药品划分为创新药、改良型新药、仿制药、进口药等，这是国家药监部门根据当时我国药品行业发展状况，解决药品审评审批中出现问题的创新之举，也是完全符合药品审批规律的。但这种注册审评审批流程的区分从来没有也不应该影响“新药”的定义。换言之，“新药”依据其在新注册类别中的分类，可以走“新药注册申请”程序或者“进口药注册申请”程序。

### 三、药品专利期补偿制度中“新药”概念的再思考

在《药品管理法》及其实施条例和《药品注册管理办法》修改的同时，《专利法》也正进行第四次修改。2018年12月23日《专利法草案》(一读稿)第42条则新增了第2款规定，“为补偿创新药品上市审评审批时间，对在中国境内与境外同步申请上市的创新药品发明专利，国务院可以决定延长专利权期限……”其关于可以获得专利保护期新补偿的药品的表述与国务院常务会议决定完全一致，均为“在中国与境外同步申请上市的创新药”。而2020年6月27日《专利法草案》(二

读稿)第42条第3款则重新规定,“为补偿新药上市审评审批占用时间,对在中国获得上市许可的新药发明专利,国务院专利行政部门可以应专利权人的请求给予期限补偿……”

从目前《专利法实施细则》以及《专利审查指南》修订草案的规定来看,相关立法部门从法律体系性和统一性角度出发,认为《专利法》第42条第3款规定的药品专利期补偿制度中的“新药”的定义要与药品法中“新药”的定义保持一致,甚至可以直接适用药品法的相关规定。我国作为成文法国家,这种做法本身并没有问题。但立法者似乎倾向于“对标”《药品注册管理办法》中“新药注册申请”的相关定义,这种做法则值得商榷。

一方面,《专利法实施细则》修改草案的专家征求意见稿和国务院征求意见稿都将“新药相关发明专利”界定为“国务院药品监督管理部门批准上市的创新药和符合规定的改良型新药相关发明专利……”这似乎与2017年《药品注册管理办法(征求意见稿)》中“新药注册申请”的相关定义是一致的。两者都是为了与化学药品注册分类改革相对应,将“新药”仅仅界定为只包含创新药和改良型新药。这种“对标”有违立法原理与立法规范。其一,2017年《药品注册管理办法(征求意见稿)》并非最终生效的法律文件,这也意味着其中的很多规定尚存争议和不确定性,不应该作为“对标”的标准。其二,在2017年《药品注册管理办法(征求意见稿)》之前的《药品注册管理办法》中,“新药申请”中“新药”的定义与当时施行的《药品管理法实施条例》是统一的、一致的,都是“未曾在中国境内上市销售的药品”,也就是“新药申请”的定义都是“中国新”;现行《药品注册管理办法》则删除了“新药注册申请”的明确定义。专利法试图“对标”的概念在现行的《药品注册管理办法》事实上并不存在,本就无从“对标”。其三,从法律位阶来看,《药品管理法实施条例》是行政法规,《药品注册管理办法》是部门规章;而《专利法实施细则》也是行政法规。上位法援用下位法的法律术语的定义并非没有先例,但那也应该在上位法或同位阶的法律法规没有明确规定的情况下。而目前专利法为保证法律术语的一致性而要直接援用药品法律制度框架中的相关定义,但却又“绕过”了同位阶的《药品管理法实施条例》中已经现成的、明确的、完全可以直接对应的“新药”的明确定义,转而“对标”下个位阶的《药品注册管理办法》中所谓“新药注册申请”的相关概念,姑且不论这个下位法中相关定义在立法过程中已被删除,事实上并没有明确界定,即便有,若其与上位法的规定相悖或不符,也不宜援用。

另一方面,从《专利法》中规定的药品专利期补偿制度本身来看,这是赋予专利权人权利的实体法规则。什么样的药品专利可以获得专利保护期补偿,是实体法问题。如前所述,药品法的立法者似乎有意(事实上也是)将“新药”与“新药申请”(或“新药注册申请”)相区分,前者属于实体法的概念,后者偏向程序规则。因此,在专利法制度框架下,从实体法的角度解释“新药”似乎是更为合理的。药品专利期补偿制度补偿的是药监部门的新药上市审批程序所占用的时间。由于药品的特殊性,其上市销售前需要经过行政审批,无论是1类药、2类药通过“新药注册申请”流程,还是5类药通过“进口药申请”流程,最终获批上市,药监部门上市审批程序都会占用专利权人的专利保护期,使其无法在专利保护期内全面、有效行使其专利权。因此,只要是首次在中国境内获批上市,并且有中国专利权的药品,均应有权获得专利保护期补偿。药品法中试图将“新药”与“新药注册申请”加以区分,而试图与之“对标”和保持一致的《专利法》又把这两者混同,似乎并不妥当。

综上,通过梳理药品法中关于“新药”与“新药申请”相关规定的立法沿革以及对相关规则的文义解读,笔者认为,《专利法》药品专利期补偿制度中“新药”的概念“对标”药品法的做法无可厚非。从法律规定本身来看,既然《药品管理法实施条例》对于“新药”已经有明确定义,即“新药,是指未曾在中国境内上市销售的药品”,而《专利法》的立法部门又希望能直接“对标”药品法的相关规定,其在对“新药”概念的界定上,应当直接“对标”适用《药品管理法实施条例》的明确规定,而非试图通过《药品注册管理办法》中没有明确规定的“新药注册申请”的定义,推导出“新药”的定义。这是符合立法原理和立法技术的科学、合理选择,也才更符合法律规则的本意及制度设计目的。

# 专利法领域药品专利期补偿制度中“新药”概念溯源*

我国《专利法》对于药品专利的保护经历了从无到有、从弱到强、从不完善到完善的过程。《专利法》第四次修改的重要变化之一是引入了“药品专利期补偿制度”。尽管已经明确入法，但无论是其入法的过程，还是其入法后的具体实施都还存在诸多争论。这其中，关于“新药”定义的争论尤为引人关注。

## 一、2008 年之前关于药品专利期补偿制度的讨论

1984 年 3 月 12 日，我国第一部《专利法》经第六届全国人大第四次会议表决通过，其中明确将“药品和用化学方法获得的物质”排除在专利权的保护客体之外。“由于药品关系到人民的健康甚至生命，从政策上考虑，对药品不宜授予专利。我国新药的研究、开发能力还比较低，而仿制能力则比较强，为了保护我国人民的健康和医药工业，对药品暂不授予专利是正确的。”①

1992 年 1 月 17 日，中美政府签订了《关于保护知识产权的谅解备忘录》。在该备忘录中，我国政府承诺扩大专利权保护客体。随后，在 1992 年完成第一次修订的《专利法》中，将发明专利的保护期从 15 年延长至 20 年，并删除了《专利法》不保护药品的规定，第一次将药品纳入专利权保护的客体范围，同时明确了专利局可以根据公共利益的需要实施强制许可。

2008 年 12 月 27 日《专利法》第三次修改，针对药品增加了对仿制药是有利的 Bolar 例外条款，旨在为科研工作者研究专利药品创造宽松、有利的环境，保障中国制药企业能够在专利有效期届满后立即实施专利技术，尽早参与市场竞争，解决制药企业作面临的困境；同时使药品价格下降，进而解决中国百姓对药品的需

* 本文原载于微信公众号“知产前沿”，2021 年 12 月 27 日。

① 汤宗舜：《专利法教程》，法律出版社 1988 年版，第 66 页。

求问题。①

在《专利法》第三次修改草案公开征求意见的过程中,美国有关政府机构和一些制药公司认为,我国《专利法》在规定 Bolar 例外的同时,还应当增加药品专利链接和药品专利保护期限延长的规定。其主要理由是:在美国,Bolar 例外是与药品专利链接、药品专利保护期限延长制度相伴产生的,其目的是平衡药品专利权人与仿制药生产商之间的利益以及专利权人与公众之间的利益,仅仅规定 Bolar 例外会导致利益的失衡。欧盟和日本的有关政府机构和一些制药公司也认为,我国《专利法》在规定 Bolar 例外的同时,应当增加药品专利保护期限延长的规定。立法机关经过反复研究后认为,在中国药品行业整体以仿制为主的情况下,增加对于药品专利期延长的内容,似与中国国情不符。因此,这项内容最终没有规定在《专利法》中。②

《专利法》第三次修改增加了 Bolar 例外条款,而没有增加药品专利期补偿的内容,究其立法参考的主要依据,大体有两个:

一是《中国药品领域知识产权问题研究》。2006 年中国开始研究制定国家知识产权战略纲要。2008 年 6 月,《国家知识产权战略纲要》颁布。在这个纲要研究制定过程中,《中国药品领域知识产权问题研究》是 20 个子课题之一。该课题对我国药品行业现状及未来发展作了系统研究,其中包括对药品专利期延长制度的研究。研究认为,药品专利期限延长制度激发了制药商研发创新药品的动力,而其负面效应是导致药品专利期过长,造成药品价格居高不下,因此,各国在建立药品专利期限补偿制度的同时,也配套出台了补偿机制——建立仿制药的快速审批通道。我国国民对药品的高价已是不堪重负,因此在我国仿制药快速审批制度尚未完善之前,匆忙出台药品专利期限延长制度,有悖于该制度的原意。据此,研究建议:建立和完善药品领域知识产权保护制度;严格新药定义,科学分类管理,鼓励新药创新,适度调控仿制;完善药品注册制度,适时考虑药品专利期限延长问题,兼顾原研药制药商和广大药品消费者的利益。

二是《专利法》修改的专题研究报告。《专利法》第三次修改与前两次专利法在面临国际压力的情况下而不得不进行相应修改不同,此次修改肇始于中国自身经济和社会的内在需求。它在广泛听取社会意见的情况下,针对《专利法》实施中

---

① 国家知识产权局条法司编:《〈专利法〉及〈专利法实施细则〉第三次修改专题研究报告》(下卷),知识产权出版社 2006 年版,第 1475 - 1481 页。

② 参见 2008 年国家知识产权局《关于第三次〈专利法修订草案(送审稿)〉的说明》。

的问题,列出专题开展针对性研究,并在研究的基础上提出《专利法》修改完善建议。这些专题报告中与药品相关的主要是侵权例外中的 Bolar 例外有无必要写入《专利法》,而在这个专题研究中不可避免地要对我国药品发展现状、水平作出论述,对与 Bolar 例外相关的药品专利期补偿与药品专利链接制度作出评述。研究认为,有些国家把 Bolar 例外和建立专利保护期延长制度结合起来,以保护专利药品生产商的利益,但并无证据表明 Bolar 例外与专利保护期延长之间存在必然联系。同时,根据欧共体诉加拿大专利法争端中 WTO 专家组的解释,规定了 Bolar 例外条款而不建立专利保护期延长制度并不违反三步检验法,也不违反 TRIPs 协议的规定。据此,研究报告得出的基本结论是,我国药品行业仍以仿制为主,在《专利法》中不宜增加过度保护创新的内容。①

由此可见,我国对药品从不给予专利保护,到被动保护,再到向鼓励仿制药提前开始仿制准备倾斜,这种法律条文的变化与我国当时的药品行业发展状况是相吻合的,是鼓励仿制药产业发展的现实需要,但也造成了药品行业对创新投入少,创新水平低的现状。

## 二、药品专利期补偿制度的立法溯源

1. 2015 年医药改革全面启动,对保护药品创新提出了更高期望

2015 年 8 月,《国务院关于改革药品医疗器械审评审批制度的意见》指出,我国“仿制药重复建设、重复申请,市场恶性竞争,部分仿制药质量与国际先进水平存在较大差距”,为此,要“提高仿制药质量,加快仿制药质量一致性评价,力争 2018 年底前完成国家基本药物口服制剂与参比制剂质量一致性评价”。这一意见的出台标志着中国医药审评审批制度改革的全面启动。

随后,国务院和国家食药监总局推出了一系列的改革措施,旨在解决提高仿制药质量及加快药品审评速度问题。在此过程中,主管机关逐渐认识到创新是推动医药产业发展的最主要动力,遂在改革目标中增加了关于鼓励创新的内容。

2017 年 5 月 12 日,国家食药监总局发布《关于鼓励药品医疗器械创新 保护创新者权益的相关政策(征求意见稿)》,提出要建立药品专利链接制度、完善药品试验数据保护制度、落实国家工作人员保密责任和建立上市药品目录集,以鼓励

① 国家知识产权局条法司编:《〈专利法〉及〈专利法实施细则〉第三次修改专题研究报告》(下卷),知识产权出版社 2006 年版,第 1530 – 1537 页。

药品创新,保护创新者利益。在这份征求意见稿中,并没有涉及药品专利期补偿的相关内容。在征求意见的过程中,以药品行业为代表的的产业界提出了许多建议,增加药品专利期补偿制度,使保护药品创新落到实处就是其中之一。

此后,数据保护、专利链接、专利期补偿制度逐渐成为主管部门、产业界关注和热议的话题。

2017 年 5 月 15 日至 17 日,在中国药学会第二十四次全国会员代表大会上,国家食品药品监督管理总局局长阐述药品监管改革的六个方向,其中在"激发市场活力和社会创造力"部分提及,"研究建立数据保护、专利链接、专利期补偿等制度,让社会资本和科研人员有一个可预期的市场环境、稳定透明的制度环境和承担高风险投入后获得高回报的机会。有了高质量的研发,就会有更多的新药和高质量的仿制药上市,就能更好地保障人民群众身体健康"。①

2017 年 8 月 29 日,毕井泉在第十一届药典委员会成立大会上发表讲话,提出,"改革总的目标就是与国际接轨。药品上市的基本标准就是新药要'全球新',仿制药要与原研药质量疗效一致。要研究建立药品数据保护制度、专利补偿制度、药品审评与专利链接制度,把专利纠纷解决在药品上市之前,既鼓励药品创新,使创新者受到激励;也鼓励仿制,降低企业仿制成本和法律风险"。②

可见,从 2015 年医药审评审批制度改革开始,对药品创新的保护问题也提上了议事日程。在此之前,更多的是强调向仿制药倾斜,更关注提高仿制药的质量,而对药品创新则总是指责企业投入不够,重视不够,并没有从立法上如何激励创新"做文章"。

2. 出台《创新意见》,为保护药品创新指明了方向

2017 年 10 月 8 日,中共中央办公厅、国务院办公厅印发了《关于深化审评审批制度改革　鼓励药品医疗器械创新的意见》(以下简称两办《创新意见》),明确了深化审评审批制度改革,鼓励药品医疗器械创新的 36 项措施,其中包括"开展药品专利期限补偿制度试点",明确"选择部分新药开展试点,对因临床试验和审评审批延误上市的时间,给予适当专利期限补偿"。至此,在国家宏观政策层面明确了要对药品专利期限补偿制度进行试点。

---

① 《中国药学会第二十四次全国会员代表大会召开　毕井泉局长阐述药品监管改革的六个方向》,载《中国食品药品监管》2017 年第 6 期。

② 《国家食品药品监督管理总局毕井泉局长在第十一届药典委员会成立大会上的讲话》,载《中国药品标准》2017 年第 5 期。

药品专利期补偿制度涉及药品法和专利法两个部门法。作为两办发布的文件的重要内容,按照惯例,相关政府部门应予尽快落实。2017 年,《药品管理法》和《专利法》都在修改。但当时,《专利法》第四次修改的草案已经由国家知识产权局上报国务院法制办;而 2017 年 10 月 23 日,国家食药监总局在《〈中华人民共和国药品管理法〉修正案(草案征求意见稿)有关情况的说明》中指出:为确保两办《创新意见》相关改革措施尽快实施,此次《药品管理法》只是局部修改,对法律篇章结构调整、药品定义和分类、药品全链条和全生命周期管理、监管措施细化等暂未涉及;专利链接、专利期补偿等探索和试点工作暂不列入,将按程序报请全国人大常委会授权。这已经明确,《药品管理法》不会增加关于开展药品专利期补偿制度试点的相关规定,相关规则拟通过全国人大特别授权的办法予以确立。

2017 年 11 月 30 日,国务院法制办就国家食品药品监管总局报请国务院审议的《关于授权国务院开展部分药品专利期补偿制度试点和探索建立药品专利链接制度的决定(代拟稿)》向相关部门定向征求意见,该决定确立了"先试行,后立法"的实施方案。

在此期间,国内学界、法律实务届、产业界就开展药品专利期补偿制度及药品专利链接制度的设计方案、应考虑的要素及尚需解决的关键问题举行了多次研讨。

2018 年 2 月 12 日,国家食药监总局发布 2018 年立法计划,其中包括:继续推动《全国人大常委会授权开展部分药品专利期补偿制度试点和探索建立药品专利链接制度的决定》出台。由此可见,按照正常程序及流程,为贯彻落实两办《创新意见》的要求,尽快使药品专利期补偿试点工作及探索实施药品专利链接制度落地,是顺理成章的事情。

3. 中美贸易争端推动了药品专利期补偿制度的出台

2018 年年初,中美贸易争端爆发。中美两国政府于 2018 年 2 月 27 日启动了第一轮中美经贸磋商,包括药品专利保护在内的知识产权相关问题成为中美经贸磋商的热点和焦点问题之一,关于"开展部分药品专利期补偿制度试点和探索建立药品专利链接制度"的特别授权立法方案也因需要综合协调中美经贸磋商进程而暂时搁置。

2018 年 12 月 1 日,G20 第 13 次峰会期间,中美两国在知识产权领域有实质性举措。中美联合声明表示,"双方高度重视知识产权保护,同意加强合作。中方将推进包括《专利法》在内的相关法律法规修订工作"。

2018 年 12 月 19 日至 21 日，中央经济工作会议确定，2019 年的重点工作任务包括："加强知识产权保护和运用，形成有效的创新激励机制"；"保护外商在华合法权益特别是知识产权，允许更多领域实行独资经营"；"落实阿根廷中美元首会晤共识，推进中美经贸磋商"。①

随后，在 2018 年 12 月 23 日提请第十三届全国人大常委会第七次会议审议的《专利法修正案（草案）》[以下简称《专利法草案》（一读稿）] 第 42 条新增第 2 款关于延长在中国境内与境外同步申请上市的创新药品发明专利的专利权期限的规定。

尽管无从确认阿根廷中美元首会晤共识关于《专利法》修改的内容包括哪些，但从《专利法草案》（一读稿）的规定来看，药品专利期补偿制度最终规定在《专利法》的思路已经明确。事实上，较之于规定在药品法或者特别授权立法，这一制度规定在《专利法》中更加科学、合理。尽管涉及与药监部门对药品审批上市的时间，但归根结底还是药品专利的权利人的专利保护期限的补偿问题，其本质是专利权的问题。

在《专利法草案》（一读稿）发布后，2019 年 1 月至 10 月，中美两国政府举行了九轮经贸磋商。在此期间，立法部门抓紧时间就药品专利期补偿制度的相关问题进行研究，学界、产业界、实务界也就相关问题开展了充分讨论。

2020 年 1 月 15 日，中美签署第一阶段经贸协议，其中，第 1.12 条"专利有效期的延长"规定："一、双方应规定延长专利有效期以补偿专利授权或药品上市审批过程中的不合理延迟。……对于在中国获批上市的新药产品及其制造和使用方法的专利，应专利权人的请求，中国应对新药产品专利、其获批使用方法或制造方法的专利有效期或专利权有效期提供调整，以补偿由该产品首次在中国商用的上市审批程序给专利权人造成的专利有效期的不合理缩减。任何此种调整都应在同等的限制和例外条件下，授予原专利中适用于获批产品及使用方法的对产品、其使用方法或制造方法的专利主张的全部专有权。中国可限制这种调整至最多不超过 5 年，且自在中国上市批准日起专利总有效期不超过 14 年。"

至此，药品专利期延长制度成为中美第一阶段经贸协议的内容。而在《专利法》中确立药品专利期补偿制度也成为落实中美第一阶段经贸协议的必要举措之

① 《中央经济工作会议举行　习近平李克强作重要讲话》，载新华社：http://www.gov.cn/xinwen/2018－12/21/content_5350934.htm，最后访问时间：2021 年 12 月 2 日。

一。可以说,就《专利法》中与药品保护相关的专利期补偿和药品专利链接制度而言,中美贸易争端既推动了它们的立法进程,也延迟了它们的立法进程。实际上,如果没有中美贸易战及两国政府签订的第一阶段经贸协议,与药品相关的专利期补偿及专利链接制度也会在短时间内落地。

4.《专利法》第四次修改最终确立“药品专利期补偿制度”

2011 年《专利法》启动第四次修改。至 2018 年的 7 年间,药品专利保护相关问题都不是《专利法》此次修改关注的焦点,在有关部门多次征求意见的《专利法修改草案》中,也没有任何关于药品专利期延长或补偿的条款。

2018 年 4 月 12 日,国务院常务会议确定发展“互联网 + 医疗健康”措施,缓解看病就医难题、提升人民健康水平,并将“对在中国与境外同步申请上市的创新药给予最长 5 年的专利保护期限补偿”作为加强知识产权保护,以减轻广大患者特别是癌症患者药费负担并有更多用药选择的会议五项决定之一。

2018 年 12 月 3 日,国务院常务会讨论专利法送审稿,并决定报全国人大常委会讨论。值得注意的是,此稿中并没有关于专利保护期延长的相关规定。

而 2018 年 12 月 23 日《专利法草案》(一读稿)第 42 条则新增了第 2 款规定,“为补偿创新药品上市审评审批时间,对在中国境内与境外同步申请上市的创新药品发明专利,国务院可以决定延长专利权期限,延长期限不超过五年,创新药上市后总有效专利权期限不超过十四年”。但在相关立法说明中,并没有关于该条款的相关说明。从《专利法草案》(一读稿)的文字表述可以看出,关于可以获得专利期补偿的药品的表述与国务院常务会议决定内容的表述完全一致,均为“在中国与境外同步申请上市的创新药”。该草案一经公布,引发了国内外药品产业界的高度关注与广泛讨论,曾经一度被认为由于争议太大而可能会被放弃。

2019 年 11 月 24 日,中共中央办公厅、国务院办公厅印发了《关于强化知识产权保护的意见》,其中明确将继续“探索建立药品专利链接制度、药品专利期限补偿制度”。至此,药品专利期限补偿制度继进入涉及医药改革的宏观政策文件后,又进入涉及知识产权保护的宏观政策文件。

2020 年 4 月 20 日,国家知识产权局发布《2020 - 2021 年贯彻落实〈关于强化知识产权保护的意见〉推进计划》,其中“制定修订知识产权法律法规和规范性文件”的内容包括:“推进专利法修订审议工作,引入侵权惩罚性赔偿制度,推动延长专利有效期,加强药品专利保护等。做好专利审查指南配套修改工作。”此时,有关立法部门在努力落实两办《创新意见》及中美第一阶段经贸协议内容。

2020年6月27日提交审议的《中华人民共和国专利法修正案(草案)(二次审议稿)》(以下简称《专利法草案》(二读稿))第42条第3款重新规定,“为补偿新药上市审评审批占用时间,对在中国获得上市许可的新药发明专利,国务院专利行政部门可以应专利权人的请求给予期限补偿。补偿期限不超过五年,新药上市后总有效专利权期限不超过十四年”。根据立法者的说明,“2020年1月签署的中美经贸协议对专利有效期的延长提出了要求。根据有关主管部门建议,为落实中美经贸协议要求,此次修改专利法新增了对发明专利审查迟延的专利权期限补偿制度”①。

2020年10月17日,第十三届全国人大常委会第二十二次会议审议通过了《关于修改〈中华人民共和国专利法〉的决定》,其第42条第3款规定,“为补偿新药上市审评审批占用时间,对在中国获得上市许可的新药相关发明专利,国务院专利行政部门应专利权人的请求给予专利权期限补偿。补偿期限不超过五年,新药批准上市后总有效专利权期限不超过十四年”。

至此,从2018年12月23日《专利法草案》(一读稿)中首次出现药品专利期延长条款,至2020年10月17日《专利法》修正案正式通过,历时不到两年;如果从2017年10月8日两办医药改革创新文件提出目标开始,到《专利法》修改通过,也仅仅用时3年。经过全国人大常委会的三次审议,在广泛听取社会各方意见的基础上,药品专利期补偿制度最终在《专利法》层面尘埃落定。

## 三、专利法层面“新药”定义溯源

对于高投资、高风险的医药产业来说,通过专利保护期补偿获得更长时间的市场独占期,对于其收回研发成本,获取投资收益,并投入新一轮的研发无疑是非常有益的,这是对药品创新最有力的激励方式之一。因此,在《专利法》中引入药品专利期补偿制度,使得创新药企深受鼓舞。但是,由于在《专利法》关于药品专利期补偿的条款中出现了“新药”的概念,“新药”究竟该如何定义、如何理解引起了药品行业的极大关注。

1.《专利法》的表述

2018年12月《专利法草案》(一读稿)规定的是,“为补偿创新药品上市审评审批时间,对在中国境内与境外同步申请上市的创新药品发明专利,国务院可以

---

① 陈扬跃、马正平:《专利法第四次修改的主要内容与价值取向》,载《知识产权》2020年第12期。

决定延长专利权期限,延长期限不超过五年,创新药上市后总有效专利权期限不超过十四年”。如前所述,这一界定直接“引用”了2018年4月国务院会议决定的表述。业界对于如何认定“境内与境外同步申请上市”的疑惑和争议颇多。

2020年6月27日《专利法草案》(二读稿)规定,“为补偿新药上市审评审批占用时间,对在中国获得上市许可的新药发明专利,国务院专利行政部门可以应专利权人的请求给予期限补偿。补偿期限不超过五年,新药上市后总有效专利权期限不超过十四年”。一读稿到二读稿的表述有以下四方面变化:第一,将“在中国境内与境外同步申请上市”调整为“在中国获得上市许可”,不再强调“境内外同步上市”;第二,将“创新药品发明专利”调整为“新药发明专利”,在术语上与药品法保持一致;第三,将“国务院可以决定”延长专利权期限”调整为“国务院专利行政部门可以应专利权人的请求给予期限补偿”,这与专利权作为私权的属性是相符的;第四,将“延长”专利权期限调整为“补偿”,强调这是对于药品行政审批占用的时间的弥补。相对于一读稿,二读稿的规定显然更为科学。

2020年10月17日最终通过的《专利法》修正案规定,“为补偿新药上市审评审批占用时间,对在中国获得上市许可的新药相关发明专利,国务院专利行政部门应专利权人的请求给予专利权期限补偿。补偿期限不超过五年,新药批准上市后总有效专利权期限不超过十四年”。相对于二读稿,最终通过的修正案在两处文字上进行了调整:一是将专利有效期14年的起算点从“新药上市后”调整为“新药批准上市后”,“新药批准上市的时间”载于药监部门的批件上,而“新药上市的时间”则可以由企业自行确认,因此,“新药批准上市的时间”使公众更有预期;二是将“新药发明专利”调整为“新药相关发明专利”,表述更为准确,毕竟除了产品专利(通常是化合物专利),制备方法专利、医药用途专利也可以获得专利期补偿。

尽管《专利法》修正案中已经明确规定了药品专利期补偿制度,但鉴于《专利法》规定的“为补偿新药上市审评审批占用时间,对在中国获得上市许可的新药相关发明专利”给予专利权期限的补偿,如何界定“新药”成为产业界关注的焦点。因为专利制度是保护创新的,凡符合新颖性、创造性、实用性的发明创造均可受到《专利法》的保护。如果对授予专利权的药品发明专利又提出要符合“新药”的概念才能获得补偿,则会出现药品与药品之间出现不公平待遇问题,因而关于“新药”概念的争论从《专利法草案》(一读稿)公布一直持续至今。

其实,这种争论并不在《专利法》第42条规定本身,因为就第42条本身的讨论,在《专利法》从一读到通过的过程中,已经讨论明确,将“在中国境内与境外同步申请上市”最终规定为“在中国获得上市许可”,讨论既已结束。而真正的争论源于如何理解“新药”的概念,怎么理解《专利法》中的“新药”。

2.《专利法实施细则》及《专利审查指南》的表述

由于《专利法》是全国人大常委会审议通过的法律,法律制度的落地实施还有赖于《专利法实施细则》及《专利审查指南》明确具体的操作规则和程序。关于“新药”的概念也理所当然地应在《专利法实施细则》和《专利审查指南》中予以明确。

2020年11月30日,公开征求意见的《专利法实施细则(征求意见稿)》关于“新药”的规定如下:“新增第八十五条之四:对在中国获得上市许可的化学药、生物制品和中药新药产品专利、制备方法专利或者医药用途相关专利,符合药品专利期限补偿条件的,可以给予药品专利期限补偿。前款所称新药相关专利,是指国务院药品监督管理部门首次批准上市的新药活性成分相关专利。中药新药专利包括中药创新药相关专利和增加功能主治的中药改良型新药相关专利。”

随后,《专利法实施细则》又经过了几轮征求意见、修改与调整。2021年6月24日国家市场监督管理总局局务会通过的《专利法实施细则(修改草案送审稿)》规定:“第八十一条(新增)专利法第四十二条第三款所称新药相关发明专利是指国务院药品监督管理部门批准上市的创新药和符合规定的改良型新药相关发明专利,包括产品专利、制备方法专利或者医药用途专利。”

2021年8月3日,国家知识产权局就《专利审查指南修改草案(征求意见稿)》公开征求意见。在第五部分第九章新增关于药品专利期限补偿规定,其中第3.4条适用范围规定:

“根据专利法第四十二条第三款及专利法实施细则第八十一条的规定,针对国务院药品监督管理部门批准上市的创新药和符合本章规定的改良型新药,对于其中药物活性物质的产品专利、制备方法专利或者医药用途专利,可以给予药品专利期限补偿。创新药和改良型新药的含义依照有关法律法规并参照国务院药品监督管理部门的相关规定确定。

可以给予期限补偿的改良型新药限于国务院药品监督管理部门颁发的药品注册证书中记载为以下类别的改良型新药:

(1)化学药品第2.1类中对已知活性成份成酯,或者对已知活性成份成盐的药品;

(2)化学药品第2.4类,即含有已知活性成份的新适应症的药品;

(3)预防用生物制品2.2类中对疫苗菌毒种改进的疫苗；

(4)治疗用生物制品第2.2类中增加新适应症的生物制品；

(5)中药第2.3类，即增加功能主治的中药。”

从《专利审查指南(征求意见稿)》的相关规定可以看出，国家知识产权局对“新药”的定义援用的是2015年国务院《关于改革药品医疗器械审评审批制度的意见》(国发〔2015〕44号)中“全球新”的概念，即“新药”是指“未在中国境内外上市销售的药品”，包括化学药品注册分类中的1类创新药和部分2类改良型新药，而并不包括5.1类的进口药。国家知识产权局对此的解释是“新药”定义应“对标”药品法中“新药”的概念，以“保障(药企)从事新药研发的积极性。同时，为促进国外新药能够尽早在我国上市，提高药品可及性，保障公共健康，有必要立足我国国情，借鉴相关国家和地区经验，建立药品专利期限补偿制度。”①

截至目前，《专利法实施细则》和《专利审查指南》均尚未正式发布施行。关于专利制度层面“新药”的定义也尚未最终明确。

3.关于“新药”定义的争论

如前所述，在《专利法》第四次修改的前7年里，药品专利期补偿制度并没有在草案起草者国家知识产权局的考虑范围内。但面对国内医药产业完善药品专利保护制度的需求以及国际压力，立法机关在短短两年多时间里在《专利法》中确立药品专利期补偿制度其应对不可谓不迅速、不及时。而相对于其他经过深入、全面论证而修改的条款，药品专利期补偿制度入法过程相对仓促，由此导致目前企业界、学界、实务界对诸如“新药”的定义等核心问题依旧争议不断，《专利法实施细则》及《专利审查指南》迟迟未能正式发布实施，也使得这一制度的具体落地实施存在许多不确定性。

第六届中国医药创新与投资大会上介绍，“从2015年至2021年8月，国家药监局药品审评中心(CDE)一共批准了72个创新药，其中4个品种是中美双报。特别是近两年，CDE批准的创新药数量快速提升，2020年是20个，2021年到现在为止是25个。我国的创新药实现了零的突破，开始量变过程”。这一系列变化离不开国家持续推出的鼓励药物创新的政策，当然中国的first-in-class的新药仍

① 蒲晓磊:《修改专利法决定获表决通过 新增惩罚性赔偿制度》，载腾讯新闻:https://new.qq.com/omn/20201017/20201017A0EE0Z00.html。

不及发达国家。①

药品专利期补偿制度的立法目的是鼓励药品创新并在中国申请专利,“促进国外新药能够尽早在我国上市,提高药品可及性,保障公共健康”。如果按照目前《专利法实施细则》和《专利审查指南》征求意见稿的规定,仅有1类创新药和部分2类改良型新药能获得专利期补偿,这将导致由于种种主观或客观原因首先在国外上市而后再申请在中国境内上市的5.1类进口药,以及现在产业界较为常见的licence - in模式研发的药品,将无法获得专利期补偿。根据初步统计,2018年至2020年,药监局一共批准了32个1类创新药,而批准的5.1类进口药则超过150个。事实上,立法者关于促进国外新药尽早在我国上市,提高药品可及性的立法目的与2018年4月国务院常务会将“专利保护期限补偿”作为加强知识产权保护,以减轻广大患者特别是癌症患者药费负担并有更多用药选择的举措之一在本质上是一致的。笔者认为,在国内创新药尚无法达到“第一梯队”的情况下,通过药品专利期补偿制度,鼓励境外药品在国内上市,鼓励通过license - in的方式与境外药企合作研发,对于为国内患者提供更多的用药选择无疑是有益的。

---

① 张敏:《国家药监局周思源:药品上市驶入快车道 创新转型要关注临床价值》,载https://rmh.pdnews.cn/Pc/ArtInfoApi/article? id = 23707401,最后访问时间:2021年12月6日。

# 药品专利期补偿制度中“新药”概念探讨*

《专利法》第四次修改新增了关于“药品专利期补偿”的规定。在这一制度中,最为引人关注的焦点之一是关于“新药”的定义,即什么样的药品相关发明专利可以获得专利保护期的补偿。国家知识产权局在《专利法实施细则》与《专利审查指南》修改草案中定义了“新药”。但目前,《专利法实施细则》与《专利审查指南》均尚未正式发布施行。笔者拟从药品专利期补偿制度的立法目的、域外实践、厘清药品法与专利法关系等方面,探究药品专利期补偿制度中的“新药”科学、合理定义,供业界共同探讨。

## 一、药品专利期补偿制度的立法目的

之所以为药品专利设计了专门的延长制度,是由药品的特殊性所导致的。各国专利法均规定,发明专利(包括药品发明专利)的保护期为20年,自申请之日起计算。由于药品事关人的生命健康,各国对于药品上市均设置了严格的行政审评审批程序,以确保药品的安全、有效、质量可控。药品上市前往往需经历较长的临床试验和行政审批程序,这直接导致药品获批上市时,药品专利的保护期可能已经过半。为了弥补创新药为获得上市批准而造成的有效专利期(从产品上市起的市场独占期)的损失,《专利法》规定,对符合特定条件的专利药品,在专利保护期限届满后,可以针对其行政审批所耗费的时间再额外获得一定时间期限的专利期延长,以此鼓励创新药的研发。

随着我国医药创新改革的深化和医药企业创新能力的不断增强,药企对于建立药品专利期补偿制度的呼声渐起。2017年10月8日,《关于深化审评审批制度改革鼓励药品医疗器械创新的意见》(以下简称《创新意见》)明确要“选择部分新药开展试点,对因临床试验和审评审批延误上市的时间,给予适当专利期限补

* 本文原载于微信公众号“知产前沿”,2021年12月31日。

偿”。2018 年 4 月 12 日，国务院常务会议决定“对在中国与境外同步申请上市的创新药给予最长 5 年的专利保护期限补偿”。

2018 年 12 月 23 日的《专利法修正草案》一读稿直接援用了国务院常务会议的表述，“为补偿创新药品上市审评审批时间，对在中国境内与境外同步申请上市的创新药品发明专利，国务院可以决定延长专利权期限，延长期限不超过五年，创新药上市后总有效专利权期限不超过十四年”。一读稿中关于如何界定“在中国境内与境外同步申请上市”引发了业界的广泛讨论。随后，在 2020 年《专利法修正草案》二读稿及最后审议通过的修正案中均删除了关于“境内与境外同步申请上市”的表述，而规定“在中国获得上市许可的新药相关发明专利”，可以获得专利保护期补偿。

关于引入药品专利期补偿制度的目的，相关立法部门作出了说明。“药品专利权期限补偿是与 Bolar 例外相配套的制度，二者都是为了解决药品审评审批造成的上市迟延问题。2008 年修改专利法时，仅引入了 Bolar 例外。在此次修改专利法过程中，有关主管部门提出：近年来，随着我国医药产业的发展，制药企业对创新药品的研发投入和创新能力逐步提高，需要相应的制度设计来保障其从事新药研发的积极性。同时，过去国外有些新药因为我国没有药品专利权期限补偿制度，担心到我国上市后很快会因专利到期而失去保护，选择不到中国上市。为促进国外新药能够尽早在我国上市，提高药品可及性，保障公共健康，也有必要建立药品专利期限补偿制度。”①

由此可见，在立法者看来，引入药品专利期补偿制度旨在解决多方面的问题，例如：作为与 Bolar 例外的配套制度，实现与仿制的平衡；促进国外新药能够尽早并首先在我国境内上市，提高药品可及性。在此基础上，立法者倾向于将“新药”界定为“全球新”的创新药和改良型新药，而将首先在境外上市的进口原研药排除在药品专利期补偿制度之外。

其实，明确法律条文中每一项具体制度的立法目的以及要解决的问题是十分重要的。对我国《专利法》中新增加的药品专利期补偿制度，笔者的看法是：

第一，鼓励药品创新并尽早来我国申请专利是确立药品专利期补偿制度的根本目的。2008 年第三次修改《专利法》时，曾提出过是否在增加 Bolar 例外的同时也增加专利期补偿条款，最终立法机关以时机尚不成熟为由，仅增加了 Bolar 例

---

① 陈扬跃、马正平：《专利法第四次修改的主要内容与价值取向》，载《知识产权》2020 年第 12 期。

外,而没有加入专利期补偿条款。“药品专利权期限补偿是对原研药上市审批耗费的时间进行补偿,对原研药企业有利;Bolar 例外是允许仿制药企业在专利到期前开始研制,获取上市审批相关信息,对仿制药企业有利。”①可以说,本次《专利法》修改中增加药品专利期补偿制度的目的,就是在专利法保护创新的基础上,对药品创新给予更高水平的保护,从而激励药品创新,鼓励国内外药企更多、更早地在中国申请专利,获得授权。

第二,每一项制度规则的制定和出台都有其自身的特定目的,不应指望该制度解决所有问题。以药品专利保护为例,美国 1984 年 Hatch－Waxman 法案规定了一系列与药品相关的规则设计,旨在平衡创新药产业与仿制药产业之间的利益关系,但这并不意味着该法案中每一项制度规则都能够实现创仿平衡。其中,专利期延长制度是在对药品相关发明专利提供专利保护的基础上,考虑到药品的公共属性,为了弥补药品上市行政审批所耗费的时间导致专利商业化的不当推迟给专利权人造成的专利保护期限以及由此导致的商业利益的损失,而对符合法定条件的药品的相关专利给予一定保护期的延长。这个制度本身旨在鼓励创新,激发创新药企从事新药研发的积极性,是对创新药有利的。而 Bolar 例外则为仿制药提前上市提供可能,两者一起构成创新与仿制之间的平衡关系。但这并不意味着专利期延长制度本身需要将仿制药企的需求放在与创新药企同等重要,乃至更为重要的位置,就这个制度本身而言,并没有也不应该过多考虑仿制药企的需求;同样的,Bolar 例外作为对仿制药企有利的制度规则,同样也不会过多将创新药企的利益纳入这一制度规则本身的考量范围。

而在我国,立法者确立药品专利期补偿制度,兼具了对保护创新和提升消费者用药福祉(主要是可用药品多样性)的双重考量。笔者认为,涉及药品保护和药品可及性的问题很多,涉及的部门法也多,涉及的解决方案、制度规则也多,但在就具体规则的设计过程中,不应也不宜将所有制度规则的目的混为一谈,或者指望通过其中一个制度规则能够解决所有问题,这是任何一个制度所无法承受的。

第三,立法部门希望通过这个制度设计达到将“促进国外新药尽早在我国境内上市”作为专利期补偿制度的立法的目的过于牵强。中国自从 2015 年开展医药审评审批制度改革以来,各种新药上市申请量大增,药监部门审评审批上市的各类新药也逐年增多,据不完全统计,仅 2018—2020 年,国家药监局批准了 30 多

---

① 陈扬跃、马正平:《专利法第四次修改的主要内容与价值取向》,载《知识产权》2020 年第 12 期。

个 1.1 类创新药,150 多个 5.1 类进口药。从前述数据可以看出,获批上市的 5.1 类进口药的数量大大超过了 1.1 类创新药。这个事实、趋势短时间内不可能发生根本性改变。事实上,许多国外创新药企业并非不想在实现境内外同步上市或首先在中国境内上市。除了由于创新药企的主观原因,如市场选择、战略布局、研发和临床试验成本、对中国国内专利保护及商业秘密保护缺乏信心等因素外,国内药品审批的流程也是个重要因素。例如,在中国申请上市需要提供中国的临床数据。尽管中国于 2017 年加入人用药品注册技术要求国际协调会(ICH),可以参与国际临床试验,国家药监局也开始对于在其他国家开展的基于 ICH 的临床试验数据予以认可,但这要求实行临床试验的各国在基本上差不多的时间得出临床数据,以便在多个国家同时报批。2018 年国家药监局发布了《关于调整药物临床试验审评审批程序的公告》,将临床试验由审批改为默示许可制,即如果 60 个工作日内没有收到药监局对临床审批申请的异议或反对意见,即视为可以开展,该规定将原本 1.5 年的临床试验审批时间缩短到 60 个工作日,但依旧长于美国、日本、欧洲等对药品临床试验采用备案制的国家和地区 30 个日历日的备案时间。此外,根据中国人类遗传资源办公室的要求,任何外资企业(股权中含有外资的)在获得药监局临床试验的许可后,必须通过他的审查才能开始临床试验。这个过程平均耗时半年,实践中可能会耗时更长。国内临床审批的要求导致某些创新药在客观上无法实现境内外同步开展临床试验,从而导致这些创新药因为缺乏国内数据无法申请 1.1 类新药,而不得不转而申请 5.1 类进口药。

第四,有必要厘清药品专利期补偿制度与实现药品可及性之间的因果关系。2018 年 4 月 12 日国务院常务会议提出要建立药品专利期补偿制度,是作为“减轻广大患者特别是癌症患者药费负担并有更多用药选择”的举措之一提出的。笔者认为,药品专利期补偿制度与实现药品可及性之间的因果关系应当是:因为药企选择在中国境内上市,而这种选择将有助于为中国患者提供更多的用药选择,因此,对于这些首次在中国上市的药品相关的专利予以专利期补偿,这是从制度层面对这些药企作出进入中国市场的商业选择和商业决策的鼓励措施。

如前所述,每一项制度有着其自身的特定目的,而实现药品可及性并非药品专利期补偿制度自身的目的。事实上,欲实现“促进外国新药尽早在我国上市”以及药品可及性的目标,并不能依靠药品专利期补偿制度实现,而应当从完善其他法律法规及政策方面着手解决。

## 二、关于药品专利期补偿的域外实践

美国 Hatch - Waxman 法案实施几十年来,其创新药产业和仿制药产业都得到了巨大发展。美国取代欧洲成为医药产业的创新中心,同时仿制药企业通过专利挑战等制度规则尽早上市,使仿制药占比不断提高,极大降低了全社会的用药成本。而鉴于药品专利期延长制度给创新带来的明显激励作用及优势,继美国(1984 年)之后,欧盟(1992 年)、日本(1987 年)、韩国(1986 年)、加拿大(2016 年)以及以色列(1998 年)医药产业相对发达的国家和地区,也先后建立了药品专利期延长制度。对各国激励药品创新起到了积极的作用。

美国实行药品专利期延长制度的法案后,美国的专利药平均有效专利期从 9 年延长至 11.5 年,延长 5 年(最长延长期)的专利药占全部新药申请的 9%,延长 3 年以上的占 34%。表面上,专利药品获得延长的时间并不多,数量上所占的比例也不大,但创新药专利期限补偿制度的实施,大大提高了医药企业创新的积极性,使得美国新药创制速度明显加快,创新药数量远远领先于其他发达国家。[①]

这些实行药品专利期补偿制度的国家和地区一般没有对"新药"作出单独的规定,而是从专利法的角度观察该药品专利是否符合条件。只有以色列的做法比较特殊。以色列的专利期延长制度(PTE)规则规定,只有在以色列药品登记部门(Israeli Pharmaceutical Registry)首次进行登记含有活性成分的药品的专利能够获得专利期延长。同时规定,如果该药品同时也在美国以及五个欧洲国家(意大利、德国、英国、法国及西班牙)获得上市批准,则只有当该专利能够在前述国家获得专利期延长时,才能在以色列获得专利期延长,且其延长时间与该专利在前述国家获得专利期延长的时间一致。[②]

诚然,各国或地区在规则的具体构架上,通常会考虑本国或本地区的具体情况,作出更利于"本土化"或者更有符合本国或本地区实际或发展导向的制度安排,例如,同样实施了专利期补偿制度的美国和欧洲,计算补偿时间的方式完全不同,对于专利与药品的对应性要求也不尽相同,但这并没有偏离专利期补偿制度的初衷。因此,尽管在某些制度设计的要素上存在差异,各个国家和地区的制度

---

① 丁列明:《支持延长专利保护期 期待完善实施细则》,载人民网:http://ip.people.com.cn/n1/2018/0313/c179663-29864599.html。

② 参见 https://www.rcip.co.il/en/service/patent-term-extension/,最后访问时间:2021 年 12 月 13 日。

规则在总体上是一致的,都是补偿药品在本国或本地区首次获得上市批准所耗费的时间。鉴于专利的地域性以及各国自身药品审评审批的规则和实践,绝大多数实施药品专利期补偿的国家和地区在认定是否应该给予专利期补偿时,从专利法的角度出发考虑的是该药品是否在本国或本地区有专利,是否在本国或本地区首次获得上市批准,至于其在其他国家和地区的上市获批情况,在所不问,因此相关制度规则中均没有关于"全球新""国内新""地区新"的规定。

## 三、厘清药品法与专利法及其相关概念的关系

1. 药品法与专利法的关系

药品专利期补偿制度涉及药品法和专利法两个部门法。事实上,这两个部门法的法律性质、立法目的,所调整的法律关系存在较大差异,相关制度规则的设计和法律术语的界定和解释也应当在其自身部门法的制度框架内进行。药品法属于公法领域,处理的是与药品研发、生产、销售相关的法律关系,其立法目的是加强药品管理,保证药品质量,保障公众用药安全和合法权益,保护和促进公众健康;专利法属于私法领域,处理的是作为私权的专利权的相关法律关系,其立法目的旨在保护专利权人的合法权益,鼓励发明创造,推动发明创造的应用,提高创新能力,促进科学技术进步和经济社会发展。

药品注册是药品注册申请人依照法定程序和相关要求提出药物临床试验、药品上市许可、再注册等申请以及补充申请,药品监督管理部门基于法律法规和现有科学认知进行安全性、有效性和质量可控性等审查,决定是否同意其申请的活动。不同药品所需遵循的程序、所需提交的资料以及审评审批标准不同,因此,药监部门对药品进行了分类,但这主要是为了便于药品注册申请人的操作以及药监部门的审评审批和监管,不应也不宜纳入处理私权法律关系的专利法领域。

笔者认为,尽管药品专利期补偿制度涉及两个部门法,但究其本质,还是专利法领域的制度规则,需要从私权保护角度,在专利法制度框架下进行具体规则的设计和解释,不宜试图将公法领域的概念完全移植到私法领域,也不宜混淆两个部门法的立法目的,更不宜试图通过实施该制度规则实现药品法所需要达到的目的。

2. 药品注册的"新"与专利法的"新"的关系

尽管涉及两个部门法,但包括我国在内的实行药品专利期补偿制度的国家和地区多将其规定在专利法中,表明药品专利期补偿制度本质上属于专利法领域的

制度规则。笔者认为,我国《专利法》中的“药品专利期补偿条款”中使用了“新药”这一法律术语是值得商榷的。而即便是使用了药品法也同时存在“新药”这一术语,在讨论“新药”的概念时,在不宜将专利法中的“新药”的“新”与药品注册中“新药申请”中的“新”的概念混为一谈。

对于这个问题,韩国专利法院在判决中就《药事法》及《特许法》在“新药”上的关系所作的论述,对于我国药品专利期补偿制度中“新药”定义的认定具有借鉴意义。根据韩国《特许法施行令》第7条的规定,获得专利期延长的药品发明专利的发明内容必须是韩国食品药品安全部(MFDS)首次批准的新化学成分(NCE),但未对NCE作出进一步说明或限定。在实际审查中,MFDS发送给韩国知识产权局(KIPO)的参考文件中有是否属于“新药”的说明,但最终是由KIPO的个案审查员结合本领域技术来判断专利产品的有效成分是否属于NCE。2016年,韩国专利法院审理了(2016Heo9035)涉及NCE确认的判决。原告的专利期延长(PTE)申请被KIPO驳回后诉至法院。KIPO认为根据《药事法》的规定,现有药物的结构改进化合物,如光学异构体,是一种增量修饰药物(IMDs),不视为新药,不属于NCE,不应被授予PTE。而原告认为该光学异构体与其外消旋体相比,具有不同的结构和药物功能,应被视为NCE,目前美国和欧洲均是这样认定。韩国专利法院在裁定中支持了原告的诉求,认为不能将《特许法施行令》第7条的NCE局限于药事法上的新药,因为《药事法》和《特许法》的立法目的不同;根据《特许法施行令》第7条的描述,只要该物质尚未被批准许可,该物质应该被认为是新物质。KIPO没有对专利法院的裁决提出上诉。根据该判决,只要申请PTE的化合物与MFDS已经批准的化合物不同,就可以认定为NCE,无须参考《药事法》中的“新药”确认。①

专利是新药的本质属性,安全性和有效性是新药的社会属性。因此,有观点认为应当将药品分为专利药和非专利药也不无道理。《专利法》中的“新”通常指的是“新颖性”,即在全球范围内前所未有。专利药因为有专利,势必是“全球新”。一个专利能够获得授权,其必须要符合新颖性的要求,与其是否为药品法上的“新药”无关。非专利药则大多数是仿制药。药品注册领域对于“新药申请”的界定和分类,主要是为了便于对药品安全性、有效性的审批与监管。不同分类(创

---

① 《韩国药品专利权存续期限延长登记制度(PTE)介绍》,载农化专利网:http://www.agrip.cn/newsDetail.aspx?id=5E0A6002FFE846D0AC8A40C8584631B4,最后访问时间:2021年12月9日。

新药、仿制药、进口药等)的药品,所需提供的申报上市资料、申请流程以及审批标准不同。药品专利期补偿制度补偿的是专利权人因为药品审评审批而被不合理缩减的专利保护期,只要是符合《专利法》要求的药品专利,都应该有权利获得专利期补偿。因此,对专利法中"新药"的"新"的理解和界定,应该在专利法制度框架下进行,而不宜再纳入药品法领域的概念。

3. 新药在境内上市与创新药在境内申请专利的关系

有观点认为,《国务院关于改革药品医疗器械审评审批制度的意见》将药品审评审批中的"新药"定义为"全球新",有鲜明的价值导向,即提高药品创新的含金量,鼓励并保证真正的创新,也就是说,鼓励更多的药品在中国境内和境外同步研发、同步申报、同步上市。健康领域最大的风险是有病没药,因此通过打造更加开放的制度,用全球的资源为公众打造公共健康安全网,鼓励全世界真正的新药首先到中国上市。

而事实上,面对中国巨大的市场,大多数境外药企为了获取更多的商业利益,都希望药品能尽早上市。但如前所述,境外新药是否能首先在境内上市取决于很多因素,尤其是药品审评审批的具体操作规则。这并非作为专利法制度规则的药品专利期补偿制度所应该解决的问题。如果能允许符合《专利法》规定的专利获得专利保护期补偿,则的确将有助于鼓励创新药在境内申请专利,因为专利期补偿的基础是有有效专利的存在,如果确实能在审查标准、保护水平上与全球主要国家保持一致,则创新药企在进行专利布局时,不可能放弃中国这个广阔的市场。因此,试图通过药品专利期补偿制度达到"促进国外新药尽早在我国境内上市"的目的的观点,混淆了药品法和专利法的立法目的和价值取向。

## 四、立法技术和立法逻辑上的对"新药"的理解

有观点认为,我国是个成文法国家,在制度体系上尽可能保持对法律术语解释的一致性对于执法的统一性是有益的。因此,专利法中不对"新药"作出额外定义,"对标"药品法中的"新药"定义,对相关法律术语的解释寻求两个部门法对同一术语的统一解释,也可以理解。

按照《立法法》的规定,法律是全国人大或全国人大常委会行使国家立法权制定的;行政法规是国务院根据宪法和法律制定的;部门规章是国务院各部、委员会、中国人民银行、审计署和具有行政管理职能的直属机构,根据法律和国务院的行政法规、决定、命令,在本部门的权限范围内制定的。对照药品法的法律体系,

《药品管理法》是位阶最高的法律,《药品管理法实施条例》是位阶次之的行政法规,《药品注册管理办法》是三者中位阶最低的部门规章;在专利法的法律体系中,《专利法》是法律,《专利法实施细则》是行政法规,《专利审查指南》则只能算是位阶更低的规范性文件,因为其发布者是国家知识产权局,不属于国务院部委。

因此,从立法技术和立法逻辑角度来看,作为行政法规的《专利法实施细则》在试图从药品法中借用“新药”的定义时,首先需要考虑“对标”高位阶的法律或同位阶的行政法规的相关规定,只有在法律和法规都没有明确规定时,才考虑是否参考低位阶的部门规章的规定。现行有效的2019年《药品管理法实施条例》对于“新药”有明确定义,即“新药,是指未曾在中国境内上市销售的药品”。而按照目前《专利法实施细则》征求意见稿的规定,“新药”被界定为“国务院药品监督管理部门批准上市的创新药和符合规定的改良型新药相关发明专利……”《专利审查指南》更是明确把1.1类、2.1类、2.4类等化学药品分类直接写进了《专利审查指南》。应当看到,现行有效的2020年《药品注册管理办法》并没有明确的关于“新药”的定义,也没有关于“新药申请”的定义。尽管在修改过程中,在2017年的征求意见稿中,与之前的《药品注册管理办法》一样,有过明确的关于“新药申请”的定义,但在最终通过的版本中,删除了该定义。笔者认为,可能原因是“新药申请”强调的是“全球新”(包括创新药和改良型新药),而《药品管理法实施条例》的“新药”又是“中国新”的概念,为了避免下位法违反上位法,遂删除了明显抵触的条款。

因此,既然《专利法》药品专利期补偿的条款中出现的“新药”希望能直接“对标”药品法的相关规定,在对“新药”的界定上,直接适用《药品管理法实施条例》的明确规定是既符合立法原理,也符合制度设计需求的科学、合理的选择。

## 五、对“中国新”标准可能导致的负面影响的回应

如果采用“中国新”标准,是否会让外国药企的5.1类进口药“占便宜”?这本不属于专利法应该考虑的问题。但在《专利法》讨论“新药”定义的过程中,有观点认为,如果允许首先在境外上市的新药在境内上市时依旧能够与首先在境内上市的新药同样享受药品专利期补偿,会导致首先在境外上市的新药,在其在境外专利保护期限届满或即将届满后再到境内上市,这种顾虑来自两个方面:其一,国外药企故意延缓境外新药在境内的上市时间;其二,使得境外已经不受专利保护的药品在境内依旧受专利保护,对境内仿制药企不公平。这种观点值得商榷。

对于第一个顾虑,笔者认为,药品只有经过商业化方能获得收益,从商业策略角度考虑,药企都希望药品能尽早上市,同时有尽量长的专利保护期和市场独占期,以便其能获得更多的商业利益。基本不会有企业为了获得更长的专利保护期而故意延缓上市,因为这本身就不符合以营利为目的的药品企业的生存目标,创新药企也不会有这种做法的动力。

对于第二个顾虑,笔者认为,获得专利保护期补偿的前提是有有效的专利。按照目前《专利法》的规定,专利授权需要满足绝对新颖性要件。即使依据优先权通过 PCT 申请获得授权,在后申请的专利与在先申请的专利的申请时间差不会超过 12 个月。尽管计算方式不同,但各国专利法都规定了专利保护期补偿的时间取决于药监部门的审批情况,最多 5 年。鉴于专利申请日基本相同,专利到期日也基本相同(相差最多 12 个月)。事实上,目前药企的策略通常是在全球同步进行专利申请,其在境内外的专利申请日基本是同步的。因此,不会出现所谓在境外专利已经到期,在境内依旧享有多年专利保护期的情形。

在同一个药品专利的情况下,如果它在美国及中国都申请了专利,其申请日最多相差 12 个月。假设该药品在美国专利申请日后第 10 年被 FDA 批准上市,其在美国剩余的专利有效期为 10 年,其获得的补偿期最多为 4 年,最终该药品获得的市场独占期最多为 14 年①;如果该药品在中国到了专利期第 15 年才被批准上市,其在中国剩余的专利有效期为 5 年,其补偿期为 5 年,其在中国上市后的市场独占期为 10 年。即无论是在美国还是在中国,同一药品专利保护期最长均不会超过 25 年,其市场独占期均不会超过 14 年,并不存在所谓同一药品专利权人在国外先上市,在中国"占便宜"问题。当然,如果认为同一个药品首先在他国批准上市并且得到了专利期补偿,该药品后在我国上市,甚至获得专利期补偿不该出现,其在他国专利权已到期,在我国却仍有效的不合理的情况,可以对此作出专门的限制性规定。

此外,在我国,提升消费者用药福利是立法者关注的重点。2018 年 4 月 12 日,国务院常务会议将药品专利期补偿制度作为加强知识产权保护减轻广大患者特别是癌症患者药费负担并有更多用药选择的举措之一写入会议决议。但实现可用药品的多样性是否等同于仅鼓励药品首先在中国上市则值得商榷。仅强调

① 美国 PTE 的计算方式更为复杂(精确到天),此处为便于说明问题,使用了粗略的计算方式。实践表明,通过美国的计算方式与通过欧盟(和我国)的计算方式,计算出的专利其补偿的结果相差不大。

只有在全世界范围内首先选择在中国上市的药品才能够获得药品专利期补偿，无视那些由于种种主观原因或客观原因，首先在其他国家和地区上市，之后又寻求在中国境内上市的药品专利权人的利益，可能会使得这部分专利权人放弃进入中国市场，也可能使得一些试图通过 licence - in 方式开展药品研发的药品的专利权人因为无法获得专利保护期补偿而降低合作研发热情。这些都无助于增加可用药品的多样性，最终受损害的不仅是这部分专利权人的利益，更是消费者的利益。

毋庸置疑，尽管目前国内已经有越来越多的创新药企出现，也有越来越多的仿制药企逐渐转向创新药研发，但目前我国药品产业的发展尚未进入全球药品创新研发第一梯队，国内仍以仿制药产业为主。在未来的一段时间内，国外药企的创新药依旧是解决国内患者用药的重要途径。与此同时，越来越多的国内药企通过 license - in 模式，引进国外先进药企的研究成果，使得国内生产的药品有与国外创新药几乎同步的产品周期，使得国外创新药能第一时间进入中国市场，引进方企业也可以充分利用本土优势，享受政策红利，较快获得上市许可。这种模式对引进方企业自身研发能力的要求大幅降低，可以同时开展多种不同产品的引进，产品方向不必受限于现有团队的能力，因此受到许多国内药企的青睐。而这两类创新药，由于国内审批规则的要求，极有可能只能通过 5.1 类的申报途径进入中国市场。如果不允许这些创新药获得专利保护期补偿，也不利于整个医药产业的创新和转型。

因此，目前《专利法实施细则》和《专利审查指南》将药品专利期补偿制度中的“新药”定义或解释为“全球新”值得商榷。笔者认为，基于专利法的制度框架，只要符合下列条件的药品专利均有权获得专利期补偿：(1)在中国有效存续的发明专利（药物活性物质的产品专利、制备方法专利或者医药用途专利）；(2)该专利对应的药品首次在中国获得批准上市；该专利之前在中国没有过获得专利期补偿。而不应过多考虑该药品在其他国家是否已经上市、有无专利权、是否已经获得延长，这才符合药品专利期补偿制度的目的。

## 六、结语

目前，对于《专利法》第 42 条第 3 款中“新药”如何理解，产业界、实务界、学界争论颇多。笔者通过对药品法中“新药”和“新药申请”的概念，以及对专利法领域药品专利期补偿制度中“新药”的概念的溯源，试图探究药品专利期补偿制度中的“新药”概念的科学、合理定义。综观实施药品专利期补偿制度的国家和地区，都没有区分可以获得专利期补偿的药品是“全球新”还是“本国新”，也就是没有根据所谓创新药、仿制药、进口药，或者按照不同药品上市审批所遵循程序进行区别对待，也没有将相关药品是否在本国家或本地区首先申请上市作为该药品相关专利能否获得专利保护期补偿的法定要件。

笔者认为，药品专利期补偿制度归根结底是专利法领域鼓励创新的制度，不宜也无法让其承担过多的药品法领域的职能。而无论从立法背景、制度规则本身的立法目的和考量要素，抑或从立法技术来看，将《专利法》第 42 条第 3 款中“新药”界定为“未曾在中国境内上市的药品”是更为准确、合法、合理的。

# “全球新”才能获得专利期补偿?*

过去几年,5.1 类进口药获批的数量远超 1 类创新药;同时,国内的 License - in 交易数量在攀升。不过,这些 5.1 类进口药以及 License - in 引入的产品,很可能将无法获得专利期补偿。

按照目前《专利法实施细则》和《专利审查指南》征求意见稿中“全球新”的概念,适用于药品专利期补偿制度的“新药”仅包括 1 类创新药和部分 2 类改良型新药,而由于种种原因已在国外上市之后再申请在中国境内上市的 5.1 类进口药,以及现下企业通过 Licence - in 模式引入开发的药品,将无法获得专利期补偿。

2021 年 6 月 1 日,修订后的《专利法》正式施行,其中第 42 条规定了药品专利期限补偿制度。目前《专利法实施细则》和《专利审查指南》正在征求意见,依据《立法法》规定的立法进度,实施细则预计将在 2022 年 5 月底前正式出台,其中,关于适用于该制度的“新药”的定义引发了业界广泛的讨论。

程永顺主任认为:从《专利法》的立法目的、专利法与药品法的关系,以及国际上关于该制度的实践经验等角度来看,将“新药”定义为“全球新”能否真正实现鼓励创新的目的还值得商榷。

## 一、“全球新”是否合理

目前,在《专利法实施细则》及《专利审查指南》的征求意见稿中,在对“新药”的定义作出界定时之所以出现了“全球新”的概念,是因为立法部门似乎倾向于直接适用《药品注册管理办法》中曾出现的“新药申请”的“新药”定义。那么,该如何评价专利期补偿制度沿用“新药申请”中“全球新”定义的合理性呢?

要从专利法与药品法的关系以及制度设定的立法目的来看待这个问题。

---

* 本文根据在 2022 年 3 月 23 日研发客主办的“当 License - in 模式遇到药品专利期限的补偿机制”线上研讨会的发言整理。本文原载于微信公众号“研发客”,2022 年 4 月 6 日。

按照《专利法》立法者此前的相关说明，引入药品专利期补偿制度的立法目的是将其作为与Bolar例外的配套制度，实现与仿制的平衡，并促进国外新药能够尽早在我国上市，提高药品可及性，保障公共健康。

每一项制度规则的制定和出台都有其自身的特定目的，不应指望该制度解决该领域的所有相关问题。想要通过药品专利期补偿制度，既鼓励、保护药品创新，又提升消费者用药福祉，提高可用药品多样性，这是这个制度无法承受之重，在目前的背景下也不一定能达到理想的效果。《专利法》的根本目的应该是鼓励药品创新，凡符合新颖性、创造性、实用性的发明创造均可受到《专利法》的保护。药品专利期补偿制度补偿的是专利权人因为药品审评审批而导致的专利商业化的不当推迟给专利权人造成的专利保护期限以及由此导致的商业利益的损失。因此，在专利法的制度框架下，只要是在中国有效存续的药物活性物质的产品专利、制备方法专利或者医药用途专利，该专利对应的药品首次在中国获得批准上市；且该专利之前在中国没有过获得专利期补偿，那么该专利有权获得专利期补偿，而不应过多考虑该药品在其他国家是否已经上市、有无专利权、是否已经获得延长。提高人民用药可及性是药品法应当考虑的问题，不应直接作为专利保护期补偿制度的制度目标，更不宜将其作为《专利法》的立法目的，认为因为实施了药品专利期补偿制度，所以可以实现药品可及性则混淆了药品专利期补偿制度与实现药品可及性之间的因果关系。这两者之间的因果关系应当是：因为药企选择在中国境内上市，而这种选择将有助于为中国患者提供更多的用药选择，因此，对于这些首次在中国上市的药品相关的专利予以专利期补偿，这是从制度层面对这些药企作出进入中国市场的决策的鼓励措施。

另外，虽然药品专利期补偿制度同时涉及药品法和专利法，但实际上，这两部法律的性质、立法目的，所调整的法律关系存在较大差异，相关制度规则的设计和法律术语的界定和解释也应当在其自身的制度框架内进行。

药品法属于公法领域，要求监管部门加强对药品的管理，保证药品的安全性和有效性，对人民的健康负责；而专利法属于私法领域，处理的是作为私权的专利权的相关法律关系，其立法目的是保护专利权人的合法权益，鼓励和推动药物的发明创新。尽管立法者试图保持法律体系中对于相同法律术语的一致性解释，但目前，专利期补偿制度中参考药品法体系中已经废止的“新药申请”中的“全球新”概念，将新药的定义对标到药品审查中的一个具体程序上是否合理是应该思考的问题。

在《专利法实施细则》和《专利审查指南》征求意见稿中，将新药定义为"全球新"可能是为了提升国内新药的"创新度"。但不容忽视的现实背景是，过去几年国家药监局批准上市的5.1类进口药的数量远远超过了1类创新药。另外，根据研发客统计，2021年国内发生的181笔授权许可交易中，从海外授权引进(License－in)新产品的交易首次破百，有105项，与2020年相比交易数量持续攀升。(见图1)

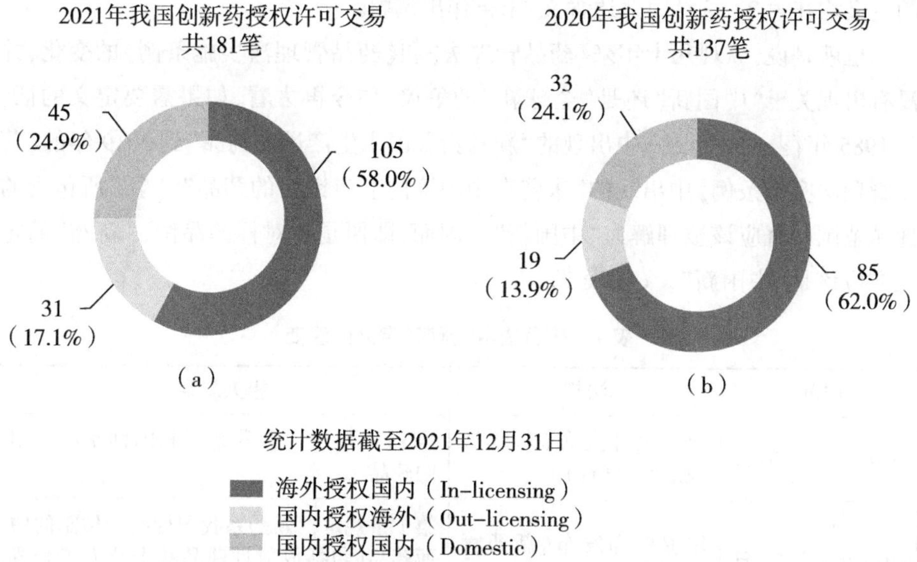


**图1　创新药授权许可交易量**

而从提高药品可及性，满足国内临床需求的角度出发，将首先在国外上市而后申请在中国境内上市的5.1类进口药，以及国内企业Licence－in模式下研发的药品排除在补偿制度之外，亦有可能对企业的积极性造成打击，无助于增加国内可用药品的多样性。

另外，参考国外已施行该制度的国家和地区的实践经验，也几乎没有在相关规定中去明确区分新药的"全球新"或者"地区新"，适用的对象都是"地区新"。

## 二、药品法中新药的定义一直为"中国新"

在《专利法实施细则》及《专利审查指南》征求意见稿中，立法部门沿用了《药品注册管理办法》中曾出现的"新药申请"里的"新药"定义，我国作为成文法的国家，将不同法律中的同一术语尽可能赋予相同的含义本无可厚非，然而《药品注册管理办法》在药品法的体系中属于部门行政规章，其上位法律和行政法规还有《药品管理法》，以及《药品管理法实施条例》等行政法规。

2001年，《药品管理法》在修订后，其附则部分中仅保留了“药品”的定义，删除了关于“新药”的定义，并在自2002年9月15日起施行的《药品管理法实施条例》第83条中规定了“新药”的含义：新药是指未曾在中国境内上市销售的药品。《药品管理法实施条例》之后在2016年和2019年又经过了两次修订，对于“新药”的定义均在第77条沿用上述含义，未再作出调整。

也就是说，纵观几十年来《药品管理法》和《药品管理法实施条例》的变化，并没有出现关于“中国新”还是“全球新”的争议，如今再去看，如果需要定义的话，从1985年《药品管理法》中出现的“新药指我国未生产过的药品”到2019年的《药品管理法实施条例》中出现的“未曾在中国境内上市销售的药品”，“新”所包含的地域范围一直应该被理解为“中国新”。因而，即便是要对标药品法，“新药”的定义亦应该是“中国新”。（见表1）

**表1 药品法中“新药”定义的演变**

| 时间 | 法规 | 相关规定 |
|---|---|---|
| 1978年7月30日 | 原卫生部发布《药政管理条例（试行）》 | 第15条规定，“新药系指我国创制和仿制的药品”。 |
| 1979年2月20日 | 原卫生部发布《新药管理办法（试行）》 | 第1条规定，“新药系我国创制和仿制的中西药品（包括放射性药品和中药人工合成品）”。 |
| 1985年7月1日 | 《药品管理法》 | 第57条规定，“新药指我国未生产过的药品”。 |
| 1985年7月1日 | 原卫生部发布《新药审批办法》 | 第2条规定，“新药药材系指我国未生产过的药品。已生产的药品，凡增加新的适应症、改变给药途径和改变剂型的亦属新药范围”。 |
| 1999年4月22日 | 国家药品监督管理局根据《药品管理法》和《药品管理法实施办法》制定了《新药审批办法》 | 第2条规定，“新药系指我国未生产过的药品。已生产的药品改变剂型、改变给药途径、增加新的适应症或制成新的复方制剂，亦按新药管理”。 |
| 2001年2月28日 | 《药品管理法》修订 | 删除了关于“新药”的定义。 |

续表

| 时间 | 法规 | 相关规定 |
| --- | --- | --- |
| 2002年9月15日 | 《药品管理法实施条例》 | 第83条规定，"新药，是指未曾在中国境内上市销售的药品"。 |
| 2016年2月6日 | 《药品管理法实施条例》修订 | 第77条规定，"新药，是指未曾在中国境内上市销售的药品"。 |
| 2019年3月2日 | 《药品管理法实施条例》修订 | 第77条规定，"新药，是指未曾在中国境内上市销售的药品"。 |

## 三、"新药申请"不应影响新药的定义

事实上，"新药申请""全球新""改良新"等一系列法律术语和概念，是出现在围绕《药品注册管理办法》的药品注册审评审批程序的相关制度规则中。在此过程中，可以通过梳理《药品注册管理办法》中"新药申请"定义的变化来追溯"全球新"这一概念出现的渊源。

"新药申请"的概念最早出现在2002年12月1日施行的《药品注册管理办法（试行）》中，当时国内的药品申请方式是按照属人的方式进行区分的。其中第7条规定，药品注册申请应包括新药申请、已有国家标准药品的申请和进口药品申请及其补充申请。境内申请人按照新药申请、已有国家标准药品的申请办理，境外申请人需按照进口药品申请办理。其中第8条规定，新药申请，是指未曾在中国境内上市销售药品的注册申请。已上市药品改变剂型、改变给药途径的，按照新药管理。

依据当时的规定，需要按照"新药申请"程序注册申请并不一定都是"新药"，未曾在中国境内上市销售的药品，以及已上市药品改变剂型和给药途径的，只要由境内申请人注册申请，都适用新药申请流程。

随后《药品注册管理办法》在2005年和2007年分别又进行了修订，对"新药申请"的定义作出了一些调整，2005年的修订将"增加适应症"这种情况也作为需要按照新药申请管理的情形，2007年修订为"已上市药品改变剂型、改变给药途径、增加新适应症的药品注册按照新药申请的程序申报"。三个版本的《药品注册管理办法》逐步弱化了"已上市药品改变剂型、改变给药途径、增加新适应症的药品"与"新药"的关联，但对"新药"的定义始终是"未曾在中国境内上市销售的药品"。

"新药"定义的变化发生在2015年,为应对当时我国药品审评审批积压的情况,提高仿制药质量,鼓励具有自主知识产权的创新药上市,国务院发布了《关于改革药品医疗器械审评审批制度的意见》,中国医药审评审批改革开始启动。

此意见将"新药"的概念由原来的"未曾在中国境内上市销售的药品"调整为"未在中国境内外上市销售的药品",即从"中国新"调整为"全球新"。

此后,在2016年3月4日,CDE发布了《化学药品注册分类改革工作方案》,调整了化学药品注册分类类别,即出现了我们后来熟悉的化学药品在新注册分类下的5个类别。CDE在对该意见进行解读时指出:新药指中国境内外均未上市的药品,分为新注册分类1的创新药和分类2的改良型新药。新的审评技术标准强调创新药应具备"全球新"的物质结构,还应具有临床价值。

值得注意的是,在2019年正式施行的《药品管理法实施条例》中,"新药"的定义依旧是"中国新",立法者可能考虑到如果《药品注册管理办法》中"新药申请"使用"全球新"的概念,与其上位法《药品管理法实施条例》中"新药"的定义不符,因此,在2020年最终出台的《药品注册管理办法》中删除了关于"新药申请"的定义。

通过药品法中"新药申请"定义的变化,可以看出药品法立法者在有意区分"新药"和"新药申请"的定义,这种区分是合理的。"新药"更偏向实体法的概念,即什么样的药品、符合什么条件即可以被认定为"新药",依照现行法律中保留的定义,"中国新"应都属于"新药"。而"新药申请"更偏向于程序法,与药品注册审评审批流程紧密相关,在此过程中药监部门更关注的是药品安全性、有效性和质量可控性的审查。对于未在国内上市的新药可能包括创新药、改良型新药、已在境外上市后寻求在中国境内上市的进口药,药监部门对这三类"新药"采取不同的审评审批要求,适用不同的注册申请流程,是科学合理、符合实际的。但这种注册审评审批流程的区分从来没有,以后也不应该影响"新药"的定义,更不宜成为专利法专利补偿制度中"新药"定义对标的对象。

# 《专利法实施细则》(2023)药品相关条款评述*

2023年12月11日,国务院发布了《关于修改〈中华人民共和国专利法实施细则〉的决定》,新修改的《专利法实施细则》(2023)[以下简称《实施细则》(2023)]于2024年1月20日起施行,这也表明,2023年11月3日国务院常务会议审议通过的《专利法实施细则(修正草案)》最终尘埃落定。

此次修改的实施细则中与药品相关的条款主要涉及药品专利保护期补偿,专利实施特别许可(主要是强制许可),以及全国有重大影响的专利侵权纠纷的处理的相关规定。其中,新增第五章"专利期限补偿",明确了《专利法》第42条第2款和第3款的具体操作规则,也意味着自2020年10月17日《专利法》第四次修改确立的对授权过程中的不合理延迟的专利权期限补偿制度及药品专利保护期补偿制度最终得以落地;与《专利法》第四次修改相对应,第六章"专利实施的强制许可"修改为"专利实施的特别许可",其中,关于专利强制许可的具体规定并没有太多实质性调整;《实施细则》(2023)第96条规定了哪些纠纷"属于专利法第七十条所称的在全国有重大影响的专利侵权纠纷",这其中可能会涉及2021年6月1日起施行的《重大专利侵权纠纷行政裁决办法》,特别是涉及药品专利纠纷行政裁决。

前述与药品相关的条款中,最为引人关注的是关于药品专利保护期补偿制度的具体操作规则。本文拟结合《实施细则》(2023)、《专利审查指南》以及国家知识产权局发布的其他配套规章,对该制度作一评述。

## 一、《实施细则》(2023)关于专利保护期补偿的具体规定

### (一)授权过程中的不合理延迟的专利权期限补偿

2020年修正的《专利法》第42条第2款规定:"自发明专利申请日起满四年,

---

* 本文原载于微信公众号"知产前沿",2023年12月25日。

且自实质审查请求之日起满三年后授予发明专利权的,国务院专利行政部门应专利权人的请求,就发明专利在授权过程中的不合理延迟给予专利权期限补偿,但由申请人引起的不合理延迟除外。”这一制度类似于其他国家专利制度中的专利保护期调整(PTA)。此次《实施细则》(2023)以及《专利审查指南》则对这一制度作了进一步细化的规定,特别是明确了何为“合理延迟”,何为“由申请人引起的不合理延迟的情形”。

当然,随着专利局专利审查速度的加快,绝大多数发明专利可以在规定期限内获得授权,在授权过程中被不合理延迟的情形应当并不多见。但对于药品发明专利而言,由于其具有复杂性和特殊性,其授权过程可能会较长,可能符合 PTA 的适用情形。而就《专利法》第 42 条第 2 款与第 3 款,即 PTA 与 PTE 的适用而言,根据现行的规定,就药品发明专利而言,是可以叠加适用的。两者叠加适用计算出来的最终药品发明专利的总有效专利权期限应当为新药获批上市后不超过 14 年。

### (二)药品专利保护期补偿制度

2020 年修正的《专利法》第 42 条第 3 款规定:“为补偿新药上市审评审批占用的时间,对在中国获得上市许可的新药相关发明专利,国务院专利行政部门应专利权人的请求给予专利权期限补偿。补偿期限不超过五年,新药批准上市后总有效专利权期限不超过十四年。”该规定确立的药品专利保护期补偿制度(PTE)的基本框架。而关于可以获得 PTE 的药品专利的类型、申请条件、计算方法、保护范围、审批程序等,则需要通过实施细则予以进一步细化。

#### 1. 可以获得 PTE 的专利类型

《实施细则》(2023)第 80 条规定了可以获得 PTE 的药品专利的类型,“专利法第四十二条第三款所称新药相关发明专利是指符合规定的新药产品专利、制备方法专利、医药用途专利”。换言之,能够获得 PTE 的新药相关专利限于产品专利、方法专利和医药用途专利。其他与药品相关的专利,如杂质、中间体、包装等,无法享受 PTE。《实施细则》(2023)删除了之前版本中“创新药和符合规定的改良型新药”的表述,而《专利审查指南》第五部分第九章“3. 根据专利法第四十二条第三款的专利权期限补偿”中,“3.4　适用范围”作了进一步明确,根据《专利法》第 42 条第 3 款及《专利法实施细则》第 80 条的规定,针对国务院药品监督管理部门批准上市的创新药和符合本章规定的改良型新药,对于其中药物活性物质的产品发明专利、制备方法发明专利或者医药用途发明专利,可以给予药品专利权期限补偿。创新药和改良型新药的含义依照有关法律法规并按照国务院药品监督管理部门的相关规定确定。

《专利审查指南》还对可以获得PTE的改良型新药作了规定:可以给予期限补偿的改良型新药限于国务院药品监督管理部门颁发的药品注册证书中记载为以下类别的改良型新药:(1)化学药品第2.1类中对已知活性成分成酯,或者对已知活性成分成盐的药品;(2)化学药品第2.4类,即含有已知活性成分的新适应证的药品;(3)预防用生物制品第2.2类中对疫苗菌毒种改进的疫苗;(4)治疗用生物制品第2.2类中增加新适应证的生物制品;(5)中药第2.3类,即增加功能主治的中药。

2. 申请条件

《实施细则》(2023)第81条规定,"依照专利法第四十二条第三款的规定请求给予新药相关发明专利权期限补偿的,应当符合下列要求,自该新药在中国获得上市许可之日起3个月内向国务院专利行政部门提出……"

相较于之前的版本,最终出台的《实施细则》(2023)增加了"在中国(获得上市许可)"的规定,但结合《专利审查指南》关于创新药和改良型新药的界定,似乎又很难说是明确了我国《专利法》中的PTE采用了"中国新"的标准,而仅仅是在文字表述上明确了在中国获得上市许可之日起3个月内可以提出PTE申请。之前引发争议的第5.1类化学药品,在药品法框架内指的是"境外上市的原研药品和改良型药品申请在境内上市",其中"原研药品"与"创新药"的含义似乎并不完全重合,因此无法纳入PTE的适用范围。

根据《实施细则》(2023)第81条的规定,新药获得PTE的条件包括:(1)该新药同时存在多项专利的,专利权人只能请求对其中一项专利给予专利权期限补偿;(2)一项专利同时涉及多个新药的,只能对一个新药就该专利提出专利权期限补偿请求;(3)该专利在有效期内,且尚未获得过新药相关发明专利权期限补偿。《专利审查指南》则进一步增加了两项条件:第一,请求补偿的专利授权公告日应当早于药品上市许可申请获得批准之日;第二,请求补偿专利的权利要求包括了获得上市许可的新药相关技术方案。结合前述新增的"在中国(获得上市许可)"的规定,可以明确,仅在境外获得上市许可,而尚未在中国获得上市许可的药品也是无法申请PTE的。

3. 补偿期限的计算方法

《实施细则》(2023)第82条规定,在符合《专利法》第42条第3款,即补偿期限不超过 5 年,且该药品上市许可申请批准后总有效专利权期限不超过 14 年的前提下,补偿期限"按照该专利申请日至该新药在中国获得上市许可之日的间隔天数减去 5 年"计算。《专利法》第 42 条第 3 款采取的欧洲的 PTE 计算方式,也是比较直接的计算方式,这与之前公布的版本是一致的。

4. PTE 的保护范围

《实施细则》(2023)第 83 条规定,专利保护补偿期内,该专利的保护范围限于该新药及其经批准的适应证相关技术方案;在保护范围内,专利权人享有的权利和承担的义务与专利权期限补偿前相同。《专利审查指南》则进一步规定,新药相关技术方案应当以国务院药品监督管理部门批准的新药的结构、组成及其含量,批准的生产工艺和适应证为准。指定权利要求未包括获得上市许可的新药相关技术方案的,不予期限补偿。换言之,没有获得上市许可的新药是无法获得 PTE 的,这也符合 PTE 制度的作用,补偿的是药品上市审批造成的专利保护期的减损。此外,《专利审查指南》还明确,产品权利要求的保护范围仅限于用于经批准的适应证的上市新药产品,医药用途权利要求的保护范围仅限于上市新药产品的经批准的适应证,制备方法权利要求的保护范围仅限于用于经批准的适应证的上市新药产品在国务院药品监督管理部门备案的生产工艺。

5. 审批程序

《实施细则》(2023)第 84 条规定,经国务院专利行政部门进行审查后,认为符合补偿条件的,作出给予期限补偿的决定,并予以登记和公告;不符合补偿条件的,作出不予期限补偿的决定,并通知提出请求的专利权人。

《专利审查指南》则进一步规定,经审查后认为药品专利权期限补偿请求不符合期限补偿条件的,专利局应当给予请求人至少一次陈述意见和/或补正文件的机会。对于此后仍然不符合期限补偿条件的,应当作出不予期限补偿的决定。也就是说,PTE 申请人在审查过程中,将有一次意见陈诉或补正机会,用以弥补初始提交的申请中可能存在的错漏。

经审查认为应当给予药品专利权期限补偿的,如果专利权人已经提出专利权期限补偿请求但专利局尚未作出审批决定,审查员应当等待专利权期限补偿请求的审批决定作出以后,再确定给予药品专利权期限补偿的时间;如果专利权人尚未提出专利权期限补偿请求,且其自专利授权公告之日起 3 个月期限尚未届满,审查员应当等待专利权期限补偿请求的时限届满以后,再确定给予药品专利权期限补偿的时间,但专利权人明确表示放弃提出专利权期限补偿请求的除外。

经审查后认为药品专利权期限补偿请求符合期限补偿条件的,专利局应当作出给予期限补偿的决定,告知期限补偿的天数。

《专利审查指南》还明确了专利局作出给予药品专利权期限补偿的决定后,应当将有关事项在专利登记簿上登记并在专利公报上公告。

6. 救济程序

2023 年 12 月 21 日,国家知识产权局发布了《关于专利权期限补偿和专利开放许可相关行政复议事项的公告》,其第 1 条规定,专利权人、因相关专利存在侵权纠纷或者已经提出相关药品注册申请的利害关系人对国家知识产权局依照《专利法》第 42 条第 2 款、第 3 款作出的关于是否给予专利权期限补偿的决定不服的,可以向国家知识产权局申请行政复议。也就是说,如果对于专利局就药品专利保护期补偿制度的审批决定不服的,可以申请复议。

## 二、关于专利保护期补偿制度相关规定的评述

前述《实施细则》(2023)第五章"专利期限补偿"以及《专利审查指南》第五部分第九章"3. 根据专利法第四十二条第三款的专利权期限补偿"的规定共同构成了我国药品专利保护期补偿制度的具体操作规则,也使 PTA 和 PTE 制度在《专利法》第四次修改正式发布实施两年多之后,终于得以正式落地实行。

1. 关于将确权行政程序的时间纳入合理延迟的范围

《实施细则》(2023)第 78 条第 3 款规定,"下列情形属于合理延迟:……(三)其他合理情形引起的延迟",《专利审查指南》则进一步明确"其他合理情形如行政诉讼程序等"属于"授权过程中的合理延迟",也就是由于诉讼程序引发的授权延迟不适用 PTA,也不会因此获得补偿。

1999 年的美国《发明人保护法》(American Inventors Protection Act of 1999, AIPA)对专利保护期作了进一步调整,并允许申请人可以对专利申请额外审查提出要求。美国专利保护期调整涉及的延迟包括 ABC 三类:A 类延迟为美国专利商标局未能在规定期限内进行审查(如在 14 个月之内发出第一次审查意见通知;收到答复后在 4 个月内发出第二次审查意见通知或授权通知;缴纳授权费后 4 个月内未授予专利权);B 类延迟为美国专利商标局未能在专利申请之日起 3 年内授予专利权;C 类延迟为当申请涉及争议、申诉或保密要求的。可见,当申请涉及争议导致的延迟,是可以获得 PTA 的。

我国对于专利授权的司法复审适用的是行政诉讼程序,就药品发明专利而

言,由于其具有复杂性,因此,药品发明专利在授权过程中可能面临专利复审行政诉讼的情形,而根据目前的规定,对于专利局复审决定提起行政诉讼所耗费的时间(包括由此可能导致的循环诉讼的时间)均属于"合理延迟",专利权人无法就这段时间获得专利保护期限的补偿,这对于专利权人而言似乎有失公平,也有可能成为未来该制度实施过程中的一个争议焦点。

2. 关于 PTE 的适用范围

在之前的版本中,"新药"的定义一直是业界关注的焦点。"新药"中的"新"究竟应该采用何种标准,是按照药品注册管理办法中药品分类方式予以确定,还是回归专利法中"新"的概念?是采用"全球新"的标准,还是采用"中国新"的标准?

《实施细则》(2023)删除了之前关于"创新药和改良型新药"的表述,但并未直接对"新药"作出定义,似乎给之前备受争论的第 5.1 类进口药是否能够享有 PTE 留下了口子。但《专利审查指南》中依旧使用了"创新药"以及"改良型新药"的表述,且将这两者的定义指向药品法的框架。如前所述,第 5.1 类化学药品指的是"境外上市的原研药品和改良型药品申请在境内上市",在药品法框架下,似乎也从未明确"原研药品"与"创新药"的含义是重合的,因此,《专利审查指南》的规定似乎又将第 5.1 类进口药排除在 PTE 的适用范围之外。《实施细则》的规定似乎并没有正面回应之前关于 PTE 中"新药"的标准是"中国新"还是"全球新"的争议,而《专利审查指南》进一步明确,乃至限缩 PTE 的适用范围究竟是《专利法》及其实施细则的立法的真实想法,还是《专利审查指南》进一步限缩 PTE 适用范围的规定不合理,这势必引发业界的争论。

3. 关于 PTE 制度的溯及力

在《实施细则》(2023)发布之后,国家知识产权局发布了《关于施行修改后的专利法及其实施细则相关审查业务处理的过渡办法》(以下简称《过渡办法》)。《过渡办法》明确了申请日在 2021 年 6 月 1 日以后(含该日,下同)的专利申请以及根据该专利申请授予的专利权适用修改后专利法的规定。申请日在 2021 年 6 月 1 日前(不含该日)的专利申请以及根据该专利申请授予的专利权适用修改前《专利法》的规定,但本办法以下各条的特殊规定除外。申请日在 2024 年 1 月 20 日以后(含该日,下同)的专利申请以及根据该专利申请授予的专利权适用修改后《专利法实施细则》的规定。申请日在 2024 年 1 月 20 日前(不含该日)的专利申请以及根据该专利申请授予的专利权适用修改前《专利法实施细则》的规定,但本办法以下各条的特殊规定除外。《过渡办法》的规定明确了专利法及其实施细则的规定不具有溯及力,这其中也包括了PTE的相关规定。

2021年5月24日,国家知识产权局发布了《关于施行修改后专利法的相关审查业务处理暂行办法》(国家知识产权局第423号公告),明确规定,专利权人自2021年6月1日起,可以依照修改后的《专利法》第42条第3款,自新药上市许可请求获得批准之日起3个月内,通过纸件形式提出专利权期限补偿请求,后续再按照国家知识产权局发出的缴费通知要求缴纳相关费用。国家知识产权局将在新修改的《专利法实施细则》施行后对上述申请进行审查。而《过渡办法》第13条第2款规定,专利权人自2021年6月1日起,依照《专利法》第42条第3款,自新药上市许可请求获得批准之日起3个月内提出专利权期限补偿请求并缴纳相关费用的,国务院专利行政部门自2024年1月20日起适用修改后的《专利法实施细则》第80条至第84条进行审查。这实际上意味着在2021年3月1日之前已经获批上市的药品的相关专利是无法获得药品专利期补偿的。

笔者曾撰文指出,药品专利期限延长制度是为了弥补创新药为获得上市批准而造成的有效专利期(从产品上市起的市场独占期)的损失而设置的制度,通过对符合特定条件的专利药品在专利期限届满后,针对其审批等所耗费的时间再额外获得一定时间期限的专利期延长,延长药品专利寿命,以鼓励创新药的研发。有鉴于医药产业是关系国计民生的重要产业,也是供给侧结构性改革的主战场之一,2015年以来,为解决药品可及性,实现"全民健康,全民小康",我国提出要加强医药技术创新,加强医药的创新动力,并出台了一系列关于药品改革特别是鼓励和促进药品和医疗器械创新的政策文件。这些政策也鼓励着越来越多的创新药企响应国家政策要求,开展药品创新,并最终通过药监部门的审查,实现药品在中国的上市,其创新行为应当受到鼓励。而如果这些创新药企为了尽早响应国家政策要求,更早地完成创新药的研发、更积极地申请了上市审批并使其更早地惠及患者,反而可能只是因为提前了一两年甚至提前了几个月获得上市批准,就损失了一半的专利保护的时间,这显然不甚合理。而事实上,尽管有"法不溯及既往"原则,但法律也不排除"有利的溯及"。无论是国外实践,还是国内之前专利法的实践,对于专利保护期延长问题上,都有溯及既往的实践和规定。①

---

① 程永顺、吴莉娟:《关于专利保护期补偿制度的建议》,载微信公众号"知产力",2021年1月18日。

而就目前的规定而言,PTE 不适用于 2021 年 3 月 1 日之前获批上市的药品相关专利已成定局。当然,立法者可能认为,就专利授权的角度而言,相关制度能够溯及《专利法》第四次修改实施前 3 个月的专利,已经是有限溯及,但这实际上与笔者所期待的这一制度能够惠及所有响应国家政策规定,开展药品创新研发的企业的设想仍有差距。可以预见,已经在 2021 年 3 月 1 日前获批上市的新药,将会通过增加适应证或者改良药品的方式,争取获得专利保护期的补偿。而国家知识产权局通过部门规章限缩法律和行政法规规定的权利范围是否合适,也是值得商榷的。这一溯及力问题最终是否能通过相关企业的行政诉讼得以完善或解决,也值得拭目以待。

4.《专利审查指南》关于审批程序的规定有待进一步厘清

如前所述,就审批程序而言,《专利审查指南》规定,“经审查认为应当给予药品专利权期限补偿的……如果专利权人尚未提出专利权期限补偿请求,且其自专利授权公告之日起三个月期限尚未届满,审查员应当等待专利权期限补偿请求的时限届满以后,再确定给予药品专利权期限补偿的时间,但专利权人明确表示放弃提出专利权期限补偿请求的除外”。《专利审查指南》这一款规定,似乎意味着即使专利权人并未提出 PTE 申请,审查员则依旧要在专利授权公告之日 3 个月届满后,确定专利补偿期限,除非专利权人明确放弃。那么,需要厘清的问题是,其一,这是否意味着在专利权人未提出 PTE 申请的前提下,审查员可以依职权作出给予药品专利权期限补偿的决定?其二,根据《专利法》及其实施细则的规定,专利权补偿请求时限似乎与专利授权公告日无关,而与药品获批上市的时间相关,而《专利审查指南》中则将专利授权公告之日作为确定专利保护期限补偿请求的“起始日”。授权公告日与专利保护期限补偿请求期限的关系有待进一步厘清。

5. 关于 PTE 制度的行政复议规程及司法救济程序有待进一步完善

如前所述,国家知识产权局《关于专利权期限补偿和专利开放许可相关行政复议事项的公告》明确了对涉及第 42 条第 2 款和第 3 款的决定不服的可以申请行政复议。这在理论上应当包括专利局作出的不予补偿的决定、计算错误的决定,是否还应包括第三人对于专利局作出的批转予以补偿决定的复议并不清楚。与此同时,无论是《实施细则》(2023),还是《专利审查指南》,都没有关于 PTE 行政复议的相关规定,《实施细则》(2023)第四章“专利申请的复审与专利权的无效宣告”中,也没有关于第 42 条作为复审和无效宣告依据的规定,因此具体的复议规程仍有待进一步明确。而对于复议结果不服是否可以进一步提起行政诉讼,也没有明确规定。依据 TRIPs 协议和《行政诉讼法》的相关规定,对于复议决定不服的,可以向北京知识产权法院提起行政诉讼。

6. 关于药品专利纠纷早期解决机制的相关规定

作为《专利法》第四次修改新确立的与药品相关的两项制度规则之一,此次《实施细则》(2023)及《专利审查指南》并没有关于药品专利纠纷早期解决机制的相关条款。实际上,药品专利纠纷早期解决机制主要是涉及药品行政审批过程中专利纠纷的解决,更多的是药品法与专利法衔接的问题。就目前的实践而言,通过《药品专利纠纷早期解决机制实施办法(试行)》《药品专利纠纷早期解决机制行政裁决办法》《重大专利侵权纠纷行政裁决办法》等部门规章以及最高人民法院《关于审理申请注册的药品相关的专利权纠纷民事案件适用法律若干问题的规定》这一司法解释共同构建的制度框架已然成形。因其并非纯粹专利法意义上的规则,也没有必要在《实施细则》及《专利审查指南》中进行专门规定。

综上,随着《实施细则》(2023)的发布,我国药品专利期补偿制度最终落地。《实施细则》(2023)的规定较之于之前的版本,有了诸多进步。当然,相关的具体操作规程等仍有待进一步明确。实践是检验真理的唯一标准,药品专利期补偿制度作为此次《专利法》第四次修改中鼓励药品创新的重要举措,其实施效果及是否能实现立法目的仍有待在实践中不断验证。

# 药品招标采购中的专利保护问题

# 仿制药挂网应规避许诺销售侵权风险*

## ——从全国首批重大专利侵权纠纷行政裁决案件谈起

国家知识产权局审结两件重大专利侵权纠纷行政裁决案件，就广东东阳光药业有限公司及关联方宜昌东阳光长江药业股份有限公司（以下合称东阳光）是否侵犯德资企业勃林格殷格翰制药两合公司所拥有的口服降糖药利格列汀片发明专利权（专利号：ZL201510299950.3）作出裁决。这两件案件的争议焦点之一，就是东阳光在多个省份药品集中采购平台的挂网行为是否构成许诺销售情形。

药品获得上市审批后要进入医院渠道销售，通常需要实施诸如申请进入医保目录、在药品采购平台挂网等行为，这些行为均发生在医院实际采购药品（药品销售行为）之前，更在病患获得药品之前。

依据《专利法》的相关规定，"发明和实用新型专利权被授予后，除本法另有规定的以外，任何单位或者个人未经专利权人许可，都不得实施其专利，即不得为生产经营目的制造、使用、许诺销售、销售、进口其专利产品"。那么，如果仿制药的技术方案落入创新药的专利保护范围，仿制药为进入医院销售渠道而实施的一系列行为，是否构成许诺销售或销售，进而构成专利侵权呢？

事实上，近年来，原研药企业以仿制药企业在各地药品集采平台挂网的行为构成许诺销售为由向法院提起专利侵权诉讼或向专利行政管理部投诉的事例已屡见不鲜。

### 一、仿制药挂网是否构成许诺销售

药品挂网并没有明确定义，一般是指药品采购过程中的一个行为，即药企通过各地药品采购网络信息平台，在采购办公室制定的限价范围内进行报价，按价

---

* 本文原载于中国食品药品网，2022 年 8 月 22 日。

格由低至高确定入围药品品种,企业再通过采购信息平台与医院签订供货合同。药品挂网作为药品采购中的一环,其行为具有政策性、行政性和复杂性。

实践中,如仿制药存在专利侵权情形,创新药的专利权人大多会选择该仿制药企业在各地采购平台申报挂网时,以该行为构成许诺销售为由,向法院提起专利侵权诉讼或向专利行政管理部门投诉,要求仿制药企业停止挂网行为。我国司法、行政管理部门也多倾向于认为上述行为构成许诺销售。

在司法层面,最高人民法院在江苏豪森药业集团有限公司与山德士公司侵犯专利权纠纷案中认为,豪森公司将被控侵权产品挂网采购的行为是向福建省内的医疗机构表示其愿意出售被控侵权产品的行为。鉴于所指控的上述侵权行为发生地在福建省福州市,根据最高人民法院的相关批复,发生在福建省辖区内有关专利的第一审知识产权民事案件均由福州市中级人民法院管辖,故原审法院有管辖权。在该案中,最高人民法院在裁定中回避了许诺销售的评述,认为该行为是否构成《专利法》第 11 条规定的许诺销售行为,应当由原审法院进行实体审理予以确定,但其关于管辖权的认定实质上倾向于认为被控侵权产品挂网的行为构成许诺销售的侵权行为。①

在行政执法层面,前述国家知识产权局审结的首批两件重大专利侵权纠纷行政裁决案件中,合议组认为,在销售侵犯他人专利权的行为实际发生前,被控侵权人作出销售侵犯他人专利权产品的意思表示的,构成许诺销售。以做广告、在商店橱窗中陈列、在网络或者在展销会上展出、寄送供试用的侵权产品等方式作出销售侵犯他人专利权产品的意思表示的,可以认定为许诺销售。根据《国务院办公厅关于完善公立医院药品集中采购工作的指导意见》,“医院使用的所有药品(不含中药饮片)均应通过省级药品集中采购平台采购”,“药品生产企业是保障药品质量和供应的第一责任人”。因此,药品挂网是药品生产企业通过省级药品集中采购平台参与集中采购的必要行为,通过此种行为向对应的医疗机构作出销售药品的意思表示,在药品集中采购平台中标的药品生产企业有义务保证药品的供应。本案中,被请求人东阳光的利格列汀片获得国家药监局上市许可批准,已具备在市场上销售的资格。被控侵权产品在上海、广东、江西、陕西、内蒙古、新疆、广西、江苏、湖南、湖北、黑龙江和浙江等省(区、市)的相关官方网站上已被公告、公布或执行挂网,在福建、山东、海南、甘肃、河南、河北、宁夏、云南、贵州、青

① 参见(2020)最高法知民辖终 290 号民事裁定书。

海、四川、北京等省(区、市)相关官方网站至少被公示挂网。东阳光有向药品集中采购平台所在省(区、市)的医疗机构销售被控侵权产品的明确意思表示,甚至在上海、广东、江西等地已实施销售行为。据此,国家知识产权局认定东阳光实施了许诺销售被控侵权产品的行为,裁决要求东阳光立即在全国范围内停止制造、销售、许诺销售被控侵权产品,并从已申请挂网的药品采购平台立刻撤回被控侵权产品的挂网申请。

仿制药企业将药品在各地药品集中采购平台上挂网,明确作出了其有该药品、药品价格以及希望医疗机构进行采购的意思表示,是一种要约邀请行为。医院根据自身需求,从采购平台上挂网的采购目录中进行选择,之后经过医院的采购流程,最终确定采购何种药品。也就是说,药品在采购平台上挂网,可以视为面向拟在该采购平台上采购药品的不特定的医疗机构作出销售该药品的意思表示;加之挂网药品必须是已经获得上市许可的药品,已经完全具备了生产、销售的条件,因此,药品挂网行为构成《专利法》意义上的许诺销售行为。

## 二、药品挂网相关行为是否都构成许诺销售

有观点认为,药品挂网涉及许多复杂因素,不宜简单地、“一刀切”式地将与药品挂网相关的行为都认定为许诺销售。例如,药品挂网过程中的资质申报行为是相对独立存在的,如果将其认定为许诺销售,则意味着仿制药企业只有待专利权期限届满后,才能进行资质申报、挂网,以及后续的报价、投标、销售等环节,这将变相延长专利权的保护期限,并可能直接影响药品的可及性。因此,需要立足我国国情,结合基本事实进行详细的法律分析论证。

笔者认为,前述观点值得商榷。我国司法实践对许诺销售行为的认定也经历了变化。2001 年最高人民法院《关于审理专利纠纷案件适用法律问题的若干规定》中,将许诺销售界定为“以做广告、在商店橱窗中陈列或者在展销会上展出等方式作出销售商品的意思表示”。2017 年北京市高级人民法院发布的《专利侵权判定指南(2017)》及 2019 年国家知识产权局发布的《专利侵权纠纷行政裁决办案指南》进一步明确,在“网络”上作出销售产品的意思表示,一旦产品落入他人的专利权保护范围,也构成许诺销售,进而侵犯专利权。

还有观点认为,挂网涉及诸如审核公示、报价投标、中标、采购、配送等流程,最终才能销售到医院,因此需要区分不同环节,对挂网行为加以区分对待。对此笔者认为,一方面,采购、配送是发生在医院进行采购以及合同签订之后履行合同

的行为，这些行为实际上已经构成了销售，不属于药品挂网范畴。药品挂网本身应作为一个完整行为看待，不宜再细分为各个不同的环节，分别进行认定。这与专利侵权认定的惯常做法并不相符。另一方面，药品采购全链条运行日趋严密、顺畅，各地纷纷优化简化挂网流程，这也使仿制药从挂网到中选的时间大为缩短。创新药企之所以在仿制药挂网阶段就努力制止其挂网行为，是因为一旦仿制药挂网，则可能很快就有数量众多的医院与其签署采购协议，创新药企将面临如何制止药品在众多医院销售的困难局面。这也正是 TRIPs 协议中明确将许诺销售行为认定为专利侵权行为，而认为其应予制止的原因所在。即《专利法》中禁止许诺销售行为，旨在将侵权行为控制在萌芽状态，以避免侵权产品扩散导致专利权人损失扩大，进而导致司法成本进一步增加。

最高人民法院在(2021)最高法知行终 451 号、702 号行政判决书中也明确指出："许诺销售行为的目的指向销售行为，是一种法定的、独立的侵权行为方式，其民事责任承担不以销售是否实际发生为前提。许诺销售在性质上系销售者的单方意思表示，并非以产品处于能够销售的状态为基础，只要存在明确表示销售意愿的行为即可认定为许诺销售。当双方达成合意时，即不再属于许诺销售的范畴，而是属于销售。"因此，当销售产品的意思表示内容明确、具体时，即可认定存在许诺销售行为。

综上，如果仿制药落入创新药专利保护范围，则其申请挂网及挂网并参与采购的行为均构成许诺销售；如果最终签署相关采购协议，则该行为将进一步构成销售行为。

## 三、许诺销售的法律责任

我国司法实践对于许诺销售的法律责任，经历了从认为许诺销售侵权没有造成损害为由不赔偿，到许诺销售侵权可以造成合理推知的损害、可以单独判赔的转变。

举例说明：2015 年，上海知识产权法院在吡唑醚菌酯专利权纠纷案中，针对被告在上海世博展览馆举办的第十四届全国农药交流会暨农化产品展览会上的许诺销售侵权行为，并未支持原告巴斯夫公司的侵权赔偿诉讼请求，仅支持了维权合理支出，其理由是"关于赔偿数额，因被告实施的许诺销售行为并未造成原告专利产品市场份额的减少从而导致其产生实际损失，故本院对于原告的经济损失赔偿之诉请不予支持”[①]。最高人民法院在北京华捷盛机电设备有限公司、深圳市鼎盛门控科技有限公司侵害外观设计专利权纠纷案中也持类似观点[②]。事实上，前述国家知识产权局作出的裁决也未涉及损害赔偿的表述。

而在2020年判决的青岛青科重工有限公司诉青岛晨源机械设备有限公司侵害实用新型专利权纠纷案中，最高人民法院则认为，“许诺销售行为是一种法定的独立的侵权行为方式，许诺销售侵权行为的民事责任承担不以销售是否实际发生为前提。许诺销售行为一旦发生，因被诉侵权人许诺销售的价格通常低于专利产品的价格，会对潜在消费者产生心理暗示，影响专利产品的合理定价；或导致消费者放弃购买专利产品转而考虑与被诉侵权人联系，造成延迟甚至减少专利产品的正常销售。此外，被诉侵权人许诺销售行为还可能对专利产品的广告宣传效果造成不利影响。可见，许诺销售行为的存在，将会给专利权人造成专利产品的价格侵蚀、商业机会的减少或者延迟等损害，这种损害是可以合理推知的结果。权利有损害必有救济，除非法律另有特殊规定，该救济即应当至少包括承担停止侵害和赔偿损失这两种最基本的侵权民事责任形式，而不是只承担其中一种形式……专利权人难以举证证明其因许诺销售行为遭受的具体损失时，可以法定赔偿方式计算损害赔偿数额”。[③]

笔者认为，许诺销售发生在实际销售之前，给专利权人造成的实际损失也往往尚未发生。按照民事赔偿的填平原则，由于很难证明许诺销售行为给专利权人造成了实际损失，通常情况下，许诺销售行为不承担赔偿责任，而对于专利权人维权的合理开支，则可以予以支持。但在某些纠纷中，如果专利权利人可以证明许诺销售行为对其造成了实际损失，则侵权人应该对该部分损失予以赔偿。这应当结合个案的具体情况作出具体的分析和认定。

有观点认为，专利法并没有排斥许诺销售侵权行为可以适用损害赔偿的法律责任，因此只要侵权人实施了许诺销售的侵权行为，即使没有实际损失发生，被侵权人也可以按照法定赔偿标准要求侵权人承担损害赔偿责任，此观点也值得商榷。对于药品而言，有必要考虑其特殊性，一旦仿制药参与挂网采购，将可能给创新药的市场份额和药品价格造成不可弥补的损失。在这种情况下，结合案件的实际情况，原研药企业要求仿制药企业予以赔偿并无不妥。

---

① 参见上海知识产权法院民事判决书，(2015)沪知民初字第213号。

② 参见最高人民法院民事判决书，(2018)最高法民再第8号。

③ 参见最高人民法院民事判决书，(2020)最高法知民终1658、1659号。

随着知识产权保护力度的加强,仿制药企业在申请药品挂网前,应充分评估该仿制药是否落入创新药的专利保护范围。因为一旦落入专利权保护范围,无论是司法机关,还是专利行政管理机关,都极有可能将其挂网采购行为认定为许诺销售行为,仿制药企不仅无法继续参与挂网采购,还有可能面临损害赔偿的法律责任。

# 医院药品采购相关行为的性质探析*

## 引　言

药品是事关公众健康乃至生命安全的特殊商品，各国对其上市销售均设置了严格的审评审批程序。与此同时，在中国，医院采购药品使得病患能够通过医生开具的处方从医院购买药品，是药品销售的最主要渠道①。药品获得上市审批后要通过医院渠道进行销售，还需要经过诸如申请进入医保目录、挂网、参加招标采购等一系列程序，这些行为均发生在医院实际采购药品（药品销售行为）之前，更在病患获得药品之前。依据《专利法》的相关规定，实施专利的行为包括制造、使用、销售、许诺销售和进口五种。那么，如果仿制药的技术方案落入创新药的专利保护范围，仿制药为进入医院销售渠道而实施的一系列行为，是否构成许诺销售或销售，进而构成专利侵权呢？本文拟从专利法角度，并结合近年司法实践，探析仿制药申请进入医保目录的行为，挂网行为，参加招标采购行为及参加定量集采行为的性质以及其法律责任。

## 一、仿制药申请进入医保目录的行为是否构成许诺销售

药品作为非自费药品进入医院渠道进行销售，首先需要向国家医疗保障局（以下简称国家医保局）申请进入国家医保目录。以国家医保局《2022年国家基本医疗保险、工伤保险和生育保险药品目录调整工作方案》及相关文件的规定为例，创新药进入医保目录，需要经过五个阶段，即准备、申报、专家评审、谈判/竞价及公布结果。其中，专家评审阶段需组织药学、临床、药物经济学、医保管理、工伤

---

* 本文原载于《中国专利与商标》2022年第4期。

① 当然，药品也可以不进入医院的销售渠道，而直接在药店上架销售。但鉴于一则这并非药品在中国销售的最主要渠道和盈利来源，二则该行为不涉及本文将探讨的药品进入医院销售渠道前的几个行为，故药品直接进入药店销售不属于本文的讨论范畴。

等方面专家开展联合评审，形成拟直接调入、拟谈判/竞价调入、拟直接调出、拟按续约规则处理四方面药品的建议名单。同时，论证确定拟谈判/竞价药品的谈判主规格、参照药品和医保支付范围，以及药品目录凡例、药品名称剂型、药品甲乙类别、目录分类结构、备注等调整内容。①

那么，仿制药申请进入医保目录的行为是否构成许诺销售或销售，进而构成专利侵权？

广州知识产权法院就默沙东（中国）投资有限公司诉广东东阳光药业有限公司侵害发明专利纠纷权案作出的（2020）粤73知民初1838号民事判决书认为，一方面，仿制药申请进入医保目录的行为不属于《专利法》第11条规定的实施专利的行为，"东阳光公司向国家医疗保障局申报被诉侵权药品名单进入医保目录，虽然是为获得审查批准后将该药品纳入国家医保目录进行销售，属于以生产经营为目的，但仿制药品许可持有人向国家医疗保障局申请将该仿制药纳入国家医保目录的申报行为，不属于实施本案专利权的行为。况且东阳光公司申报进入目录行为在申报过程中自动终止，并未继续进行后续阶段的行为，2020年医保药品目录并未将被诉侵权产品纳入目录名单，故申报进入医保目录行为本身并不属于专利法条款所规制的实施专利的侵权行为……故不构成侵害专利权"。

另一方面，仿制药申请进入医保目录的行为亦不构成许诺销售行为，"许诺销售，是指以做广告、在商店橱窗中陈列或者在展销会上展出等方式作出销售商品的意思表示。许诺销售为法律行为，而意思表示属于法律行为的核心。意思表示作为私法概念，是以实现私法效果为目的，设立、变更、终止民事权利义务的表意行为，追求私法目的是其最终目的，故许诺销售行为应当是以追求私法效果为目的所实施的法律行为。而被诉侵权行为是向特定的行政机关申报行为，这一行为并非为商品销售而进行的展销行为或者陈列行为。虽然医药企业向行政机关申请仿制药品进入医保药品目录具有生产经营目的，但申报对象是履行国家医保职责的行政机关，不能据此认定为许诺销售……即使仿制药品通过国家医疗保障局所设定的程序，通过层层遴选进入国家医保目录，只要仿制药企业并未再进一步，申请将仿制药挂网向社会销售，难以认定构成《专利法》上的许诺销售行为"。

法院在判决中还指出，"东阳光公司向国家医疗保障局申请将被诉侵权仿制

---

① 参见《2022年国家基本医疗保险、工伤保险和生育保险药品目录调整工作方案》"三、工作程序"。

药纳入国家医保目录，即向行政机关申请将其获得生产批件的仿制药纳入国家医保目录，该行为本质上系请求国家行政机关给予行政许可的行为”。根据国家医保局《基本医疗保险用药管理暂行办法》的规定，药品只有经国家医保局审查批准通过后才能进入医保目录，进而纳入医疗保险用药范围，并用医保基金支付，也在一定程度上表明医保目录准入的行政许可属性。有观点认为，除了行政许可属性，医保目录准入同时具有私法属性，因为在谈判/竞价阶段中，国家医保局代表医疗机构与申报企业就拟纳入医保目录的药品采购进行协商时，具有合同相对人的身份属性，进而认为，前述判决没有考虑到医保目录准入的私法属性和国家医保局的“双重”身份，仅以医保目录准入属于行政许可行为，申报对象是行政机关而非药品消费者，并非向不特定的社会公众作出销售商品的意思表示为由，认定申报进入医保目录行为不构成许诺销售，只有仿制药企业进一步申请将仿制药挂网才构成许诺销售，有待商榷。仿制药申报进入医保目录行为在一定程度上具有销售药品的意思表示效果，可能构成许诺销售。①

笔者认为，仿制药申请进入医保目录的行为尽管具有销售药品的意思表示，而进入医保目录应当视为仿制药为挂网而做的准备。实际上，在创新药进入医保目录后，仿制药申请进入医保目录只需要证明其与创新药有同样的活性成分，在医保代码生成后，即可录入医保电子系统，进而进入医保目录。仿制药也可以自行决定从医保目录中退出。作为仿制药上市销售过程中一个相对独立的步骤，申请进入医保目录的行为与面向不特定多数人作出要约邀请的许诺销售行为存在一定差异，毕竟国家医保局在该环节中仅是进行价格谈判，而并不会在该环节中与申请进入医保目录的企业签署协议。事实上，真正与仿制药企业签署协议的是医疗机构（医院）。因此，不应当将仿制药申请进入医保目录的行为认定为许诺销售行为。

## 二、仿制药挂网是否构成许诺销售

### （一）什么是“药品挂网”

药品挂网并没有明确定义，一般指的是“药品挂网采购”，是药品集中采购过程中的一个特殊行为，主要是指药品生产企业通过网上采购信息平台，在招标办

① 孙喜：《案例评析：申报进入医保目录行为是否构成专利法意义上的许诺销售?》，载微信公众号“知产前沿”，2022年6月2日。

公室制定的限价范围内进行报价,高价者淘汰,低价者按价格由低到高确定入围药品品种,再由生产企业通过信息平台与医院签订供货合同。

1993 年之前,各地医院独立采购所需药品,这种不透明、不公开的分散采购模式引发了一些问题。1999 年 8 月,原国务院体改办在《关于药品集中招标采购问题的情况汇报》中首次提出“药品集中招标采购”的概念。2001 年 11 月,原卫生部等部门联合印发《医疗机构药品集中招标采购工作规范(试行)》,标志着全国县级以上公立医疗机构正式全面开展药品集中招标采购。2015 年 2 月,国务院办公厅印发《关于完善公立医院药品集中采购工作的指导意见》,是省级药品集中招标采购的里程碑式文件。2018 年 3 月,国家医保局组建,其职责之一就是指导药品集采规则制定和集采平台建立。而药品挂网作为药品集中采购中的一环,其行为具有政策性、行政性和复杂性。①

### (二)仿制药挂网是否构成许诺销售

实践中,创新药的专利权人大多会选择仿制药企业在各地集采平台申报挂网时,以该行为构成许诺销售为由,向法院提起专利侵权诉讼或向专利行政管理部门投诉,要求仿制药企业停止挂网行为。我国司法、行政管理部门也多倾向于认定上述行为构成许诺销售。例如,在江苏豪森与山德士公司侵犯专利权纠纷案中,山德士公司指控豪森公司参与药品的集中采购活动构成许诺销售,豪森公司称并未向福建省不特定的医疗机构作出销售被控侵权产品的意思表示。最高人民法院在其(2020)最高法知民辖终 290 号民事裁定中认为,豪森公司将被控侵权产品挂网采购的行为属于向福建省内的医疗机构表示其愿意出售被控侵权产品的行为。鉴于所指控的上述侵权行为发生地在福建省福州市,根据最高人民法院的相关批复,发生在福建省辖区内有关专利的第一审知识产权民事案件均由福州市中级人民法院管辖,故原审法院有管辖权。在该案中,最高人民法院在裁定中回避了许诺销售的评述,认为该行为是否构成《专利法》第 11 条规定的许诺销售行为,应当由原审法院进行实体审理予以确定,但其关于管辖权的认定实质上倾向于认为被控侵权产品挂网的行为构成许诺销售的侵权行为。②

有观点认为,药品挂网涉及多方面复杂因素,因此不宜简单地、“一刀切”式地将与药品挂网相关的行为都认定为许诺销售。例如,对于药品挂网过程中相对独

---

① 许波:《区分不同情形 平衡各方利益——浅析药品挂网是否构成许诺销售的判定依据》(上),载《中国医药报》2021 年 1 月 25 日,第 4 版。

② 李占科:《药品专利侵权的禁令救济及应对》,载微信公众号“知产前沿”,2021 年 10 月 13 日。

立存在的资质申报行为,如果将其认定为许诺销售,则意味着即使是在专利权期限届满前的最后1天,仿制药企业也不能进行资质申报,只有待专利权期限届满后,才能开启申报挂网并进行后续的报价、投标、销售等环节,这将会导致专利权保护期限变相延长。更进一步来看,如果简单地将药品挂网认定为许诺销售,会直接影响药品的可及性。因此,需要立足我国国情、结合基本事实进行详细的法律分析论证。[①]

笔者认为,前述观点值得商榷。我国司法实践中对于许诺销售行为的认定也经历了变化。2001年发布的最高人民法院《关于审理专利纠纷案件适用法律问题的若干规定》第24条规定,"专利法第十一条、第六十三条所称的许诺销售,是指以做广告、在商店橱窗中陈列或者在展销会上展出等方式作出销售商品的意思表示"。北京市高级人民法院发布的《专利侵权判定指南(2017)》第107条及国家知识产权局2019年发布的《专利侵权纠纷行政裁决办案指南》进一步将发生在"网络"上的类似行为列举为常见的许诺销售行为。因此,在网上作出销售产品的意思表示,一旦产品落入他人的专利权保护范围,将构成许诺销售,进而构成侵犯专利权。仿制药企业将药品在各省集中采购平台上挂网,明确作出了其有该药品,药品价格以及希望医疗机构进行采购的意思表示,是一种要约邀请行为。通常情况下,公立医院将根据自身需求,从在采购平台挂网的采购目录中进行选择,再经过医院相关的采购流程,如药事会的评议等,最终确定采购何种药品。也就是说,药品在采购平台上挂网,可以视为面向拟在该采购平台上采购药品的不特定的医疗机构作为销售该药品的意思表示。加之挂网药品必须是已经获得上市许可的药品,已经完全具备了可以生产、销售的条件,因此,药品挂网销售行为构成《专利法》意义上的许诺销售行为。

有观点认为,挂网涉及流程繁多,如包括资质申报、审核公示、报价投标、中标、采购、配送等,最终才能销售到医院,因此,需要区分不同环节,对挂网行为加以区分对待。[②] 笔者认为,一方面,采购、配送是发生在医院进行采购以及合同签订之后履行合同的行为,这些行为实际上已经构成了销售,不属于药品挂网采购的范围。而药品挂网本身应作为一个完整行为看待,也不宜再细分为各个不同的

---

① 许波:《区分不同情形 平衡各方利益——浅析药品挂网是否构成许诺销售的判定依据》(上),载《中国医药报》2021年1月25日,第4版。

② 许波:《区分不同情形 平衡各方利益——浅析药品挂网是否构成许诺销售的判定依据》(上),载《中国医药报》2021年1月25日,第4版。

环节,分别进行认定。这与专利侵权认定的惯常做法并不相符。另一方面,各地均采取措施简化和加速药品挂网的进程,以便能够推动实现药品的可及性,这也使药品挂网流程得以大大加速。创新药企之所以在仿制药挂网阶段就努力制止其挂网行为,是因为一旦仿制药挂网,则可能会有数量众多的医院将与其签署采购协议,创新药企所面临的如何制止药品在众多医院销售的困难局面,无论是维权成本还是维权效果,都难以尽如人意。这也正是 TRIPs 协议中明确将许诺销售行为认定为专利侵权行为,而认为其应予制止的原因所在,即《专利法》中禁止许诺销售行为旨在将侵权行为控制在萌芽状态,以避免侵权产品扩散导致的专利权人损失进一步扩大以及进一步导致的行政、司法成本进一步增加等负外部性问题。①

(三)仿制药是否被纳入医保是否影响对其构成许诺销售的认定

实践中,是否进入医保目录并非药品挂网的必要条件,也就是说,挂网的药品包括没有被纳入医保目录的药品,这部分药品一旦被医院采购,将作为自费药品,由患者自行承担。是否进入医保主要考虑的是药品的价格因素,即医保谈判主要是从经济学和临床角度进行的价格谈判,谈判确定的价格往往低于国际市场价格。可见,仿制药是否被纳入医保目录,并不会影响对于其挂网行为构成许诺销售的认定。

## 三、仿制药参加招标采购是否构成许诺销售

许诺销售是向特定或非特定主体作出的愿意销售或将要销售专利产品(包括依照专利方法直接获得的产品)、愿意提供或将要提供专利方法的表示行为。司法判例中一般以是否上市流通、经营者出售产品的意思表示来进行分析认定。一般来说,许诺销售行为发生在实际销售之前,其行为目的是实际销售。实践中,实际销售的目的可以是直接表示愿意销售,如寄送价目表、参加拍卖、参加招标等,也可以是间接表示将要销售,如展览、公开演示等。

如前所述,药品挂网实际上是药品招标采购中的一个必要步骤,与药品招投标密不可分。药品挂网行为表明了仿制药希望在该区域进行销售的意愿,构成许诺销售,那么其在挂网后参与招标采购的行为同样也应认定为构成许诺销售。

---

① 唐铁军、王宇明:《从"利伐沙班"案看药品许诺销售侵权行为规制的司法实践变迁》,载微信公众号"知产前沿",2022 年 7 月 21 日。

在齐鲁制药与北京四环制药侵犯专利权纠纷案中,原审原告北京四环公司以原审被告齐鲁制药公司在一审法院辖区内参加药品集采招投标行为构成许诺销售提起诉讼,齐鲁制药公司提起管辖权异议,被一审法院驳回后不服提起上诉。最终内蒙古自治区高级人民法院作出(2016)内民辖终16号民事裁定书,认为许诺销售是指某种产品已符合进入市场流通领域的各项条件,且经营者明确表示将该产品出售于社会公众的意思表示。本案中,涉案注射液产品已经通过GMP认证,取得了国家药监局的批准文号,即已经具备了在市场上销售的资格。另外,其在呼和浩特市参与内蒙古自治区药品集中采购的投标行为,表明其有在呼和浩特市市场出售涉案产品的意愿,应属《专利法》意义上的许诺销售行为。[①]

药品集中招标采购是指多个医疗机构通过药品集中招标采购组织,以招投标的形式购进所需药品的采购方式。药品集中招标采购的目的是保证城镇职工基本医疗保险制度的顺利实施,从源头上规范医疗机构药品购销工作,减轻社会医药费用负担。2018年11月14日,中央全面深化改革委员会第五次会议审议通过《国家组织药品集中采购试点方案》,明确了国家组织、联盟采购、平台操作的总体思路。2018年11月15日,经中央全面深化改革委员会同意,国家组织药品集中采购试点,试点地区范围为北京、天津、上海、重庆以及沈阳、大连、厦门、广州、深圳、成都、西安11个城市(以下简称"4+7城市")。试点地区委派代表组成联合采购办公室作为工作机构,代表试点地区公立医疗机构实施集中采购,日常工作和具体实施由上海市医药集中招标采购事务管理所承担,并发布文件《"4+7"城市药品集中采购文件》,其中文件注明在化学药品的采购时,需要约定采购量。2019年11月26日,国家医保局印发《关于做好当前药品价格管理工作的意见》,明确深化药品集中带量采购制度改革,坚持"带量采购、量价挂钩、招采合一"的方向,促使药品价格回归合理水平。

许诺销售是一种法定的、独立的侵权行为方式,其民事责任承担不以销售是否实际发生为前提;但当达成销售合意时,即不再属于许诺销售的范畴,而是销售。[②] 因此,如果仿制药落入创新药的保护范围,则其参加包括集中采购、带量采购在内的招投标行为均构成许诺销售。而如果其最终签署了相关采购协议,则该行为将进一步构成销售行为。

① 李占科:《药品专利侵权的禁令救济及应对》,载微信公众号"知产前沿",2021年10月13日。
② 参见最高人民法院行政判决书,(2021)最高法知行终451、702号。

## 四、许诺销售的法律责任

我国司法实践中对于许诺销售的侵权行为人所需承担的法律责任也经历了从认为许诺销售侵权没有造成损害为由不赔偿，到许诺销售侵权可以造成合理推知的损害、可以单独判赔的转变。

在“吡唑醚菌酯”一案中，上海知识产权法院在其(2015)沪知民初字第213号民事判决书中针对被告在上海世博展览馆举办的第十四届全国农药交流会暨农化产品展览会上的许诺销售侵权行为，并未支持原告巴斯夫公司的侵权赔偿诉讼请求，仅支持了维权合理支出，其理由是“关于赔偿数额，因被告实施的许诺销售行为并未造成原告专利产品市场份额的减少从而导致其产生实际损失，故本院对于原告的经济损失赔偿之诉请不予支持”。在北京华捷盛机电设备有限公司与深圳市鼎盛门控科技有限公司侵害外观设计专利权纠纷案中，最高人民法院在(2018)最高法民再8号民事判决书中指出，“被申请人实施许诺销售行为，再审申请人并未举证证明该行为给其造成的实际损失，也未举证证明被申请人通过侵权行为获得的利益。综合考虑被诉侵权行为的性质、特点，对于华捷盛公司要求鼎盛公司赔偿经济损失的诉讼请求不予支持。关于合理支出，再审申请人并未就其主张的2万元提供足够的证据予以支持，但考虑到再审申请人委托律师参与本案诉讼，故对其主张的合理支出，本院酌情予以支持”。

而在青岛青科重工有限公司诉青岛晨源机械设备有限公司侵害实用新型专利权纠纷案中，最高人民法院则认为，“许诺销售行为的目的虽指向销售行为，但许诺销售行为是一种法定的独立的侵权行为方式，许诺销售侵权行为的民事责任承担不以销售是否实际发生为前提。许诺销售行为一旦发生，因被诉侵权人许诺销售的价格通常低于专利产品的价格，会对潜在消费者产生心理暗示，影响专利产品的合理定价；或导致消费者放弃购买专利产品转而考虑与被诉侵权人联系，造成延迟甚至减少专利产品的正常销售。此外，被诉侵权人许诺销售行为还可能对专利产品的广告宣传效果造成不利影响。可见，许诺销售行为的存在，将会给专利权人造成专利产品的价格侵蚀、商业机会的减少或者延迟等损害，这种损害是可以合理推知的结果。权利有损害必有救济，除非法律另有特殊规定，该救济即应当至少包括承担停止侵害和赔偿损失这两种最基本的侵权民事责任形式，而不是只承担其中一种形式……专利权人难以举证证明其因许诺销售行为遭受的具体损失时，可以法定赔偿方式计算损害赔偿数额”。在该案中，青岛晨源机械设备有限公司关于在许诺销售行为造成损失或其因此获利难以证明的情况下，其只需承担赔偿权利人维权合理开支的上诉主张不能成立。在侵权人仅实施了许诺销售行为的情况下，其侵权损害后果可能轻于实际销售的损害后果。因此，确定被诉侵权人就许诺销售行为应当承担的民事责任，特别是具体赔偿金额时，应着重考虑在案证据反映的侵权恶意与侵害情节，基于案情予以区分。① 类似观点在东莞市猎兔硅胶科技有限公司与深圳市科安硅胶制品有限公司侵害实用新型专利权纠纷上诉案等案件②中也有体现。

笔者认为，许诺销售发生在实际销售之前，给专利权人造成的实际损失也往往尚未发生。按照民事赔偿的填平原则，尽管《专利法》中明确了专利侵权的法律责任为停止侵权和损害赔偿，但往往由于很难证明许诺销售行为给专利权人造成了实际损失，通常情况下，许诺销售行为不承担赔偿责任，而对于专利权人维权的合理开支，则可以予以支持。但在某些纠纷中，如果专利权利可以证明许诺销售行为对其造成了实际损失，则侵权人应该对该部分损失予以赔偿。这应当结合个案的具体情况作出具体的分析和认定。认为《专利法》并没有排斥许诺销售侵权行为可以适用损害赔偿的法律责任，而一概认为只要实施了许诺销售的侵权行为，即使没有实际损失发生，也可以按照法定赔偿标准，要求侵权人承担损害赔偿责任的观点值得商榷。但对于药品而言，有必要考虑其特殊性，一旦仿制药挂网，参与招标采购，尤其是参与带量集采，将可能给创新药的市场份额和药品价格造成不可弥补的损失。在这种情况下，结合案件的实际情况，要求仿制药予以赔偿并无不妥。

## 五、实现创仿平衡和保护公共利益，不能只关注仿制药的利益

目前有些观点在探讨药品政策时，强调保护公共利益，甚至在探讨创仿平衡时，也更强调要保护仿制药的利益。药品事关公众生命健康，因此，药品政策具有很强的公共属性。但实现药品的可及性更需要关注创仿平衡。没有创新药，仿制药也无从可仿，最终损害的是患者的利益。

应当看到，创新药在仿制药最终实现销售的整个过程中，几乎承担了全部风险。姑且不论创新药的研发投入，即使是在创新药完成全部研发和上市申报，最

① 参见最高人民法院民事判决书，(2020)最高法知民终1658、1659号。

② 参见最高人民法院民事判决书，(2021)最高法知民终470、511号。

终获得上市批件后,创新药实际上仍旧扮演着为仿制药进入医保目录和挂网“扫清障碍”的角色。如前所述,一旦创新药完成医保谈判,纳入医保目录,仿制药只要证明其与创新药具有同样的活性成分,即可在医保代码生成后,录入医保电子系统,被纳入医保目录。在药品挂网采购中,也可以随时跟进创新药的进度,完成挂网。事实上,整个医保谈判、挂网采购的时间、成本及不确定性基本上是由创新药承担。在这种情况下,创新药自然希望能够占有市场份额,实现药品销售,收回研发投入,并获得利益。

而一旦仿制药完成挂网,其将进入招标采购,特别是带量采购阶段,这将可能给创新药造成无法弥补的损失。一方面,考虑到成本产出收益,并非所有的创新药都愿意参与带量代购,而一旦仿制药成功进入带量采购,创新药既定的药品价格体系将受到破坏,创新药的市场份额也将被极大削减;另一方面,仿制药挂网后,不特定多数的医疗机构均是其潜在的签约对象,创新药将不得不耗费大量精力、时间、财力开展维权,而事实上,面对数量众多的医疗机构,维权效果很难尽如人意。这也是为什么多数创新药试图在挂网阶段就制止仿制药的原因。

实现药品可及性涉及多个部门的法律、法规及政策。因此,在探讨创仿平衡的时候,应当同时关注创新药和仿制药两个产业。而就专利制度而言,其本身是保护创新的制度。专利制度中有数个涉及药品的制度规则,但也不宜要求其中所有的制度设计都要考虑仿制药的利益、公共利益。只有对创新药予以充分保护,使之有进行新药研发的动力,并在此基础上,通过多个制度、政策的共同作用,促进创新药和仿制药共同发展,最终实现药品可及。

# 仿制药参加集采挂网行为的性质认定*

## ——兼评最高人民法院(2021)最高法知民终1158号民事判决书

### 引 言

2023年2月27日,最高人民法院就山德士(中国)制药有限公司(以下简称山德士公司)与江苏豪森药业集团有限公司(以下简称豪森药业)侵害发明专利权纠纷一案作出(2021)最高法知民终1158号民事判决。在该案中,最高人民法院认为,仿制药企业为参加地方组织的药品集中采购活动而向地方药品集中采购平台提交企业及药品资质等申报材料的行为构成《专利法》意义上的许诺销售行为。而部分学者及仿制药企对这一观点则持有异议,认为考虑到药品的可及性,对仿制药应保持一定的宽容度,禁止仿制药参与离专利到期前最近一次的集采,将会导致专利权保护期限变相延长,并直接影响药品的可及性。① 若实际销售发生在专利保护期届满后,即使在专利保护期内存在许诺销售行为,也不宜认定为侵权。

本文拟结合药品集采挂网的特征、《专利法》中"许诺销售"的来龙去脉及其性质,就仿制药在专利保护期尚未届满期间参加集采挂网行为是否构成《专利法》意义上的许诺销售行为进行探讨。

### 一、药品集采及其特征

药品作为事关公众健康乃至生命安全的一种特殊商品,各国对其上市销售均设置了严格的审评审批程序。在中国,医院采购药品使得病患能够通过医生开具

---

* 本文原载于微信公众号"知产前沿",2023年10月19日。

① 董炳和:《仿制药集采挂网侵犯许诺销售权吗?(之二)》,载 https://mp.weixin.qq.com/s/dTubS3xJ6ztELQV6eutgKg,最后访问时间:2023年9月14日。

的处方从医院购买药品，是药品销售的最主要渠道①。药品获得上市审批后要通过医院渠道进行销售，还需要经过诸如申请进入医保目录、挂网、参加招标采购等一系列程序。

"药品集中招标采购"的概念首次出现是在1999年8月原国务院经济体制改革办公室在《关于药品集中招标采购问题的情况汇报》中。2001年11月，原卫生部等部门联合印发《医疗机构药品集中招标采购工作规范（试行）》，标志着全国县级以上公立医疗机构正式全面开展药品集中招标采购。2015年2月，国务院办公厅印发《关于完善公立医院药品集中采购工作的指导意见》，是省级药品集中招标采购的里程碑式文件。2018年3月正式组建的国家医疗保障局，其职责之一就是指导药品集采规则制定和建立集采平台。而在药品集采之前，还有一个环节就是药品挂网，作为在药品集中采购中的一环，药品挂网行为具有政策性、行政性和复杂性。②

药品集中招标采购，是指多个医疗机构通过药品集中招标采购组织，以招投标的形式购进所需药品的采购方式。药品集中招标采购的目的是保证城镇职工基本医疗保险制度的顺利实施，从源头上规范医疗机构药品购销工作，减轻社会医药费用负担。2018年11月14日，中央全面深化改革委员会第五次会议审议通过《国家组织药品集中采购试点方案》，明确了国家组织、联盟采购、平台操作的总体思路。2019年1月1日，国务院办公厅印发《国家组织药品集中采购和使用试点方案》（国办发〔2019〕2号），明确提出，"选择北京、天津、上海、重庆、沈阳、大连、厦门、广州、深圳、成都、西安11个城市，从通过质量和疗效一致性评价（含按化学药品新注册分类批准上市，简称一致性评价，下同）的仿制药对应的通用名药品中遴选试点品种，国家组织药品集中采购和使用试点，实现药价明显降低，减轻患者药费负担；降低企业交易成本，净化流通环境，改善行业生态；引导医疗机构规范用药，支持公立医院改革；探索完善药品集中采购机制和以市场为主导的药品价格形成机制"。2019年12月10日，国家医保局印发《关于做好当前药品价格管理工作的意见》，明确深化药品集中带量采购制度改革，坚持"带量采购、量价挂

① 当然，药品也可以不进入医院的销售渠道，而直接在药店上架销售。但鉴于一则这并非药品在中国销售的最主要渠道和盈利来源，二则该行为不涉及本文将探讨的药品进入医院销售渠道前的几个行为，故药品直接进入药店销售不属于本文的讨论范畴。

② 许波：《区分不同情形 平衡各方利益——浅析药品挂网是否构成许诺销售的判定依据》（上），载《中国医药报》2021年1月25日，第3版。

钩、招采合一”的方向，促使药品价格回归合理水平。2021 年 1 月 22 日，国务院办公厅印发《国务院办公厅关于推动药品集中带量采购工作常态化制度化开展的意见》（国办发〔2021〕2 号），进一步明确：“所有公立医疗机构（含军队医疗机构，下同）均应参加药品集中带量采购，医保定点社会办医疗机构和定点药店按照定点协议管理的要求参照执行”“省级药品集中采购机构要依托药品集中采购平台，以医保支付为基础，在药品集中采购主管部门领导下，对招标、采购、交易、结算进行管理，提高透明度。省域范围内所有公立医疗机构应在本省（自治区、直辖市）药品集中采购平台上采购全部所需药品。加强药品集中采购平台规范化建设，统一基本操作规则、工作流程和药品挂网撤网标准，统一医保药品分类和代码，统一药品采购信息标准，实现省际药品集中采购信息互联互通，加快形成全国统一开放的药品集中采购市场，建立健全医药价格和招采信用评价制度，依法依规实行全网动态守信激励和失信惩戒。促进医保信息平台、国家药品供应保障综合管理信息平台、区域全民健康信息平台和全国信用信息共享平台信息共享。”

药品生产企业如要与公立医疗机构进行带量药品集中采购交易，就需要参加由省级（包括若干市一级）人民政府药品集中采购部门组织的药品集中采购活动，当同一种药品入围地方药品集中采购平台的生产企业达 3 家及以上的，还应当采取招标采购方式进行。所谓“提交药品集中采购申报材料”，是指药品生产企业为参加地方政府药品集中采购部门组织的药品集中采购活动，通过相关地方药品集中采购平台向所在地方的药品集中采购部门提交申请及企业和药品资质证明材料。药品生产企业从递交企业和药品资质申报材料到申报的药品最终在药品集中采购平台成功挂网，其间须经过若干轮公示，如公示相关部门对药品生产企业递交材料的审核结果、公示入围企业及其药品集中采购结果、公示最终入围品种、公示药品采购价格及零售价格等，至于具体公示流程、公示环节、公示内容在不同地区或者同一地区的不同时期未必完全一致。但是，可以确定的是，上述公示环节的存在，意味着药品生产企业参加地方组织的药品集中采购活动所申报的药品无论最终能否在所在地方药品集中采购平台成功挂网，其通过平台提交企业和药品资质申报证明材料将会被共同参与该次药品集中采购活动的同行企业、组织药品集中采购工作的有关部门以及当地公立医疗机构所看到。[1] 也有观点认为，药

① 参见最高人民法院民事判决书，(2021) 最高法知民终 1158 号。

品集采并不是法律意义上的采购或招标。[①]

笔者认为,从前述药品集采的步骤和过程来看,除了因为涉及公共健康,对于相关药企的资质有特殊要求外,与一般的招标、采购在本质上并无二致,因此,认为药品集采不构成法律意义上的招标采购的观点值得商榷。至于说药企成功挂网并不会在药企与公立医疗机构之间建立起对双方都有约束力的买卖合同关系,药企仍然面临着很大的不确定性,笔者认为,从法律规定本身来看,是否成立买卖合同关系,并不影响对其行为的定性。

## 二、许诺销售的含义与性质

### (一)《专利法》中"许诺销售"的含义

2000 年《专利法》第二次修改增加了关于"许诺销售"的规定,即发明和实用新型专利权被授予后,除本法另有规定的以外,任何单位或者个人未经专利权人许可,都不得实施其专利,即不得为生产经营目的制造、使用、许诺销售、销售、进口其专利产品,或者使用其专利方法以及使用、许诺销售、销售、进口依照该专利方法直接获得的产品。2008 年《专利法》第三次修改进一步增加了关于外观设计专利的"许诺销售"的规定。

1. 国际公约及其他国家的相关规定

我国《专利法》关于"许诺销售"的规定源自 TRIPs 协议的相关规定。TRIPs 协议第 28 条第 1 项规定:"一专利授予其所有权人下列专有权利:(一)如一专利的客体是产品,则防止第三方未经所有权人同意而进行制造、使用、许诺销售(offering for sale)、销售或为这些目的而进口该产品的行为;……"关于"许诺销售"的具体规定,给各成员国留下了空间。

关于"许诺销售"的概念,最早由欧共体提出,对于"offering"一词,也作出了较为宽泛的理解。无论是英国法院的判决[②]还是德国马普知识产权研究所的相关论著[③]都指出,专利法中的"offering"一词并不应该仅仅被理解为合同法中"要约",而应该从商业活动意义上予以理解,旨在防止他人妨碍专利独占权的行为,

① 董炳和:《仿制药集采挂网侵犯许诺销售权吗?(之二)》,载 https://mp.weixin.qq.com/s/dTubS3xJ6ztELQV6eutgKg,最后访问时间:2023 年 9 月 14 日。

② Gerber Garment Tech. Inc. v. Lectra Sys. Ltd., 13R. P. C. 383,411 – 12 (United Kingdom Patents Court 1995).

③ Amiram Benyamini: Patent Infringement in the European Community, IIC studies Vol. 13:117.

因此,"offering"的方式无关紧要,无论是书面方式、口头形式,还是通过电话、电传,抑或显示、展示或者广告以及任何其他方式,任何商业意义上的提供专利产品的意思表示(any expression of willingness)都应当构成侵犯专利权的行为。①

美国也是在加入 WTO 时增加了关于"许诺销售"的规定,但法律上规定的是"offer to sale"。这与《美国专利法》之前"先发明制"的背景有关。1998 年美国联邦最高法院的判决指出,只要发明人在其发明申请日的 1 年之前就其发明创造涉及的产品作出销售要约(offer for sale),即使没有实际销售,也构成《美国专利法》第 102 条(b)款所述的"on sale"行为,足以影响该发明的新颖性。而 1994 年则是在第 271 条(a)款增加了禁止"offer to sale",即禁止许诺销售的规定。尽管两者的政策出发点不同,前者旨在敦促专利权人尽早申请专利,防止损害公共利益,后者旨在保护专利权人的权益,但对于两者的概念,美国联邦最高法院采取了统一的解释,即均解释为"销售要约",其保护范围小于欧洲的规定,因此也受到诟病。②

2. 与合同法中"要约邀请"和"要约"的关系

鉴于 TRIPs 协议中"许诺销售"对应的术语是"offering",与合同法中的要约"offer"和要约邀请"invitation to offer"都涉及同一个词汇"offer",那么,"许诺销售"是否与合同法中的概念相对应呢?至少从前述欧共体(欧盟)的相关立法和司法实践上来看,专利法中的"许诺销售"的概念的范围比合同法的要约和要约邀请要宽泛。

如果将许诺销售理解为"出售专利产品或提供专利方法的意思表示",那么,许诺销售就其法律性质而言,可能是:(1)要约邀请,如寄送广告、价目表、拍卖公告等。(2)要约,如符合要约规定的广告、参与招投标等。有观点认为,许诺销售还可能涵盖。(3)承诺,对他人向其表示要求购买专利产品或要求提供专利方法之要约表示完全同意,至于对方是否知道承诺人为无权利人在所不问。就(2)和(3)而言,一个合同的要约与承诺是分别由两个不同主体作出的且两者密切对应而共同形成一个法律行为,而前述(2)中的要约与(3)中的承诺可能是不相关连的,如由不同主体作出的毫不相干的意思表示行为,或者由同一主体作出的两个内容不同的意思表示,两者根本不可能形成一个合同。并且包括要约邀请在内的

---

① 尹新天:《中国专利法详解》,知识产权出版社 2011 年版,第 138 - 139 页。

② 尹新天:《中国专利法详解》,知识产权出版社 2011 年版,第 140 - 141 页。

所有许诺销售都只是单方且非法律行为。[①]

笔者认为,无论是否涵盖承诺行为,专利法中的许诺销售并非仅仅对应合同法中的要约或要约邀请的概念。在这个层面上,我国《专利法》在立法过程中并没有直接援用合同法的概念,而将"offering for sale"翻译为"许诺销售"。

3. 我国专利法中许诺销售的含义

《专利法》规定侵犯他人专利权的要承担侵权责任,因此必须关注谁是侵权者的问题。而禁止未经专利权人许可进行"offering for sale"行为的规定,针对的显然应当是专利产品的潜在提供方,而不是潜在接受方。换言之,即使提供方是按照接受方发出的销售要约提供侵权产品,而不是其主动所为,也仍然要承担侵犯专利权的责任。而关于该术语的中文翻译,考虑到无论采用"销售的要约"还是采用"销售的要约邀请"的表述方式均存在问题,相关法条的起草者认为与其直接采用《合同法》的表述方式,不如在《专利法》中单独创立一个措辞,故暂且采用了"许诺销售"的表述方式。最终经讨论,立法者认为"许诺销售"的表述方式基本上反映了原文的含义,并最终在《专利法》中保留这一术语。[②]

我国《专利法》中对于"许诺销售"的概念的具体界定,最直接、最明确的应该是2001年最高人民法院《关于审理专利纠纷案件适用法律问题的若干规定》(法释〔2001〕21号)中第24条的规定,许诺销售是指以做广告、在商店橱窗中陈列或者在展销会上展出等方式作出销售商品的意思表示。此后,最高人民法院对相关司法解释进行了三次修订,对于"许诺销售"的内涵没有作出实质性变动,即"专利法第十一条、第六十九条所称的许诺销售,是指以做广告、在商店橱窗中陈列或者在展销会上展出等方式作出销售商品的意思表示"。尽管司法解释中列举了三种典型的"许诺销售"的行为方式,但"等"字则为认定其他"作出销售商品的意思表示"的行为是否能够认定为"许诺销售"留下了解释的空间。

(二)许诺销售是一种独立的专利侵权行为

1. 专利法与著作权法关于具体权利内容之规定的立法逻辑

我国《专利法》和《著作权法》对于具体权利内容的规定采用了不同的立法模式。《专利法》第11条采用了"禁止性"或者说"排他性"规定的立法模式,而《著作权法》第10条第1款则采用"肯定性"或者说"列举式"规定的立法模式。有观

---

① 王华、卢雪华:《许诺销售及其法律性质之探讨》,载《井冈山师范大学学报(哲学社会科学版)》2004年第4期。

② 尹新天:《中国专利法详解》,知识产权出版社2011年版,第143页。

点认为,无论是专利权还是著作权,在性质上都是消极权利,即禁止权,都不包含权利人自己实施的内容。禁止未经授权的行为,就是有权授权的必然后果。将著作权法中的修改权,即"修改或者授权他人修改作品的权利",解释为作者不但有权利自己修改还有权利授权他人修改,那就意味着他人既不得妨碍作者本人修改,也不得拒绝权利人的授权,在法律上十分荒谬。

这个观点值得商榷。无论是专利法的"禁止性"立法模式,还是著作权法的"肯定性"立法模式,都应该包含两方面内容:其一,权利人自身有权利实施相关权利,包括禁止他人妨碍自己实施的权利;其二,权利人有权授权他人实施相关权利,并禁止他人未经授权的行为。尽管从法律责任承担的角度来说,强调的是权利人授权的权利,但并不能因此否认权利人自己实施的权利。

依据"权利法定"原则,似乎著作权法中规定的各项权利内容比专利法中的权利内容更具有法律上的正当性。法院在个案中需要就具体被诉行为与《专利法》第11条所规定的制造、使用、许诺销售、销售和进口行为之间建立起对应关系。只要符合《专利法》中规定的五种侵权行为的构成要件,且不符合专利侵权例外规定的情形,就应当被认定为侵犯专利权的行为。

但这并不意味着这些行为之间具有关联关系,或者其中一个行为构成侵权,应以另一个行为的存在为前提或条件。无论是《专利法》中的五种行为,还是《著作权法》中的十七项具体权利,都应该是独立的行为或权利,认定各个行为的成立并不必然具有关联性。

2. 许诺销售与销售的关系

许诺销售与销售具有关联性,销售是许诺销售的目的,许诺销售是销售的"准备",基于此,有观点认为,许诺销售与销售之间不是两种并列的行为,而是侵权产品投入市场流通的两个不同阶段。在既有许诺销售又有销售的情况下,许诺销售是销售的"准备",销售是许诺销售的"接续"。许诺销售并不必然导致销售,销售也完全可以在没有许诺销售的情况下得以实现。许诺销售是为了销售而作出的许诺,销售既是许诺销售的目的,也是许诺销售的结果。许诺销售应当发生在实际销售之前。在实际销售发生之后,许诺销售的"许诺"已经变成了现实,"许诺"作为一种单方的意思表示已经被包含在了买卖双方的"合意"即合同当中,不再具有独立的法律意义,在法律上通常也就没有必要再将许诺销售单独作为一种侵权行为来追责。[①] 这种观点实际上将许诺销售行为混同于间接侵权行为。未经专利权人许可而进行许诺销售行为是直接侵犯专利权的行为,而不是间接侵犯专利权的行为。《专利法》第 11 条将许诺销售行为平行地列为五种实施专利的行为之一,这表明许诺销售行为与其他四种实施行为一样,都可以单独构成侵犯专利权的行为,其成立与否不取决于行为人是否同时或者随后还进行了其他实施行为。[②]

事实上,无论许诺销售体现为"要约"还是"要约邀请",能否达成销售合意,主要取决于所涉及客体的市场价值以及当事人的条件和要价,并不取决于销售的意思表示在形式上是要约还是要约邀请。即使是一个要约,如果客体没有什么市场价值或者要价过高,同样有可能根本不会达成合意;即使是一个要约邀请,也有可能会很快达成合意。许诺销售行为本身就单独构成一种侵犯专利权的行为,认定许诺销售行为构成侵犯专利权的行为不需要以发生实际销售行为作为前提条件,因此何时能够达成销售合同以及何时实际交付有关产品对许诺销售行为的认定并不重要。无论是销售要约还是销售要约邀请,法律所关注的是它们同样都表达了销售专利产品的意愿,都是产生实际销售行为的前兆,这才是"许诺销售"所要予以制止的行为。[③]

在这个层面上,最高人民法院在其判例中对许诺销售行为是独立的专利侵权行为作出了明确认定,"许诺销售行为既可能发生在产品制造完成之后,也可能发生在产品制造完成之前,既可能发生在产品销售之前,也可能发生在销售过程中。许诺销售行为的目的虽指向销售行为,但许诺销售行为是一种法定的独立的侵权行为方式"。[④] "许诺销售行为,其既可以针对特定对象,也可以针对不特定对象,针对特定对象作出销售产品意思表示的定向投送亦属于许诺销售。许诺销售行为既可以是发出要约,也可以是发出要约邀请。当销售产品的意思表示内容明确具体时,即可认定存在许诺销售行为。缺少有关价格、供货量以及产品批号等关于合同成立的条款,并不影响对许诺销售行为的认定。"[⑤]

---

① 董炳和:《仿制药集采挂网侵犯许诺销售权吗?(之一)》,载 https://mp.weixin.qq.com/s/v2W3xcAYu3DWZsQKlAJvZA,最后访问时间:2023 年 9 月 14 日。

② 尹新天:《中国专利法详解》,知识产权出版社 2011 年版,第 145 页。

③ 尹新天:《中国专利法详解》,知识产权出版社 2011 年版,第 144 页。

④ 参见最高人民法院民事判决书,(2020)最高法知民终 1658 号。

⑤ 参见最高人民法院行政判决书,(2021)最高法知行终 451 号;最高人民法院行政判决书,(2021)最高法知行终 702 号。

3. 许诺销售不以被控侵权产品实际已经存在为前提

有观点认为,《专利法》第 11 条规定的各种行为存在内在的逻辑关联,不能割裂。以产品专利为例,产品的制造是使用、许诺销售和销售的基础,换个角度说,使用、许诺销售和销售是制造行为的延续。利用专利技术制造出了产品,然后才有后续的使用、许诺销售和销售,因此会有关于权利穷竭或首售原则以及合法来源抗辩的相关规定。①

笔者认为,许诺销售作为一项独立的实施专利权的行为,或者专利权人有权禁止他人未经授权实施的行为,其成立并不以侵权产品的实际存在为前提。侵权产品是否实际存在,即被控侵权产品是否被实际制造出来,并不影响对于许诺销售行为的认定。这一点从各国司法实践可见一斑。在德国联邦最高法院 2006 年判决的"辛伐他汀案"中,BE GmbH 在报纸上通告将在涉案专利有效期届满后上市仿制药,法院并未考虑是否存在侵权产品实物的因素,而直接判定被告构成了许诺提供类的侵权。美国最高法院在 1998 年判决的 Pfaff v. Wells Electronics, Inc. 一案中指出,销售阻却(on sale bar)的一年期限从商业许诺销售开始算(offered for sale commercially),而不是从发明付诸实践(reduce to pactice)起算。②

如前所述,从许诺销售自身的含义来看,其范围比合同法上的要约和要约邀请要宽泛。合同法上发出要约和要约邀请时,并不要求已有产品实际存在,那么在认定许诺销售侵权时也不应采取更为严格的标准。作为一种独立的行为,不应将其与制造行为捆绑,否则将加重原告的举证负担。只要侵权人发出要约邀请或要约,即便产品并不存在,也可能导致本想购买专利产品的客户转而等待侵权人提供的产品,实际侵害了专利权人的利益。最高人民法院在(2021)最高法知行终 451 号行政判决中,也再次明确了许诺销售的独立性。许诺销售行为的目的指向销售行为,是一种法定的、独立的侵权行为方式,其民事责任承担不以销售是否实际发生为前提。许诺销售在性质上系销售者的单方意思表示,并非以产品处于能够销售的状态为基础,只要存在明确表示销售意愿的行为即可认定为许诺销售。当双方达成合意时,即不再属于许诺销售的范畴,而是属于销售。因此,当销售产品的意思表示内容明确、具体时,即可认定存在许诺销售行为。缺少有关价格、供

---

① 董炳和:《仿制药集采挂网侵犯许诺销售权吗?(之二)》,载 https://mp. weixin. qq. com/s/dTubS3xJ6ztELQV6eutgKg,最后访问时间:2023 年 9 月 14 日。

② 孙倩:《被控侵权产品不存在亦可构成许诺销售》,载《人民司法》2016 年第 11 期。

货量以及产品批号等关于合同成立的条款,并不影响对许诺销售行为的认定。①

当然,在没有侵权产品实际存在的情况下,如何进行侵权比对是另一个话题,在本文中不作赘述。

既然许诺销售行为作为独立的侵权行为方式,其构成和认定与销售、制造没有必然的关联性,权利穷竭或首售原则抗辩也就没有了适用的空间。至于合法来源抗辩,依据《专利法》的规定,使用、许诺销售、销售不知道是未经专利权人许可而制造并售出的专利侵权产品,能证明该产品合法来源的,并不是不视为侵犯专利权的行为,而依旧是侵权行为,依旧需要承担停止侵权的法律责任,但可以不承担赔偿责任。

## 三、仿制药集采挂网行为的性质

### (一)仿制药集采挂网行为构成许诺销售

#### 1. 仿制药集采挂网符合许诺销售专利侵权的构成要件

依据药品集采的相关规定,在药品参加集采之前,还需要进行挂网,指的是药品生产企业通过网上采购信息平台,在招标办公室制定的限价范围内进行报价,高价者淘汰,低价者按价格由低至高确定入围药品品种,再由生产企业通过信息平台与医院签订供货合同。而药品挂网作为在药品集中采购中的一环,其行为具有政策性、行政性和复杂性。②

实践中,原研药的专利权人大多会选择仿制药企业在各地集采平台申报挂网时,以该行为构成许诺销售为由,向法院提起专利侵权诉讼或向专利行政管理部门投诉,要求仿制药企业停止挂网行为。我国司法、行政管理部门也倾向于认为上诉行为构成许诺销售,包括本文所讨论的山德士公司与豪森药业的专利侵权纠纷案,也是同样的结论。

我国司法实践中对于许诺销售行为的认定也经历了变化。2001 年发布的最高人民法院《关于审理专利纠纷案件适用法律问题的若干规定》第 24 条规定,“专利法第十一条、第六十三条所称的许诺销售,是指以做广告、在商店橱窗中陈列或者在展销会上展出等方式作出销售商品的意思表示”。随着时代的发展,北京市高级人民法院发布的《专利侵权判定指南(2017)》第 107 条及国家知识产权局

---

① 参见最高人民法院行政判决书,(2021)最高法知行终 451 号。

② 许波:《区分不同情形 平衡各方利益——浅析药品挂网是否构成许诺销售的判定依据》(上),载《中国医药报》2021 年 1 月 25 日,第 3 版。

2019年发布的《专利侵权纠纷行政裁决办案指南》进一步将发生在“网络”上的类似行为列举为常见的许诺销售行为。因此,在网上作出销售产品的意思表示时,一旦产品落入他人的专利权保护范围,将构成许诺销售,进而侵犯专利权。仿制药企业将药品在各省集中采购平台上挂网,明确作出了其希望医疗机构采购药品的意思表示,是一种要约邀请行为。通常情况下,公立医院将根据自身需求,从在采购平台挂网的采购目录中进行选择,再经过医院相关的采购流程,如药事会的评议等,最终确定采购何种药品。也就是说,药品在采购平台上挂网,可以视为面向拟在该采购平台上采购药品的不特定的医疗机构作为销售该药品的意思表示,加之挂网药品必须是已经获得上市许可的药品,已经完全具备了可以生产、销售的条件,因此,药品挂网销售行为构成《专利法》意义上的许诺销售行为。

原研药企之所以在仿制药挂网阶段就努力制止其挂网行为,是因为一旦仿制药挂网,则可能会有数量众多的医院与其签署采购协议,原研药企所面临的如何制止药品的众多医院销售的困难局面,无论是维权成本还是维权效果,都难以尽如人意。这也正是TRIPs协议中明确将许诺销售行为认定为专利侵权行为,而认为其应予制止的原因所在,即《专利法》中禁止许诺销售行为旨在将侵权行为控制在萌芽状态,以避免侵权产品扩散导致的专利权人损失进一步扩大以及进一步导致的行政、司法成本进一步增加等负外部性问题。①

而发生在挂网之后的集采,则更是表明了仿制药希望在其参与集采的区域进行销售的意愿,一旦仿制药落入原研药的保护范围,则其参加包括集中采购、带量采购在内的招投标行为均构成许诺销售。而如果其最终签署了相关采购协议,则将进一步构成销售行为。

2. 药品集采的特殊性不能成为否认其构成许诺销售的理由

如前所述,药品集采具有很强的政策性、行政性和复杂性。但是,这些特殊性并没有改变药品集采本身的行为性质。《专利法》第11条明确规定了包括许诺销售在内的五类侵犯专利权的行为,同时第75条规定了五类不视为侵犯专利权的行为,也就是这五类行为符合侵权构成要件,但出于公共利益与私权平衡等因素考虑,不将这五类行为视为侵犯专利权。

药品集采,尤其是仿制药集采的特殊性在于其目的是降低药价,并以此作为

---

① 唐铁军、王宇明:《从“利伐沙班”案看药品许诺销售侵权行为规制的司法实践变迁》,载https://mp.weixin.qq.com/s/kI1O_1arYoiKurvew9Ytww,最后访问时间:2022年7月31日。

实现药品可及性的一个环节，而且药品集采有“窗口期”，因此可能导致专利保护期限届满，仿制药因为错过了集采“窗口期”无法及时上市，进而导致专利保护期的变相延长。但这并不是专利法需要考虑和解决的问题，而属于药品法的考虑范畴。专利权作为私权，专利法作为以“保护专利权人的合法权益，鼓励发明创造”为首要目的的法律，在关注公共利益的同时，首先关注的是专利权人合法利益(私权)的保护，并不能指望用专利法解决所有药品相关的问题。

在《专利法》的范畴内，仿制药在专利保护期内参与集采的行为，符合许诺销售行为的构成要件，依据《专利法》的相关规定，就应当承担相应的法律责任。

(二)许诺在专利到期后销售专利产品构成许诺销售

那么，问题回到了仿制药参与离专利保护期届满最近的一次集采，并承诺在专利到期后再进行销售，是否构成许诺销售，也就是在专利保护期内许诺在专利到期后销售专利产品，是否构成许诺销售？

1. 关于许诺在专利到期后销售专利产品之行为性质的争论

自德国联邦最高法院的“辛伐他汀案”案后，这个问题一直存有争议。在该案中，被告在专利保护期届满前的数周内，在报纸上通告，其将在专利到期后销售相关药品。德国最高法院认为，许诺销售是一项独立的实施样态，必须独立加以判定。即便一个没有结果的要约，没有导致真正的销售行为，也不妨碍构成专利侵权。从禁止许诺提供专利产品的目的出发，审判团确信，专利权人在保护权存续期间，对所有侵权行为(因此也包括许诺销售)都应该享有一样的救济权。无论是狭义的侵权行为如制造或者进口行为，还是准备阶段的行为如许诺销售，只要符合了法定要件而并非属于预备状态的，在专利保护期间，都应不予区分地给予保护，据此认定被告的行为构成许诺销售，侵犯了原告的专利权。[①]

尽管德国最高法院的观点是目前的主流观点，但也存在不同的声音。Heinrich Tetzner 认为前述行为不侵犯专利权。他认为，一方面，专利期限届满之后是自由时间，指向自由时间的法律行为，不应被认定非法。既然专利期限届满后的制造和提供行为不违法，那么认为这些合法行为的准备行为(许诺提供或者销售)非法，是自相矛盾的。另一方面，从促进市场透明和竞争的角度来看，如果认定这类行为违法，无疑将实际地延展了专利权人的垄断地位的期限，因为竞争者无法

① 张韬略：《许诺在专利期限结束后销售专利产品是否构成侵权——从德国联邦最高法院的“辛伐他汀”案说起》，载《电子知识产权》2010 年第 7 期。

快速有效地在专利期限之后供应专利产品。如果允许竞争者在专利权行将结束之前进行制造准备,并允许其通告相关利益人,则相关消费者将面对更加透明的市场,这有助于削弱专利权人在专利保护期届满之后初期的垄断。①

也有观点认为,这类行为在特殊情况下构成专利侵权。Karl Nastelski 指出,根据德意志帝国法院判决,在专利保护结束之前,允许缔结制造专利产品的合同,只要制造行为仅出现于专利保护期结束之后。据此可以推论,帝国法院支持竞争者在专利期满行将结束之前的许诺销售行为。因为既然缔结合同本身是合法的,那么至少也适用其预备阶段即许诺销售。但是,缔结合同是合同双方的内部行为,而许诺销售除了单一报价行为,一般是针对公众的,因此,需要根据案情的细节作出判断,如果许诺销售的方式扰乱市场并因而对专利权人造成商业损害,则应当认为构成专利侵权。②

我国最高人民法院在 2003 年 10 月提出的《关于审理专利侵权纠纷案件若干问题的规定》草案也曾建议:"在专利期限届满前,他人虽然作出将要销售专利产品的意思表示,但明确表示在专利权届满之后才能获得该产品的,不属于《专利法》第十一条和第六十三条规定的许诺销售。"该建议要求行为人必须在其意思表示中明示在专利权届满之后才会提供专利产品,此时不属于《专利法》规定的许诺销售行为,一方面可以合理、适当地限制了许诺销售行为的范围,有利于维护公众的合法利益;另一方面又不至于产生法律适用上的困难和概念上的混淆。但该建议最终没有被采纳。③

2. 允许仿制药在专利保护期内许诺专利到期后销售将使原研药面临严峻的专利侵权风险

尽管存在不同观点,但我国司法解释和司法实践倾向于认为,即使是承诺了在专利保护期届满后再行销售,在专利保护期内许诺的行为也构成许诺销售。其核心理由是许诺销售属于独立的实施形态,因此,被许诺销售的商品是否投放市场、何时投放市场、在哪里投放市场,都不影响许诺销售行为的构成。

在我国,药品行政监管部门、医保集采部门与专利行政管理部门之间各司其

---

① 张韬略:《许诺在专利期限结束后销售专利产品是否构成侵权——从德国联邦最高法院的"辛伐他汀"案说起》,载《电子知识产权》2010 年第 7 期。

② 张韬略:《许诺在专利期限结束后销售专利产品是否构成侵权——从德国联邦最高法院的"辛伐他汀"案说起》,载《电子知识产权》2010 年第 7 期。

③ 尹新天:《中国专利法详解》,知识产权出版社 2011 年版,第 145 页。

职。事实上,在之前很长一段时间内,参与医保挂网、招标采购并不会考虑是否存在专利侵权的情况,而更关注挂网或参与招标采购的药品是否获得了上市许可,符合安全性、有效性的要求,仿制药即使侵犯了专利权,依旧可以通过招标采购进入医院进行销售,给原研药的维权造成极大困难。因此,许多原研药在仿制药挂网时,就基于许诺销售提起了侵权诉讼,希望尽可能将侵权行为扼杀在仿制药上市之前。

如果允许仿制药在专利保护期内许诺专利到期后再行销售,一旦药品通过招标采购的流程,就可以进入医院渠道进行销售,事实上,目前没有任何措施可以制止通过集采的仿制药进行销售,而采购的医院可能并不会考虑相关仿制药是否侵权,这将使得原研药面临极其严峻的专利侵权风险,不仅无法正当维权,也将极大增加其侵权监控和维权的成本。

## 四、实现药品可及性不能一味考虑仿制药的利益,而不考虑原研药的利益

有观点认为,出于公共健康和药品可及性的考虑,例如,考虑我国以仿制药为主的国情,参照 TRIPs 协议框架下对于没有药品生产能力的发展中国家和最不发达国家药品可及性的考量,考虑《专利法》中有利于仿制药的 Bolar 例外规定以及药品专利纠纷早期解决机制似乎更有利于仿制药的制度设计,以此主张对仿制药应当保留一定的宽容度。①

笔者认为,第一,药品可及性的实现,需要原研药和仿制药的平衡发展,而不能只一味考虑仿制药的利益。如果没有原研药进行药品创新,仿制药将无药可仿,实现药品可及性将沦为一纸空谈。而如果没有好的保护创新的环境,将极大打击原研药的创新积极性。因此,在制定法律和政策,不能一味向仿制药倾斜,而完全不考虑原研药的利益。

第二,药品可及性的实现,需要各个部门、原研药企、仿制药企通力合作。尤其是我国,药品上市审批、药品集采、药品政策制定等分属不同部门,与专利行政管理的重合更少。需要从更高层面建立合作沟通机制,以推动实现药品可及性。专利权是私权,专利法是私法,药品法是公法,具有公共政策属性,不能试图依靠私法,如限缩《专利法》中"许诺销售"的适用,解决公法领域的问题。

---

① 董炳和:《仿制药集采挂网侵犯许诺销售权吗?(之三)》,载 https://mp. weixin. qq. com/s/Xwn57 - bFEdt4hjdjVswkaA,最后访问时间:2023 年 9 月 14 日。

第三，在目前的药品政策环境下，不宜限缩“许诺销售”的适用。其一，如前所述，医院在进行药品采购时，并不会考虑相关仿制药是否侵权，而是基于对集采结果的信赖，开展药品采购工作。其二，国外对于尚在专利保护期内的药品的仿制药，只会核发临时批件，而只有当专利到期或者专利挑战成功后，才会核发永久批件。持有临时批件的仿制药并不能进行销售。而我国并没有临时批件，甚至即使仿制药基于药品专利纠纷早期解决机制提交了三类声明，在其上市批件上，也并不会标注专利到期时间，仿制药是否上市销售，全凭自觉，这显然是原研药无法接受的。其三，有观点认为最高人民法院对于恶意串通、阻碍仿制药在专利到期后上市的行为保持警惕，但这也并不是限制“许诺销售”适用的理由，而属于反垄断法的适用范畴。至于仿制药在专利到期前获得原研药的专利许可，得以提前上市，是专利权人积极行使自己权利的结果，但并不能以此为由，不当限制专利权人禁止他人未经许可实施许诺销售等侵犯其专利权的行为。

综上，无论是从目前的法律规定上，还是从仿制药参加集采挂网的具体行为构成上看，仿制药在专利保护期内挂网和参与集采的行为均符合许诺销售侵权行为的构成要件。在现行专利法的制度框架下，应当予以制止。

# 补充实验数据提交、<br>试验数据保护、中药保护

# 药品试验数据保护制度应尽早落地*

## 一、药品试验数据保护制度及与药品专利纠纷早期解决机制的关系

1.药品试验数据保护制度

药品创新事关人类生命安危和公众健康福利。出于对药品安全性考虑,各国药品监管机构对于创新药物的临床试验数据都提出很高的评价标准。药品试验数据是在临床前试验及临床试验中获得的关于药品的药理、性能、疗效等方面的数据的集合,这些数据是承载药品是否符合安全性、有效性及质量可靠性等信息的重要载体,也是药监部门评价创新药是否符合上市标准,并作出是否批准药品上市申请行政决定的重要依据。①

新药研发是一个风险高、投资大、周期长的过程,使药品试验数据具有获取周期长、成本高、商业价值突出、易被"搭便车"等特点,这类数据本身却往往因为不符合《专利法》所规定的"新颖性""创造性""实用性"要件而无法获得《专利法》的保护。而如果不对这类数据予以保护,仿制药企可以无偿利用上述试验数据申请仿制药上市的"搭便车"行为,对于投入大量时间、金钱和精力的原研药生产商而言显然是不公平的。药品试验数据保护制度通过赋予原研药企对于药品试验数据以一定期限的市场独占权的方式保护原研企业利益。在独占期内,药品行政机关不能依赖相关试验数据来批准仿制药上市(具体表现形式可以是不受理或不批准仿制药的上市申请),在独占期限届满后,仿制药企只需提交其仿制药与原研药具有生物等效性的简易申请即可获批上市,而无须重复开展原研药企已经实施过的临床试验。可以说,药品试验数据保护制度设立的直接目的在于通过对原研

---

* 本文原载于微信公众号"知产前沿",2023年9月11日。

① 李慧、宋晓亭:《药品创新与可及视角下中药品种保护制度的完善——以欧美药品试验数据保护制度为借鉴》,载《中国软科学》2021年第11期;褚童:《TRIPS协定下药品试验数据保护研究》,复旦大学2014年博士学位论文。

企业药品试验数据的保护，保护原研药企权益，鼓励药品创新，促进医药行业正向发展。[①] 同时，有观点认为，该制度至少还具有以下两方面更深层的公共卫生目的：其一，通过设置独占期，确保能在有限范围内检测新药的疗效及毒副作用；其二，使仿制药无须实施大量的重复研究工作，得以依赖原研药的试验数据，通过提交的简易生物等效性数据申请上市，通过促成仿制药的简化上市，兼顾了药品的可及性。[②]

2. 药品试验数据保护制度与药品专利纠纷早期解决机制的关系

药品试验数据保护制度始于美国1984年的《药品价格竞争与专利期补偿法案》(Drug Price Competition and Patent Restoration Act)，也就是通常所说的Hatch – Waxman法案。尽管对于其中具体实施规则、法律术语的界定始终存在争议，但药品试验数据保护制度作为Hatch – Waxman法案保护药品的四项制度规则之一被确立了下来。

随后，药品试验数据保护制度被纳入TRIPs协议，其第39.3条规定："各成员如要求，作为批准销售使用新型化学个体制造的药品或农业化学物质产品的条件，需提交通过巨大努力取得的、未披露的试验数据或其他数据，则应保护该数据，以防止不正当的商业使用。此外，各成员应保护这些数据不被披露，除非为保护公众所必需，或除非采取措施以保证该数据不被用在不正当的商业使用中。"至此，药品试验数据保护制度成为WTO成员国的义务。

Hatch – Waxman法案关于药品保护的另外三项制度规则均与专利相关，分别是药品专利期延长制度(PTE)、药品专利链接制度(patent linkage)和Bolar例外。通过这四项制度的共同作用，以期实现保护创新、鼓励仿制，创仿平衡，促进药品可及性及社会福祉的制度设计目的。而Hatch – Waxman法案中，就药品试验数据保护制度与专利链接制度的关系而言，法案规定，仿制药企只有在原研药试验数据保护期届满前12个月方可提起简略新药申请(ANDA)，但药监部门并不会因此提前批准仿制药申请，遏制期依旧从原研药试验数据保护期届满起计算，也就是说，如果仿制药在试验数据保护期届满前12个月提起ANDA申请，整个遏制期将延长至42个月。这一规定一方面充分保障原研药享有完整的数据独占期，另一方面使仿制药可以提前提交上市申请，尽早上市。

---

① 程文婷：《试验数据知识产权保护的国际规则演进》，载《知识产权》2018年第8期。

② 李慧、宋晓亭：《药品创新与可及视角下中药品种保护制度的完善——以欧美药品试验数据保护制度为借鉴》，载《中国软科学》2021年第11期。

## 二、我国关于药品试验数据保护的相关规定

1. 行政法规

2001 年我国成为 WTO 的成员国,TRIPs 协议作为 WTO 成员国义务,其确立了各成员国知识产权保护的最低标准。药品试验数据作为“未披露信息”的一种,应获得相应保护。为履行入世承诺,2002 年发布施行的《药品管理法实施条例》第 35 条规定:

“国家对获得生产或者销售含有新型化学成份药品许可的生产者或者销售者提交的自行取得且未披露的试验数据和其他数据实施保护,任何人不得对该未披露的试验数据和其他数据进行不正当的商业利用。

自药品生产者或者销售者获得生产、销售新型化学成份药品的许可证明文件之日起 6 年内,对其他申请人未经已获得许可的申请人同意,使用前款数据申请生产、销售新型化学成份药品许可的,药品监督管理部门不予许可;但是,其他申请人提交自行取得数据的除外。

除下列情形外,药品监督管理部门不得披露本条第一款规定的数据:

(一)公共利益需要;

(二)已采取措施确保该类数据不会被不正当地进行商业利用。”

2016 年和 2019 年《药品管理法实施条例》修改,针对相关内容,除了条款调整为第 34 条外,相关文字表述未作任何调整。

2022 年 5 月 9 日发布的《药品管理法实施条例(修订草案征求意见稿)》第 40 条仅在措辞上做了调整,规定:

“第四十条 [数据保护]国家对获批上市部分药品的未披露试验数据和其他数据实施保护,药品上市许可持有人以外的其他人不得对该未披露试验数据和其他数据进行不正当的商业利用。

自药品上市许可持有人获得药品注册证书之日起 6 年内,其他申请人未经药品上市许可持有人同意,使用前款数据申请药品上市许可的,国务院药品监督管理部门不予许可;其他申请人提交自行取得数据的除外。

除下列情形外,药品监督管理部门不得披露本条第一款规定的数据:

(一)公共利益需要;

(二)已采取措施确保该类数据不会被不正当地进行商业利用。”

目前,前述《药品管理法实施条例》的规定是我国目前药品试验数据保护制度

的法律效力层级最高的法律依据，在行政法规层面对药品试验数据保护予以保护是明确的。

2. 部门规章

与《药品管理法实施条例》相配套，2002 年发布实施的《药品注册管理办法（试行）》第 14 条第 1 款规定："按照《药品管理法实施条例》第三十五条的规定，对获得生产或者销售含有新型化学成份药品许可的生产者或者销售者提交的自行取得且未披露的试验数据和其他数据，国家药品监督管理局自批准该许可之日起 6 年内，对其他未经已获得许可的申请人同意，使用其未披露数据的申请不予批准。但是其他申请人提交自行取得数据的除外。"

2005 年发布实施的《药品注册管理办法》第 14 条规定，"对获得生产或者销售含有新型化学成份药品许可的生产者或者销售者提交的自行取得且未披露的试验数据和其他数据，国家食品药品监督管理局自批准该许可之日起 6 年内，对未经已获得许可的申请人同意，使用其未披露数据的申请不予批准。但是申请人提交自行取得数据的除外"。

2007 年修改的《药品注册管理办法》第 20 条规定，"按照《药品管理法实施条例》第三十五条的规定，对获得生产或者销售含有新型化学成份药品许可的生产者或者销售者提交的自行取得且未披露的试验数据和其他数据，国家食品药品监督管理局自批准该许可之日起 6 年内，对未经已获得许可的申请人同意，使用其未披露数据的申请不予批准；但是申请人提交自行取得数据的除外"。

由前述条款的规定可见，《药品注册管理办法》的规定事实上仅仅是对《药品管理办法实施条例》规定的重复，并没有任何进一步的细化规定。

2017 年 10 月，中共中央办公厅、国务院办公厅发布《关于深化审评审批制度改革鼓励药品医疗器械创新的意见》，其中规定，"（十八）完善和落实药品试验数据保护制度。药品注册申请人在提交注册申请时，可同时提交试验数据保护申请。对创新药、罕见病治疗药品、儿童专用药、创新治疗用生物制品以及挑战专利成功药品注册申请人提交的自行取得且未披露的试验数据和其他数据，给予一定的数据保护期。数据保护期自药品批准上市之日起计算。数据保护期内，不批准其他申请人同品种上市申请，申请人自行取得的数据或获得上市许可的申请人同意的除外"。

基于此，2018 年 4 月 25 日，原国家药监局就《药品试验数据保护实施办法（暂行）（征求意见稿）》向社会公开征求意见。这是我国第一次就药品试验数据保护出台具体实施规则。可能是考虑到该实施办法即将出台,2020 年发布实施的《药品注册管理办法》废止的 2007 年的办法,删除了对药品试验数据保护的直接规定,而是在其第 109 条第 3 款规定:“未经申请人同意,药品监督管理部门、专业技术机构及其工作人员、参与专家评审等的人员不得披露申请人提交的商业秘密、未披露信息或者保密商务信息,法律另有规定或者涉及国家安全、重大社会公共利益的除外。”依据 TRIPs 协议的相关规定试验数据属于未披露信息,因此也可以适用该条款的规定。

但由于《药品试验数据保护实施办法(暂行)(征求意见稿)》争论颇大,迄今未能通过,实际上,我国关于药品试验数据保护的相关规定仍停留在《药品管理法实施条例》和《药品注册管理办法》的原则规定层面,而缺乏具体的、具有可操作性的实施规则。换言之,尽管为了符合 TRIPs 协议的相关规定,我国自 2002 年就有关于药品试验数据保护的原则规定,但具体实施办法迟迟未能落地。

## 三、药品试验数据保护制度未落地引发的问题

由于药品试验数据保护的具体实施办法迟迟未能确定,原研药企试图依据《药品管理法实施条例》及《药品注册管理办法》的相关规定主张药品试验数据保护,保护自身权益。制止仿制药企在其数据独占期内提交仿制药上市申请仅有原则规定,而缺乏具体操作规程和程序法依据,使 20 多年来,这一制度实际上沦为“一纸空谈”。

2020 年我国《专利法》完成第四次修改,并确立了药品专利纠纷早期解决机制。与美国 Hatch - Waxman 法案将所有与药品保护相关的制度规则均统一纳入一个法案,并使相关制度规则得以有效衔接并形成一个有机运行的整体不同,药品试验数据保护属于药品法范畴,药品专利纠纷早期解决机制、药品专利期补偿及 Bolar 例外属于专利法范畴,并分属不同的主管机关,因此,在制度衔接上,更有赖于部门的有效协作。

而在药品试验数据保护制度迟迟无法落地的情况下,使药品专利纠纷早期解决机制的具体实施产生了一些问题,主要体现为仿制药企是否可以随时提交仿制药上市申请及声明。

实践中,笔者发现,以下两种情形引发的争议尤为突出:

1. 仿制药企在原研药企尚未登记专利时抢先提交 1 类声明

根据《药品专利纠纷早期解决机制实施办法(试行)》第 4 条第 1 款之规定,

“药品上市许可持有人在获得药品注册证书后30日内，自行登记药品名称、剂型、规格、上市许可持有人、相关专利号、专利名称、专利权人、专利被许可人、专利授权日期及保护期限届满日、专利状态、专利类型、药品与相关专利权利要求的对应关系、通讯地址、联系人、联系方式等内容”。也就是说，原研药企在获得上市批件后，有30天在中国上市药品专利信息登记平台上进行其已获得上市批准的创新药的专利信息登记。但实践中，有些对于原研药企的创新药的审批流程密切关注的仿制药企，选择在创新药获批上市但原研药企尚未进行专利信息登记的空档期内，抢先提交仿制药上市申请，同时提交1类声明，即中国上市药品专利信息登记平台中没有被仿制药的相关专利信息。而即使随后原研药企在平台上进行了专利信息登记，仿制药企似乎依旧可以不受妨碍的获得上市批件，这显然对于原研药企是不公平的，将可能发生的专利侵权纠纷拖到了仿制药上市后再去解决，显然有悖于药品专利纠纷早期解决机制设计的初衷。

事实上，即使原研药发现仿制药提交的声明有误，或者抢先提交了带有1类声明的仿制药上市申请，从实体上和程序上，其并没有任何救济渠道，因为依据目前的制度设计，对于原研药的错误登记和仿制药的错误声明，法律规定上并没有规定任何纠错或救济机制。而如果实施了药品试验数据保护，这种问题或许就不会发生。

2. 仿制药企在原研药获得上市审批后随时提交仿制药上市申请，并能随时提起挑战

由于没有具体的药品试验数据保护制度的实施办法，原研药企无法向药监部门提交请求保护试验数据的申请，并据以获得试验数据的独占保护，因此，尽管《药品管理法实施条例》规定，“自药品生产者或者销售者获得生产、销售新型化学成份药品的许可证明文件之日起6年内，对其他申请人未经已获得许可的申请人同意，使用前款数据申请生产、销售新型化学成份药品许可的，药品监督管理部门不予许可”，也就是药品试验数据保护期为6年，实际上，药品试验数据保护期如何申请、如何获得、如何计算均没有具体规定，也无法实施，进而导致原研药企事实上无法获得药品试验数据的独占保护。这意味着，仿制药企可以随时提交仿制药上市申请，依赖于原研药企的试验数据获得仿制药上市审批，这显然对于原研药企极不公平，也有悖于《药品管理法实施条例》和TRIPs协议相关规定的制度设计目的。

在药品专利纠纷早期解决机制的实践中，这意味着仿制药企可以在原研药企

的创新药获批上市后的任何时候提交仿制药上市申请,并提起专利挑战。实践中也已经发生了相关纠纷。2022 年 10 月 18 日,罗氏制药在其官方账号中发布声明称,石药欧意获批的玛巴莎韦仿制药落入原研药专利的保护范围,呼吁各方不制造、销售或许诺销售相关产品,并已提起专利链接诉讼。在该案中,石药欧意在原研药获批仅 3 个月时即提交了上市申请,而该原研药的专利直至 2031 年才到期。那么,在此情况下石药欧意迅速提交仿制药上市申请是否被允许?该事件引发业内关于药品专利侵权、专利链接制度等广泛讨论。[①] 尽管该案中还有关于是否可以适用"新药检测期"的规定制止仿制药过早提交上市申请,但药品试验数据保护制度具体实施办法的缺位,是导致该类案件发生的根源所在。

## 四、推动药品试验数据保护制度尽快落地,完善药品专利纠纷早期解决机制

如前所述,尽管我国在入世时为履行 TRIPs 协议的承诺,在制度上规定了对药品试验数据予以保护,但相关制度的具体实施办法迟迟未能出台,使原研药企事实上无法获得药品试验数据保护。而《药品管理法实施条例》中规定的"新药检测期制度"无法完全替代药品试验数据保护制度,其与药品专利纠纷早期解决机制的衔接亦缺乏明确依据。

医药产业涉及原研药企、仿制药企、患者及社会福祉等多方利益。良性、可持续发展的医药产业需要兼顾原研药企、仿制药企的利益,实现创仿平衡,最终方能实现药品可及性,有效惠及患者,实现社会福祉。在这个层面上,美国 Hatch－Waxman 法案将涉及药品保护的相关规则统一纳入,并使之成为一个各个规则有机衔接、相互作用的整体,是值得肯定的。事实证明,Hatch－Waxman 法案经过四十多年的实践,也确实实现了法案最初的目的,达到了促进创新、鼓励仿制、创仿平衡,并实现药品可及性,降低公众用药成本的效果。

自 2015 年以来,我国关于药品实验数据保护制度规则落地的声音不绝于耳。历年两会代表均有提议并得到药监部门的正面回馈;2017 年 5 月原国家食药监总局《关于鼓励药品医疗器械创新保护创新者权益的相关政策(征求意见稿)》以及 2017 年 10 月中共中央办公厅、国务院办公厅《关于深化审评审批制度改革鼓励药

---

① 孙潭霖:《从罗氏声明探讨药品知识产权保护相关问题》,载微信公众号"中国医药创新促进会",2022 年 10 月 27 日。

品医疗器械创新的意见》均有关于药品试验数据保护制度的相关规定,国家药监局也起草了《药品试验数据保护实施办法(暂行)(征求意见稿)》,并向社会公开征求了意见,但相关实施办法却一直未能落地实施。应当看到,药品试验数据保护制度,除了保护原研药企的创新成果外,还肩负着药品监测的功能。如果药品的效果或毒副作用不明确,进而有仿制药开始大批仿制上市,则可能导致大规模的药害事件,这是我们所不想看到的。

药品可及性的实现需要原研药企和仿制药企平衡发展,原研药企需要有足够的市场独占时间收回投入的研发成本,同时培育市场,仿制药企方能在此基础上降低用药成本,实现药品可及。而允许仿制药企随时可以依赖原研药企投入大量时间、金钱和精力获得的试验数据获得仿制药上市审批,对于原研药企是不公平的,也将极大打击原研药企的创新积极性,事实上并不利于药品可及性和社会福祉的实现。

在药品专利纠纷早期解决机制的制度框架下,原研药企不得不从获得上市批件的那一刻起,就面临仿制药企的挑战,无论是仿制药企抢先提交带有 1 类声明的上市申请,还是随时随地提起专利挑战,都会使原研药企长期陷入专利纠纷的旋涡,并可能为此耗费大量精力后,依旧无法获得好的效果,由此丧失市场,所投入的成本无法收回,这既是原研药企所不乐见的,也是健康有序可持续发展的医药产业所不乐见的。

尽快推动药品试验数据保护制度落地,并实现其与药品专利纠纷早期解决机制的良性衔接,使原研药企对于所面临的挑战和市场有所预期,将更有利于推动医药产业的健康发展,实现“健康中国”的目标。

# 药品专利补充实验数据相关制度综述

药品专利补充实验数据问题，是指药品专利（通常是化学药品发明专利）申请人或者专利权人在专利授权确权程序中提交申请后取得的实验数据，用以证明药品专利申请或者已授权的药品专利符合《专利法》第22条第3款关于创造性的规定，或者符合第26条第3款关于充分公开的规定。相较于其他技术领域专利提交的补充实验数据通常会被行政部门或司法机关所接纳，药品专利申请人或专利权人补充提交的实验数据能否被接纳一直备受争议，也是创新药企与仿制药企关注的焦点，无论是专利行政机关的审查实践还是法院的司法实践的标准都不断做出调整。本文拟就国内外药品专利补充实验数据的相关制度规则进行梳理，并就我国目前药品专利补充实验数据的现状作出评述。

## 一、药品补充实验数据问题源于药品专利的特殊性

药品领域的专利保护制度存在一些区别于其他技术领域的特殊规定，诸如Bolar例外、专利保护期补偿制度、药品专利链接制度等都是药品专利领域特有或者源自该领域的特殊的制度安排。在专利授权确权程序中提交补充实验数据并非药品专利所特有，但只有药品专利补充提交试验数据的接纳标准往往成为相关案件争议的焦点，使药品专利补充实验数据问题也成为药品专利保护实践中特有的一个问题，其产生原因在于药品技术研发和药品专利具有区别于其他技术领域的特殊性。

1. 药品发明专利及其实验数据具有不同于其他技术领域的专利的特点

从技术上讲，药品发明专利与普通发明专利的创造性判断有很大不同。机械和电子类发明的技术效果通常可以通过技术方案本身即可获知，而无须一定要通过实验证据来证明其效果，增加或减少某个零部件对整个技术方案的影响往往可以根据该零部件的功能、结构等较为准确地推断。

药品发明专利则大为不同。化学属于典型的实验性科学，化学领域的药品研

发更是一种高度依赖于实验验证的创新性工作，药品发明成果治疗用途及其效果，往往难以依据产品结构本身进行预测，必须借助于试验结果加以证实才能得到确认。化合物结构差异的大小对于药效的影响往往不具有可预见性，难以通过物理方式精确计算和衡量，而需要通过经验的摸索，实验的验证，因此，证明技术效果的实验数据在药品专利的创造性的判断中具有至关重要的地位。鉴于此，药品专利审查要求药品专利必须借助于实验数据来证明其治疗用途或效果。我国专利审查指南专门针对化学领域的发明创造规定了一些特殊的审查规则，要求化学产品发明必须完整地公开该产品的用途和/或使用效果，如果所属技术领域的技术人员无法根据现有技术预测发明能够实现所述用途和/或使用效果，则说明书中还应当记载对于本领域技术人员来说，足以证明发明的技术方案可以实现所述用途和/或达到预期效果的定性或者定量实验数据。根据上述规定，申请药品专利，为了满足充分公开的要求，往往需要进行实验室试验（包括动物实验）或者临床试验并取得相关定性或者定量数据，用于证实药品发明成果具有专利说明书所述的治疗用途或效果。

2. 药品研发的特点，促使研发者尽早申请专利

药品研发领域具有高竞争性。在电子领域，一家大公司一年能够申请几千项发明专利，而在药品领域，即便是技术领先和资金雄厚的跨国制药公司，三五年甚至更长的时间才有可能发明一个新的药用化合物，究其原因在于，经过上百年的发展，新药的研发空间越来越窄，各大制药公司的研发方向和目标高度集中于很窄的研发领域，研发行为经常发生交集，大家都在相同的研发领域进行“你追我赶式”的竞争性研发，任何一家抢先形成了研发成果，必须在第一时间申请专利，否则被别人抢了先，就意味着前面的上十亿美元的投资和时间投入都泡了汤，而且未来可能取得的十几亿甚至几十亿市场收益也泡了汤。

另外，药品研发具有高投入、高风险的特点。根据 PhRMA 的统计，医药领域是研发投入最密集的行业，药品研发投入占销售额的 12%－20%，远高于包括计算机和通信在内的其他行业，每个新药的总研发费用从 20 世纪 70 年代的 1.79 亿美元增长到 2010 年左右的 25.58 亿美元；制药行业的研发产出比在各个行业中是最低的，研究显示，临床试验成功率从 20 世纪八九十年代的 21.5% 以上降低到 2000 年以后的 8%－11.7%，1995—2007 年总体临床试验成功率平均仅为约 11.83%（意味着约 88% 的药品在临床试验阶段夭折）甚至更低；从药物发现到获得上市审批可达 14.5 年，需要筛选平均 1 万个化合物才能获得 1 个批准上市的药

物;且与智能手机等领域一个产品动辄包含有上千个专利不同,每个药品列入FDA桔皮书的专利平均只有2.7个。[①] 可见,新药研发投入高、产出低、风险高、成功率低、研发周期长、专利数少,对专利保护具有独一无二的高度依赖性。

专利申请日是专利制度中一个非常重要的概念,基于先申请原则,专利申请日提交的专利申请的技术方案应当是完整的,否则提交不完整技术方案者将因可能抢先获得较早申请日而不当获得专利授权。简言之,没有完整的数据,不应或者无法获得专利授权。药品研发从化合物筛选到最终成药获批上市需要耗费很长的时间,投入巨额的人力、物力和财力,这其中有相当大的比重是用作各种实验(包括临床前实验和药品获批上市所需的三期甚至是四期的临床试验)。完整的数据是需要通过实验取得,这些实验需要高昂的资金作为支持方可实施。而没有获得授权的药品专利作为保障,投资方很难下定决心或不愿意进行投资。这种情况下,药品研发将会陷入一个无解的循环。这也是1995年年初美国在加入WTO后对药品专利的审查规则作出调整,不再要求在药品专利申请时就提交完整数据,而允许在专利申请提交后、专利审查授权时再补充数据的原因所在。

## 二、国外关于药品专利补充实验数据提交的相关规定

不同国家和地区的专利审查制度对于补充实验数据采取宽严不一的审查标准,但总体来说,在不允许申请日后补充的效果数据补充进说明书、不允许通过申请日后的补充提交的实验数据增加或改变原始文件记载的技术方案、申请日后提供的补充实验数据与申请文件中的技术相关性需要着重考虑这三大点上是统一的。只是,相比于美国对授权后获知的预料不到的效果相关证据也会列入考虑范围,欧洲更多以技术问题为考量,不改变技术问题的补充实验数据均可以被认为是相关的,而日本则更多地着眼于补充实验数据和说明书记载的关系。

1. 美国[②]

《美国专利法》第112条第1款规定,说明书必须"使所属领域或者最相关领域的技术人员能够制造和使用"。法院把能够实现的要求理解为专利权人必须公开足够信息,使本领域技术人员在没有过度实验的情况下实现所述发明,并提出

① 罗菊华:《浅谈国内医药创新知识产权保护的困境与破局》,载微信公众号"知产力",https://www.zhichanli.com/p/905379392,最后访问时间:2023年11月3日。

② 李彦涛:《药品专利审查中的补充实验数据》,载《知识产权》2019年第9期。

了八点考虑因素，即 Wands 因素[①]，但 Wands 因素并未将说明书记载以及专利申请日后提交实验数据作为一项重要的考虑因素，也甚少以说明书中对药品的效果描述不足驳回专利申请。

美国专利商标局的审查指南在第 2100 章第 2124 节关于基准日（critical reference date）规定，在特殊情况下，实际参考的文献不需要早于申请日，例如，用于证明普遍的事实[包括某种材料的特征或性质或科学常识（scientific truism）]的文献不必在申请日前能够作为现有技术获得，但不允许使用在后的事实性文献来判断申请是否可实施或申请是否按照《美国专利法》第 112 条第 1 款的要求来撰写。[②]同时，要求确定附加材料是否在原始申请中公开，确保发明人不能通过把后来的技术改进加入在先提交的申请中，从而不适当地扩大其专利范围。申请日后提交的材料不能不适当的扩大专利范围。但实务中仅限于限制补充技术方案本身，而非拒绝提供用于证明效果的实验数据。

对于申请日后提交的补充实验数据，美国还设置了宣誓书制度。根据《美国专利、商标和版权实施细则》（37CFR）1.132，申请日可以提交宣誓书或声明以对审查员驳回的理由进行辩驳。但宣誓书是否被接受还要考虑如下因素：所述的已有技术包括在国内专利中进行的实质性展示或描述的发明；外国专利或出版物专利局审查员个人所知的事实；发明运作模式或能力属于一项已有技术；发明不能实施或者缺少实用性；发明无意义发明损害公众健康或违反社会道德。申请人提供的宣誓书中支持可实施结论的事实证据的数量对宣誓书的重要程度有决定性作用。对于化学和生物技术申请，申请人可以提供美国食品药品监督管理局（FDA）的临床试验批准的证据，但由于 FDA 判断是否批准临床试验的标准与 USPTO 判断说明书可否实施的标准不同，单一的提交 FDA 的临床批准试验证据并不一定能够被采纳，还需要提交其他证据，证明说明书可以实施。另外，宣誓书中如果有关于预料不到的性质的数据，则这些数据不能与专利申请权利要求范围相违背或者超过范围。在宣誓书中如有提到预料不到的性能改进，必须同专利说明书中已经披露的某些发明内容有关。而如果申请人提交的数据有假想或者使用理论去试图解释达到所改进的结果，是不应被包括在宣誓书中的。同时，若申

---

① 权利要求的宽度、发明的本质、现有技术的状况、本领域普通技术人员的水平、所属领域的可预测水平、发明人提供的教导的数量、实施例、根据公开的内容制造或使用发明所需要的实验的数量。

② 单英敏：《浅谈补充实验数据在新颖性/创造性审查中的处理》，载《中国发明与专利》2018 年第 7 期。

请人提交的宣誓书中涉及对比试验,那做对比试验时,所进行的已有技术的代表性试验必须是和已有技术公开的内容实质相同,如果有偏差,则需要在宣誓书中说明为何会出现偏差。

USPTO 及美国联邦上诉法院在对待涉及创造性评价的申请日后证据时,对个案进行具体分析。如果本领域技术人员通过阅读说明书认为仅是提出一种假设以及确定该假设是否准确,这并不足够。即使证据形成于申请或授权后,也有可能反驳。在 Knoll Pharm. Co. v. Teva Pharms. USA 案[①]中,联邦巡回上诉法院认为,专利授权后得到的证明材料如果出现了之前未曾预料到的技术效果,因为专利申请提出前无法对药物专利发明效果完全知晓的特殊性,在后得到的证明材料不能排除在考虑范围之外。如果预料不到的技术效果可从公开的方法得出,或与公开产品的预期用途有紧密联系,后提交的实验证据应被考虑。即实际的参考文献不需要早于申请日,补交实验数据的公开时间要求应作变通,补交实验数据所证明的技术效果应在原申请中有“依据”。[②]

2. 欧洲[③]

虽然欧洲的《欧洲专利公约》第 123(2)条规定专利申请主张的新技术效果不可以加入原申请文件中,但《欧洲专利局审查指南(2019)》H 部分第 V 章第 2.2 节规定,“在某些情况下,审查部门仍可考虑以后提交的示例或新的效果,即使该申请不被允许,也可以作为支持所要求保护的发明专利性的证据”。例如,在原申请中给出了相应信息的基础上,新增加的实施例可以作为证据证明发明在要求的范围内能容易地被应用(参见 F 部分第Ⅳ章第 6.3 节)。

而根据欧专局(EPO)发布的判例法,如果从专利申请公开的内容可以看出在后提交的实验数据是可信的,并且确实解决了专利所要解决的技术问题,那在后提交的补充实验数据可以被考虑。而关于对比试验,根据判例法,一个预料不到的技术效果的对比试验可以作为专利申请具有创造性的证明。

由前述规定可以看出,EPO 区分了技术内容的公开不充分与补充实验数据,认为原始申请公开的技术信息对于判断是否公开充分至关重要,技术内容实质不充分的缺陷不能通过申请日后提交实验证据予以克服,但可以接受在后提交的实

---

① Knoll Pharm. Co. v. Teva Pharms. USA, Inc., No. 01 – C1646, 2002 WL 31050138 (N. D. Ill. Sep. 13, 2002).

② 朱宁、王荣霞、张营:《补交实验数据在创造性评判中的探析》,载《专利代理》2017 年第 3 期。

③ 李彦涛:《药品专利审查中的补充实验数据》,载《知识产权》2019 年第 9 期。

验数据作为支持申请公开充分的证据。根据判例法，EPO 对申请日后提交的补充效果数据的主要考虑因素包括：用于支持创造性的新技术效果必须是在原始申请中隐含的技术效果，或者指出相关的技术效果；申请日后提交的补充效果数据不能够与发明目的相矛盾。EPO 采取“合理性”标准判定后提交的比较实验证据是否充分证明创造性，即强调待证事实是已经存在的，而非新提出的。原申请不仅是提出问题，还应“可信地”解决声称的技术问题。原申请公开的信息至关重要，即使后补交的证据在适当条件下被考虑，也不是确定申请是否真正解决声称的技术问题的唯一基础。①

而前述“合理性考察”标准在 EPO 扩大上诉委员会 G2/21 号案中被重新审视。2021 年 11 月 23 日，EPO 局长发出因案件 G2/21 处于未决状态而暂停所有类似案件程序的局长令。该案争议核心是关于申请日后补充提交的实验数据是否应当被接受，并涉及 EPO 判例法中关于技术效果“合理性”标准。②

该案涉及一项杀虫剂专利 EP 2484209 B1 的有效性。授权的权利要求包含式 Ia 化合物和噻虫嗪，其中噻虫嗪和式 Ia 化合物均是申请日以前已知具有杀虫作用的化合物，发明点在于发现噻虫嗪与式 Ia 化合物组合使用具有协同效果。在实质审查阶段，EPO 认为最接近的现有技术并未公开和教导所述式 Ia 化合物与噻虫嗪具有协同杀虫的作用，该案得以授权。在异议程序中，EPO 维持了专利权的有效性，随后异议人提起上诉。上诉期间，异议人提交了申请日后的实验数据报告（下称 Data 1），用以证明并非涉案专利权利要求范围内的所有组合物都能产生协同杀虫作用。对此，专利权人也提交了申请日后的补充实验数据（下称 Data 2），证明组合物对另一种蛾也具有协同杀虫作用，用以反对异议人所述的“并非涉案专利权利要求范围内的所有组合物都能产生协同杀虫作用”。

EPO 上诉委员会认为，本专利声称要解决的技术问题是提供具有协同杀虫效果的组合物。由于异议人提交的 Data 1 与本专利关于杀虫剂组合物的协同数据存在矛盾之处。因此，是否应接受申请日后补充提交的实验数据 Data 2 成为争议的焦点。而且，接受或者不接受 Data 2，得到的结论将截然相反。

该案引发了在创造性判断中 EPO 判例法中确定的“合理性”标准的适用问

---

① 朱宁、王荣霞、张营：《补交实验数据在创造性评判中的探析》，载《专利代理》2017 年第 3 期。

② 关于 G2/21 的相关内容参见王芳菲、白雪等：《申请日后提交的实验数据“合理性”标准的冲突与讨论——EPO 扩大上诉委员会 G2/21 号案件浅析》，载《中国医药生物技术》2022 年第 8 期；王芳菲、白雪等：《G2/21 决定及与我国补交实验数据规则的比较》，载《中国医药生物技术》2023 年第 8 期。

题,即以本领域技术人员为判断主体,结合申请日之前本领域的公知常识和相关现有技术,确定说明书记载的技术效果是否具有合理性,如果认为具有合理性,则该技术效果可以被接受。EPO 判例法规定了"合理性"标准的三种情形:(1)自始合理性(Ab initio plausibility),即只有当根据申请文件原始公开的内容和申请日前的本领域一般技术知识,本领域技术人员有理由认为申请能够达到申请日后提交的实验数据所证明的技术效果时,才能够接受在后提交的实验数据。(2)自始不合理性(Ab initio implausibility),即只有当本领域技术人员有正当理由怀疑申请日后提交的实验数据所声称的技术效果在申请日时不能实现,才能够忽略在后提交的实验数据。(3)非合理性(No plausibility),即所有的申请日后提交的实验数据都应该被接受。针对本案而言,异议人提交的证据 Data 1 采用了与专利文件中相同的实验方法,符合"自始合理性"标准;而专利权人提供的 Data 2 所证明的技术效果并不是仅根据涉案专利提交时公开的内容和在申请日以前的本领域一般技术知识就能获知的,如果应用"自始合理性"标准,则 Data 2 不应被接受;由于没有相反的证据表明在申请日时无法实现 Data 2 的技术效果,如果根据"自始不合理性"标准,则 Data 2 可以被接受。如果根据"非合理性"标准,不应拒绝任何在后提交的实验数据,Data 2 无疑也应该被接受。

为寻求指导,EPO 上诉委员向扩大上诉委员会提出了如下法律问题:如果专利权人认为创造性确立必须依赖技术效果,并提交了实验数据等证据来证明该效果,但该证据在涉案专利的申请日之前未公开,并在申请人之后提交(公开在后的证据):

[问题 1]自由评估证据原则的例外情况是否应被接受?所述例外,是指如果待证效果完全取决于公开在后的证据,那么应当忽略该公开在后的证据。

[问题 2]如果第一个问题的答案是肯定的(如果效果的证明完全依赖于在后公开的证据,则应当忽略该证据),如果基于申请日时涉案专利申请中公开的信息或公知常识,本领域技术人员认为在后公开的证据所证明的效果具有合理性(自始合理性),那么是否可以接受该证据?

[问题 3]如果第一个问题的答案是肯定的(如果效果的证明完全依赖于在后公开的证据,则应当忽略该证据),如果根据涉案专利申请中公开的信息或公知常识,本领域技术人员在涉案专利的申请日时没有任何理由认为在后公开的证据所证明的效果不合理(自始不合理性),那么是否可以接受在后公开的证据?

2023 年 3 月 23 日,扩大上诉委员会对 G2/21 号案件作出了重要决定:(1)专利申请人或专利权人为证明所要求保护的主题的创造性而提交的证明技术效果的证据,不能仅因该证据在涉案专利的申请日前未公开且在申请日之后提交就不予考虑。(2)如果本领域技术人员,在考虑本领域公知常识,并且基于原始提交的申请的基础上,能够推出(derive)相应的技术效果包含于原始提交的同一发明的技术教导(technical teaching)中,并体现在该同一发明中,那么专利申请人或专利权人可以依赖该技术效果证明创造性。

3. 日本与韩国①

日本特许厅的审查指南规定:如果出现说明书不满足实施要件或不具备创造性的审查意见,申请人可以通过提交书面意见或实验数据来证明或澄清。但如果因为原始申请文件中记载的信息不充分,本领域技术人员基于申请时的技术常识和水平无法实施,而导致出现说明书不满足实施或不具备创造性的审查意见,申请日后提交的补充实验数据是不能作为反驳的理由的。换言之,如果补充提交的实验数据是用来证明原始申请文件中记载的内容可以达到预期的技术效果,则相关的实验数据应被采纳。如果仅仅因为原始文件记载不充分,不满足实施要件,补充提交的实验数据就不能作为判断依据。

从实际判例来看,发明整体公开的信息对是否接受后提交实验数据影响很大。当基于原说明书和申请时的技术常识,实施可能仍不满足时,出于补救目的提交的实验数据不能作为判断依据。如实验数据基于原说明书和申请时的技术常识可预期得到,则应采用。原说明书决定能否接受后提交的比较实验证据证明创造性。是否考虑补交实验数据,应基于申请人和第三方的公平角度出发,对原说明书没有记载的发明效果,如能从说明书认识到或推导得出,即便该技术效果没有直接记载在原始申请文件中,也应予以考虑。即相应的技术效果应当是从原申请中认识到或能推导得出的。②

韩国的判决同样指出,如果发明的改进效果在说明书中没有被明确记载,但可被本领域技术人员根据说明书的描述推断得出,这样的应用效果在确定本发明的创造性时仍应被考虑。③

综上可见,USPTO、EPO、JPO、KIPO四大局对于是否接受补充实验数据的共同点在于:不单纯以时间因素拒绝申请日之后提供的实验数据;实验数据与原申

---

① 李彦涛:《药品专利审查中的补充实验数据》,载《知识产权》2019年第9期。

② 朱宁、王荣霞、张营:《补交实验数据在创造性评判中的探析》,载《专利代理》2017年第3期。

③ 刘洪岩:《专利申请日后提交的补充实验数据在中国的认定》,载《法学研究》2019年第13期。

请文件中关于有益效果的记载应具有直接关联性；在理由成立的情况下，应当考虑其作为创造性争辩的证据。

## 三、我国《专利法》关于补充实验数据的相关规定

1. 法律和行政法规

无论是《专利法》还是《专利法实施细则》均没有关于补充实验数据的直接规定。通常认为，与补充实验数据相关的条款包括：

(1)《专利法》第9条第2款关于“先申请原则”的规定，即专利申请日作为专利制度的一个重要概念，提交补充实验数据不能违反先申请原则，应当以专利申请日为判断基点，进行创造性判断。为了取得补充实验数据而进行的相关实验活动，属于完成药品发明所付出的创造性劳动的一部分，而没有在说明书中记载实验数据的药品发明属于未完成的发明，补交的实验数据则属于在申请日后才完成的发明成果，因此，接受补充实验数据就相当于把申请日后才完成的发明内容补进之前提出的专利申请，从而违反了“先申请原则”。

(2)《专利法》第22条第3款关于“创造性”和第26条第3款关于“充分公开”的规定。事实上，补充实验数据所涉及的也就是这两方面的问题，即对于药品专利而言，判断创造性时所需的技术效果，以及专利是否充分公开，本领域技术人员是否能够实现所述技术效果，都需要依赖于实验数据的支持。

2.《专利审查指南》

关于是否接受补充实验数据最直接的规定是《专利审查指南》。而由于种种原因，《专利审查指南》经过数次修改，对于补充实验数据的接受程度也不断发生变化。

(1)1993版《专利审查指南》

该版《专利审查指南》基本上明确拒绝补交实验数据，其第二部分第八章5.2.3.1规定：“申请不允许增加内容的情形是指：……(6)补入实验数据，以说明发明的有益的效果和/或补入实施方式和实施例以说明在权利要求保护范围内发明能够实施。但是，这些补充的信息可以放入申请案卷中，供审查员审查专利性时参考。”第二部分第十章“4.3　关于实施例”规定：不能允许申请人将申请日之后补充的实施例写入说明书，尤其是其中与保护范围有关的内容，更不允许写进权利要求。也就是后补交的实施例只能供审查员审查专利性时参考。第二部分第十章“5.4　化合物的创造性”规定：发明效果的证据可以在申请日之后提交，但

如果所提交的效果已有他人公开于提交日之前,则不能被承认。①

(2)2001 版《专利审查指南》

该版《专利审查指南》的规定基本与 1993 版并无二致。其第二部分第八章 5.2.3.1 规定,不能允许的增加内容的修改,包括下述几种……(6)补入实验数据以说明发明的有益效果,和/或补入实施方式和实施例以说明在权利要求请求保护的范围内发明能够实施(但这些补充的信息可以放入申请案卷中,供审查员审查新颖性、创造性或实用性时参考)。第二部分第十章"4.3 关于实施例"规定,不能允许申请人将申请日之后补充的实施例写入说明书,尤其是其中与保护范围有关的内容,更不允许写进权利要求。即后补交的实施例只能供审查员审查新颖性、创造性和实用性时参考。

2001 版《专利审查指南》删除了 1993 版中允许申请人在申请日后补充用途和效果以及补充提交效果证据的规定,并在"化学发明的充分公开"部分将 1993 版规定的后补交实施例对"专利性"的参考作用,限缩修改为仅对"审查新颖性、创造性和实用性"具有参考作用,从而排除了在审查说明书是否充分公开时接受补充实验数据的可能性。②

在上述两版审查指南适用期间,我国专利审查机关允许专利申请人在申请日后补充实验数据来证明其申请具有专利性,当时授予专利权的相当一部分药品发明,都没有在说明书中记载实验数据。近年来在专利无效审查程序中,因专利权人补充的实验数据不被接受而被宣告无效的药品专利,基本上是按照上述两版审查指南进行审查并给予授权的。

(3)2006 版《专利审查指南》和 2010 版《专利审查指南》

2006 版《专利审查指南》第二部分第十章"3.4 关于实施例"规定,判断说明书是否充分公开,以原说明书和权利要求书记载的内容为准,申请日之后补交的实施例和实验数据不予考虑。2006 版《专利审查指南》继续收紧标准,一方面在"化学发明的充分公开"部分明确规定"申请日之后补交的实施例和实验数据不予考虑";另一方面却并未在"化合物的创造性"部分增加与补充实验数据相关的规定。

---

① 参见许波:《从〈中美经贸协议〉看补充实验数据的前世今生》,载 https://card.weibo.com/article/m/show/id/2309404485992412217674,最后访问时间:2023 年 11 月 3 日。

② 2001 版《专利审查指南》第二部分第十章 5.6。参见许波:《从〈中美经贸协议〉看补充实验数据的前世今生》,载 https://card.weibo.com/article/m/show/id/2309404485992412217674,最后访问时间:2023 年 11 月 3 日。

上述规定实质上是完全关闭了药品专利权人或专利申请人在申请日后补充实验数据的“大门”。

2010 版对此没有作出调整。在上述两版审查指南施行期间,如果药品专利申请的说明书没有记载实验数据,则大多会被以公开不充分为由而驳回。对于那些在 1993 版和 2001 版审查指南施行期间被授权但说明书中没有记载实验数据的专利权,如果在 2006 版或 2010 版审查指南施行期间被提出无效宣告请求,且专利权人需要通过补充实验数据来证明专利公开充分或者具有创造性的,则基本上会因补充实验数据不被接受而导致专利权被宣告无效。

(4)2017 版《专利审查指南》和 2019 版《专利审查指南》

由于 2006 版和 2010 版审查指南对补充实验数据采取了过于严苛的审查标准,并由此导致相当比例的药品专利申请被驳回以及早期授权的药品专利无效,所以,最近十几年来,补充实验数据问题逐步演变成为我国药品专利授权确权程序中一个受到原研药厂商广泛关注的热点问题。

2013 年,中美双方曾就此问题进行过相关外交磋商并达成一致,中方于 2013 年 12 月 5 日发布了《关于加强中美经济关系的联合情况说明》,其中记载:“中方确认,中方的《专利审查指南》允许专利申请人在提交专利申请后提交额外的数据。”

其后,我国专利审查机关和欧美日韩专利审查机关继续就补充实验数据问题进行磋商协调。

2017 版《专利审查指南》对补充实验数据的审查标准进行了调整,其第二部分第十章“3.5　关于补交的实验数据”规定:判断说明书是否充分公开,以原说明书和权利要求书记载的内容为准。对于申请日之后补交的实验数据,审查员应当予以审查。补交实验数据所证明的技术效果应当是所属技术领域的技术人员能够从专利申请公开的内容中得到的。

就此修改,国家知识产权局在发布《专利审查指南修改草案(征求意见稿)》时明确指出,是“对有关措辞可能带来的对补交的实验数据不予审查的误解作出澄清”,并且“强调补充实验数据所证明的技术效果与申请日公开事实的内在必然联系,这也是专利制度先申请制的本质要求”。而在之后正式发布的《国家知识产权局关于修改〈专利审查指南〉的决定》中,国家知识产权局也重申该修改是“为了避免现行规定可能带来的误解并明确审查员如何对补交的实验数据进行审查”。

2019 版维持了 2017 版的表述。

(5)2021 版《专利审查指南》

补充实验数据问题一直是中美经贸谈判关注的焦点,而 2021 年《专利审查指南》的修改,也在一定程度上受到了中美第一阶段经贸协议的影响。2020 年 1 月 15 日签署的中美第一阶段经贸协议“第 1.10 条 考虑补充数据”规定:“一、中国应允许药品专利申请人在专利审查程序、专利复审程序和司法程序中,依靠补充数据来满足可专利性的相关要求,包括对公开充分和创造性的要求。二、美国确认,美国现行措施给予与本条款规定内容同等的待遇。”

基于此,2021 版《专利审查指南》对补充实验数据作了进一步细化的规定。其第二部分第十章“3.5 关于补交的实验数据”规定:“3.5.1 审查原则判断说明书是否充分公开,以原说明书和权利要求书记载的内容为准。对于申请日之后申请人为满足专利法第二十二条第三款、第二十六条第三款等要求补交的实验数据,审查员应当予以审查。补交的实验数据所证明的技术效果应当是所属技术领域的技术人员能够从专利申请公开的内容中得到的。

3.5.2 药品专利申请的补交实验数据

按照本章第 3.5.1 节的审查原则,给出涉及药品专利申请的审查示例。”

[例 1]权利要求请求保护(具体的)化合物 A,说明书记载了化合物 A 的制备实施例、降血压作用及测定降血压活性的实验方法,但未记载实验结果数据。为证明说明书充分公开,申请人补交了化合物 A 的降血压效果数据。对于所属技术领域的技术人员来说,根据原始申请文件的记载,化合物 A 的降血压作用已经公开,补交实验数据所要证明的技术效果能够从专利申请文件公开的内容中得到。应该注意的是,该补交实验数据在审查创造性时也应当予以审查。

[例 2]权利要求请求保护通式 I 的(多个,系列)化合物,说明书记载了通式 I 及其制备方法,通式 I 中多个具体化合物 A、B 等的制备实施例,也记载了通式 I 的抗肿瘤作用、测定抗肿瘤活性的实验方法和实验结果数据,实验结果数据记载为实施例化合物对肿瘤细胞 IC50 值在 10 - 100nM 范围内。为证明权利要求具备创造性,申请人补交了对比实验数据,显示化合物 A 的 IC50 值为 15nM,而对比文件 1 化合物为 87nM。对于所属领域的技术人员来说,根据原始申请文件的记载,化合物 A 及其抗肿瘤作用已经公开,补交实验数据所要证明的技术效果能够从专利申请文件公开的内容中得到。应该注意的是,此时,审查员还要结合补交实验数据进一步分析权利要求请求保护的技术方案是否满足创造性的要求。

例1旨在明确采信补交实验数据所证明的技术效果不要求以“说明书记载了所要证明的技术效果相关的必要实验数据”和“已有类似现有技术公开同类技术效果”为前提条件，采信标准大大降低；例2则给出了在创造性审查中如何认定和评价补交实验数据的审查标准，但相关标准仍有待在实践中进一步澄清。

从《专利审查指南》的规定可见，我国专利审查对于补交实验数据经历了“可接受→不予考虑→应当予以审查”的变化，在“可接受”和“应当予以审查”阶段则强调了先申请制的立法原则，即不能通过补交实验数据获得大于其原始公开内容相对应的技术贡献的专利权，以督促专利申请人在进行专利申请时将能够实现的技术方案清楚、完整地记载在申请文件中，保障公众可以从公开的专利文件中获取真正可实施、可重复的技术信息。

3. 司法解释和司法性文件

在司法领域，对于接受补充实验数据的标准一直没有明确。北京市高级人民法院发布的《当前知识产权审判中需要注意的若干法律问题（2017）》认为，2017版审查指南中的修订“改变了以往保守僵硬的做法，较好地平衡了先申请原则与保护专利权人利益两者之间的关系”，并对其修订内容进一步进行了如下解释：“第一、补充提交的实验数据所证明的技术效果在原专利申请文件中有明确的记载，并且其证明的事实不能超过原始申请文件公开的范围，不能用于证明新的技术事实；第二、无论权利人提交补充实验数据是用于克服说明书未充分公开，还是用于证明本专利具备创造性，该补充证据的采信标准是一致的；第三、补充实验数据的内容虽然规定在专利审查指南关于化学领域审查章节，也适用于其他技术领域；第四、该实验数据应当是采用专利申请日前的实验条件、设备和实验手段所获得的。”

2020年最高人民法院发布的《关于审理专利授权确权行政案件适用法律若干问题的规定（一）》明确规定了关于补充实验数据的相关问题。其第10条规定，药品专利申请人在申请日以后提交补充实验数据，主张依赖该数据证明专利申请符合《专利法》第22条第3款、第26条第3款等规定的，人民法院应予审查。第11条规定，当事人对实验数据的真实性产生争议的，提交实验数据的一方当事人应当举证证明实验数据的来源和形成过程。人民法院可以通知实验负责人到庭，就实验原料、步骤、条件、环境或者参数以及完成实验的人员、机构等作出说明。但具体司法实践中适用标准，仍有待进一步明晰。

最高人民法院（2019）最高法知行终33号行政判决书在一定程度上表明了最

高人民法院对于补充实验数据的观点。首先,原专利申请文件应当明确记载或者隐含公开了补充实验数据拟直接证明的待证事实,此为积极条件;其次,申请人不能通过补充实验数据弥补原专利申请文件的固有内在缺陷,此为消极条件。对于积极条件,最高人民法院强调"既不能仅仅因为原专利申请文件记载了待证事实而没有记载相关实验数据,即推定申请人构成以获取不当利益为目的的不实记载,当然拒绝接受有关补充实验数据;也不能以申请人或有可能作不实记载为由,当然地要求其所提交的补充实验数据形成于申请日或者优先权日之前"。对于消极条件,最高人民法院指出"意在强调补充实验数据通常应当通过证明原专利申请文件明确记载或者隐含公开的待证事实具备真实性,进而对申请人或者专利权人最终要证明的法律要件事实起到补充证明作用"。

## 四、关于补充实验数据的法理分析和政策考虑

如前所述,在我国目前的药品专利审查实践中,拒绝接受补充实验数据的论理逻辑最终归结到先申请原则上。毋庸置疑,先申请原则系专利制度的基石,目前,世界各国的专利制度都已遵循先申请原则,就连原来长期奉行先发明原则的美国也已修改其专利法。因此,解决补充实验数据问题,必须在合乎先申请原则的框架下进行,这是毫无疑问的。但是,遵循先申请原则,并不必然导致对补充实验数据的拒绝。问题的关键不在于补充的实验数据究竟是在申请日之前还是之后取得,而在于取得这些实验数据所依据的实验方法是否属于本领域技术人员能够从专利说明书或者现有技术中直接得到。

如果这些实验方法属于现有技术,或者已经记载在说明书中,则使用这些实验方法去验证药品发明的技术效果,并不构成一项新的创造性活动,不属于完成该项药品发明的组成部分,而是对已完成的药品发明进行验证。对已完成的发明进行验证的工作,当然可以在申请日后进行,采信这种验证工作的成果,并不违反先申请原则。

因此,判断补充实验数据可否采信,不应该着眼于这些实验数据的取得时间,而着眼于这些实验数据是否属于本领域技术人员仅仅根据现有技术和说明书的公开内容,无须付出创造性劳动就可以取得。对此,最高人民法院(2014)行提字第8号行政判决书已表明同样立场:"本院认为,在专利申请日后提交的用于证明说明书充分公开的实验性证据,如果可以证明以本领域技术人员在申请日前的知识水平和认知能力,通过说明书公开的内容可以实现该发明,那么该实验性证据

应当予以考虑,不宜仅仅因为该证据是申请日后提交而不予接受。在考虑实验性证据是否采纳的时候应严格审查时间和主体两个条件。首先,实验性证据涉及的实验条件、方法等在时间上应该是申请日或优先权日前本领域技术人员通过阅读说明书直接得到或容易想到的;其次,在主体上,应立足于本领域技术人员的知识水平和认知能力。”

另外,我国之所以从2006版审查指南开始对补充实验数据采取比较严苛的审查标准,也与当时国内制药行业主要以仿制药为主,药品专利和新药研发主要集中在境外跨国制药公司身上有关。

近年来,我国制药行业的新药研发以及相关的专利申请日趋活跃。目前,我国医药市场规模已成为全球第二大医药市场,我国对全球医药研发的贡献上升到4% -8%,跨入第二梯队,仅次于美国、日本,我国新药在研企业数量位居全球第三,我国启动的临床试验数量位居全球第四,我国拥有的生物类似物研发数量位居世界第一,我国申请人提交的小分子药、生物药中国发明专利申请数量已超过国外申请人在华提交的专利申请总数,PCT专利申请数量仅次于美国,国产化药和生物药创新药注册申请近几年持续较快增长,至2017年年底已获批国产“1类”小分子化学药物共13个、生物药23个。[①] 在这种行业发展背景下,解决好补充实验数据问题,切实加强医药专利保护,对于促进我国制药行业的技术创新和产业升级,也是适逢其时的。

① 罗菊华:《浅谈国内医药创新知识产权保护的困境与破局》,载微信公众号“知产力”,2023年11月3日。

# 中药知识产权保护难点及对策*

中医药博大精深,是中华民族的瑰宝和国粹。但现代专利制度体系对于药品的保护,则是以西方的化学药物为基础的,也使我国中医药的知识产权保护面临困境。笔者并非中医药专业人员,对于中医药技术本身是外行,也无从谈及中医药本身的专业问题,本文主要探讨笔者关注的与中药知识产权保护相关的几个问题及对策。

## 一、党和国家长期重视中药产业发展

1. 中药行政保护制度的确立

1985 年 4 月 1 日,我国《专利法》正式实施,当时考虑到药品可及性问题,对药品未予以专利保护。换言之,给予 1985 年的《专利法》,无论是化学药、治疗方法或者中药,都被排除在专利保护的客体范围之外,无法获得专利保护。

但考虑到中药的价值和重要性,我国政府对中药产业的发展一直高度关注,并自 20 世纪 80 年代起就陆续出台了一系列相关行政法规和政策文件。最早的涉及促进中药保护和中药事业发展的文件可以追溯到 1986 年 1 月 4 日《国务院对发展中医中药的几点意见》,提出:“要把中医摆在一个重要的位置,西医、中医都要发展,不能把中医只当成西医的从属;要重视中医科研问题;并决定设立国家中医管理局,主要任务是统一管理中医事业和人才培养等工作。”

1986 年 1 月 15 日,国务院批转国家医药管理局《〈关于进一步加强中药工作的报告〉的通知》(国发〔1986〕8 号),报告指出:“中药是我国的宝贵财富。保护和发展中药资源,促进中医中药事业的发展,是提高我国亿万人民健康水平的大事。”

1992 年 10 月 14 日,国务院发布《中药品种保护条例》,这是我国关于中药保

---

* 本文根据 2022 年 10 月 31 日在“赣知 · 2022 中医药知识产权保护论坛”上的发言汇总整理。

护的第一个专门性法律文件。该条例于 1993 年 1 月 1 日起与经过第一次修改的《专利法》同时实施。其中明确:本条例适用于中国境内生产制造的中药品种,包括中成药、天然药物的提取物及其制剂和中药人工制成品。申请专利的中药品种,依照《专利法》的规定办理,不适用本条例。《中药品种保护条例》给予中药以特殊保护,给中药更长的保护期,一般称为行政保护。其保护水平更低,保护时间更长,这是值得关注的。

2. 医药改革过程中高度关注中医药产业的发展

2015 年,中国保护创新开始发力。在这个过程中,中医药产业的创新与发展依旧是关注焦点,不仅先后发布了中药产业发展规划和一系列政策文件,出台了《中医药法》,党和国家领导人多次在各种重要场合强调推动中药产业发展的重要性。

2016 年 2 月 22 日,国务院发布《关于印发中医药发展战略规划纲要(2016—2030 年)的通知》(国发〔2016〕15 号),提出:"加强中医药理论方法继承""加强中医药传统知识保护与技术挖掘"。

在 2016 年 8 月 19 日召开的全国卫生与健康大会上,提出要"努力实现中医药健康养生文化的创造性转化、创新性发展,推进中医药科技创新"。同日,国务院批复同意建立国务院中医药工作部际联席会议制度,以统筹协调中医药工作。联席会议由中医药局作为牵头单位,由 36 个部门和单位组成。

2016 年 12 月 25 日审议通过《中华人民共和国中医药法》,自 2017 年 7 月 1 日起施行。其明确指出,"中医药是反映中华民族对生命、健康和疾病的认识,具有悠久历史传统和独特理论及技术方法的医药学体系"。

2019 年 10 月 25 日,全国中医药大会提出:"要遵循中医药发展规律,传承精华,守正创新,加快推进中医药现代化、产业化,坚持中西医并重,推动中医药和西医药相互补充、协调发展,推动中医药事业和产业高质量发展,推动中医药走向世界,充分发挥中医药防病治病的独特优势和作用,为建设健康中国、实现中华民族伟大复兴的中国梦贡献力量。"

2021 年 1 月 22 日,国务院办公厅印发《关于加快中医药特色发展若干政策措施的通知》(国办发〔2021〕3 号),共 28 项措施涉及七个方面。通知指出,"加强中医药知识产权保护。制定中药领域发明专利审查指导意见,进一步提高中医药领域专利审查质量,推进中药技术国际专利申请。完善中药商业秘密保护制度,强化适宜性保密,提升保密内容商业价值,加强国际保护。在地理标志保护机制下,做好道地药材标志保护和运用。探索将具有独特炮制方法的中药饮片纳入中药品种保护范围”。

在党的二十大报告中也专门提及中医药传承创新的问题，指明了未来中医药保护的方向，即“要推进健康中国建设，把保障人民健康放在优先发展的战略位置。并且积极应对人口老龄化国家战略，发展养老事业和养老产业，深化医药卫生体制改革，促进医保、医疗、医药协同发展和治理；促进优质医疗资源扩容和区域均衡布局、深化公立医院改革、规范民营医院发展，提高基层防病治病和健康管理能力；重视心理健康和精神卫生、促进中医药传承创新发展”。

## 二、中药知识产权保护面临的问题

### （一）中药知识产权保护面临困境的原因

尽管在国家层面采取了多种举措加强中医药创新保护，但当前，中药知识产权保护依旧面临许多问题和困难。

1. 范围广泛

众所周知，中药涉及范围广泛，不仅包括中药材及相关产品、中药饮片、中药提取物、中成药、中药制剂等，还包括引入化药研发方式及技术手段之后涉及的中药单体和有效部位、中药质量标志物，同时还涉及传统知识、典籍、文化遗迹、非遗资源等。不同客体和对象的保护方式、保护内容和规则各异，极大增加了中药知识产权保护的复杂性。

2. 涉及法律制度较多

由于涉及客体和对象内容众多，中药知识产权保护涉及的法律制度规则也比较多元，如专利、商标、著作权、反不正当竞争、植物新品种、商业秘密、中药品种保护等相关制度均可适用于对其进行保护。

3. 受多方认识与观念挑战

目前，保护中药知识产权面临的最为严峻的挑战是认识上的差异，例如，对中医药科学性的认识问题，也就是关于中药和西药的效果对比之争，以及中药本身受到的争议；又如，中药与化学药、生物药的关系问题，包括药品、中药、化学药、生物药之间的区别，为何《专利法》第四次修改经过长时间争论，最终对于药品保护的条款均不适用于中药等问题均有待进一步厘清和解决；再如，传统中药与知识产权的关系问题，特别是在现有制度框架下，中药的传统知识与创新内容（与知识产权相关的部分）之间该如何协调。

## (二)中药知识产权保护的困境

### 1.专利保护

在专利保护方面,我国中药的相关专利较少。以 2009 年至 2019 年中药专利的申请量和授权量为例(见表 1①),中药专利申请量本来就不多,授权量更低。没有授权专利,就无法获得专利保护,这是一个很严峻的问题。2009 年至 2019 年,我国专利申请量急剧增长,年度专利申请总量由 2009 年的 97.7 万件激增至 2019 年的逾 438 万件。中药领域的专利申请量似乎并没有跟上我国专利申请量猛增的步伐。

**表 1 2009—2019 年中国中药专利变化趋势统计**

| 年份 | 授权量/万件 | 申请量/万件 | 授权率/% |
|---|---|---|---|
| 2009 | 36 | 151 | 23.84 |
| 2010 | 67 | 171 | 39.18 |
| 2011 | 71 | 270 | 26.30 |
| 2012 | 170 | 345 | 49.28 |
| 2013 | 209 | 452 | 46.24 |
| 2014 | 229 | 988 | 23.18 |
| 2015 | 134 | 1102 | 12.16 |
| 2016 | 59 | 1422 | 4.15 |
| 2017 | 41 | 658 | 6.23 |
| 2018 | 19 | 486 | 3.91 |
| 2019 | 20 | 257 | 7.78 |

笔者认为,在专利保护层面有一个很重要的问题值得思考。现代专利制度是“舶来品”,这也使利用专利制度保护药品是以西方化学药物的研发和保护思路为基础的,那么,现行专利法保护创新的条款是否适用中药这类特殊产品,包括:中药专利申请难,获权难,但无效却相对容易;传统祖传秘方可否申请专利;中药补充数据的提交问题(当然,化药面临同样的问题,但中药可能更难以解决,因为中

① 蒋玉:《专利制度下的中药保护现状与对策》,载《南京中医药大学学报(社会科学版)》2021 年第 6 期。

药往往是通过实践证明其可以治疗某种疾病,却往往难以通过数据证明其有效性);中药的新颖性、创造性、实用性可能无法满足专利法上的法定授权要件的要求等。

即便中药创新成果能够冲破重重阻碍最终获得了专利授权,可能还会涉及权属纠纷,因为系争专利可能是在前人文献和经验积累上完成的,是否可以由专利权人独占;发生侵权后,侵权比对和侵权判断比较困难,进而导致维权也面临困境,例如,由于中药制作工艺复杂,往往需要经过多道工序才能制成一道配方,而现有技术水平往往难以检测出具体的有效中药成分,而简单对某一味药剂进行增减对药效产生的影响不大,因此,被侵权的中药专利权人往往面临举证难的困境。

2. 商标(包括地理标记)保护

中药在商标保护方面同样面临诸多问题,第一,最常见的是中药企业往往混淆药品通用名称与商标,即企业给药品命名并将该名称注册成商标,导致该药品命名显著性不强,该商标名称一经使用,很有可能会被收入《药典》,而一旦被收入《药典》,则该名称往往会因为被主管部门认定为药品的通用名称而无法再满足作为商标的法定要件要求,原商标中所蕴含的无形资产也随之丧失。

第二,中药企业喜欢把药品的原料或药品的功能注册为商标,如前列康、镇脑宁等。根据《商标法》的规定,不得使用直接表示商品的质量、主要原料、功能、用途、重量、数量及其他特点的文字、图形作为商标。这类商标即使获得注册,理论上也可由其他人申请撤销。

第三,对道地中药材保护力度不够。道地中药材是在特定的地域内产出的药材,由于其特有的生态环境而集中生长在一定的区域,在栽培技术,采集加工方面,都有特定的方法和技巧,相对于其他地方生产的中药材,品质更好,疗效更佳。我国道地中药材资源非常丰富,但假冒道地药材的情况严重,严重损害行业利益。当然,这其中还可能涉及是否能够利用地理标志制度规则保护道地药材的问题。实践中对地道中药材的保护,地理标志发挥的作用仍然不够。当然,这不仅是法律问题,还有赖于在宣传等方面加深理解,地方政府也可以引导企业去适用。

此外,还涉及药品名称和商标相互混淆问题。很多企业常常混淆通用名称和商品名称,在宣传过程中一直宣传的是通用名称,而实际上,商品名称才是一个企业中药产品的标志。

3. 商业秘密保护

中药的商业秘密保护也存在很多问题,实践中也发生过不少争议和纠纷。事实上,受商业秘密权保护的前提条件是具有保密性,而当中药已经为一定范围内的人所知悉或使用,如何认定该中药正处于保密状态则成为一个难题。

另外,根据《中药品种保护条例》第 13 条的规定,中药一级保护品种的处方组成、工艺制法,在保护期限内由获得《中药保护品种证书》的生产企业和有关的药品监督管理部门及有关单位和个人负责保密,不得公开。负有保密责任的有关部门、企业和单位应当按照国家有关规定,建立必要的保密制度。第 14 条规定,向国外转让中药一级保护品种的处方组成、工艺制法的,应当按照国家有关保密的规定办理。那么,问题在于,这类中药品种的处方、工艺,究竟是企业的商业秘密还是国家秘密?把有些中药当成国家秘密来保护,是否妥当?未来面临中药走向世界等国际化问题时该如何协调?都值得进一步深入思考。

## 三、中药知识产权保护的对策建议

基于上述这些问题,笔者认为,应该从以下几个方面来考虑强化中医药知识产权保护:

1. 制度措施方面

首先,应深入理解党的二十大提出的"促进中医药传承创新发展"到底应该在哪些方面传承,在哪些方面创新。相关政府部门就这个问题陆续出台了相应举措,如鉴于之前对中药的特殊性考虑不充分,国家药监局于 2020 年 12 月发布了《关于促进中药传承创新发展的实施意见》,指出要构建"三结合"审评证据体系,进一步重视人用经验对中药安全性、有效性的支持作用,按照中药特点、研发规律和实际,构建中医药理论、人用经验和临床试验相结合的审评证据体系。

就药品创新而言,从 2005 年到 2020 年的 15 年间,全国中药新药制剂临床试验申请 1096 件,获批了 588 个,超过了 53%,这个数量比西药大得多。

2022 年 10 月国家知识产权局印发的《深入实施〈关于强化知识产权保护的意见〉推进计划》,明确了 2022 年至 2025 年落实《关于强化知识产权保护的意见》重点任务和工作措施,共包括六个方面 114 条具体措施,其中也有好几条涉及中医药的发展,包括制定《中医药传统知识保护条例》。

最高人民法院也正在制定关于加强中医药知识产权司法保护的意见,提出了综合服务体系问题,即如何立体地综合保护中药知识产权,这是非常重要的。

同时,还需要正确处理传统文化与知识产权保护、创新与传统的关系,构建综合、全面、立体的保护机制,给权利人更多的选择机会与途径。

其次，对中医药知识产权保护应遵循“特殊性”的原则。在法律保护的基本概念的前提下，遵循国际知识产权法和知识产权保护的通行惯例，通过我国现有的法律将与中医药保护有关的制度细化，打造一个有利于中医药发展的“特殊”保护制度，这种“特殊”制度仅适用传统中医药的保护。可以对现有法律条文进行适当修订，整合相关中医药知识产权法律文件并使之相互协调配合。

此外，尽管我国是中药大国，但我国中药在国际市场的占有量并不高，因此，可能还需要深入研究、借鉴德国、日本、印度等国家保护民族药、民间处方、汉方药的经验，并在制定相关规则和政策时综合考虑。

2. 专利方面

笔者认为，在目前制度框架下，在中药专利授权上至少要进一步放开中药专利授权的“三性”标准。《专利法》规定申请专利必须满足“三性”要求，但考虑到中医药的特殊性，应该制定特殊规则，对“三性”标准作适度调整，适当降低对中药专利“三性”的审查标准。

第一，在新颖性方面，传统中药一般都经过了一定时间的积累，且在民间长期使用，如果这些传统药物制成中药制剂，则不能因这部分传统药物在国内公开使用过，就认为其丧失了新颖性。

第二，在创造性方面，使中药具有创造性的关键在于对中药方剂增减之后能够产生一种非显而易见的改变，如发现了新的疗效、适应证、原有疗效显著增加或毒副作用降低，或由于方法和生产工艺的改变而产生了上述效果的，也可认定为有创造性。

第三，在实用性方面，TRIPs 协议的规定是能够制造或者使用，并且能够产生积极效果，也就是说，首先要使该中药产品能够进行工业化生产，但对于能否产生“积极效果”这一审查要求，还应当以符合中药本身的特征来判断。中药的优势在于远期效果，所以中医药实用性的判断适当放宽审查期限，观察长期的试验资料。

第四，在发生侵权后，适用同样的标准与规则确定保护范围与进行侵权判断。在推动中药现代化、标准化、工业化、国际化的过程中，使中药能够基本适用与化学药相同的保护模式，并在法律强有力的保护下健康发展，真正实现《中医药法》规定的“国家鼓励和支持中药新药的研制和生产。国家保护传统中药加工技术和工艺，支持传统剂型中成药的生产，鼓励运用现代科学技术研究开发传统中成药”，国家“支持以中药制剂为基础研制中药新药”。

目前，《专利法》中有许多针对药品的特殊规定，但主要适用于化学药、生物制品,而大多与中药不相关,也使其无法适用于中药,这是一个值得关注的问题。专利法为创新服务,也应当对中药领域的创新给予特殊关注。

3. 其他方面

如前所述,中药知识产权保护涉及的制度规则具有多样性,除了前述专利法保护应当考虑中药本身的特殊性,而对具体制度规则的细节进行相对应调整使中药能够得以适用外,还应充分利用商标和商业秘密保护制度,构建综合、立体、全方位的中药知识产权保护体系。

一方面,应引导企业规范中药商标注册与使用,正确区分商标与药品名称、商标与通用名称,增强商标的显著性,并对中药商标权予以严格保护。此外,对中药材地理标志保护也应加大宣传和保护力度。

另一方面,应加强对中药商业秘密保护的特殊性研究,处理好企业商业秘密与国家秘密的关系,并作出相应的规定与指引。从中药国际化层面出发,区分中药涉及的商业秘密和国家秘密,鼓励企业通过商业秘密保护。

# 附录　与药品保护相关的法律、法规及政策文件

**1. 中共中央办公厅、国务院办公厅《关于深化审评审批制度改革鼓励药品医疗器械创新的意见》（节录）**

三、促进药品创新和仿制药发展

（十五）建立上市药品目录集。新批准上市或通过仿制药质量和疗效一致性评价的药品，载入中国上市药品目录集，注明创新药、改良型新药及与原研药品质量和疗效一致的仿制药等属性，以及有效成份、剂型、规格、上市许可持有人、取得的专利权、试验数据保护期等信息。

（十六）探索建立药品专利链接制度。为保护专利权人合法权益，降低仿制药专利侵权风险，鼓励仿制药发展，探索建立药品审评审批与药品专利链接制度。药品注册申请人提交注册申请时，应说明涉及的相关专利及其权属状态，并在规定期限内告知相关药品专利权人。专利权存在纠纷的，当事人可以向法院起诉，期间不停止药品技术审评。对通过技术审评的药品，食品药品监管部门根据法院生效判决、裁定或调解书作出是否批准上市的决定；超过一定期限未取得生效判决、裁定或调解书的，食品药品监管部门可批准上市。

（十七）开展药品专利期限补偿制度试点。选择部分新药开展试点，对因临床试验和审评审批延误上市的时间，给予适当专利期限补偿。

（十八）完善和落实药品试验数据保护制度。药品注册申请人在提交注册申请时，可同时提交试验数据保护申请。对创新药、罕见病治疗药品、儿童专用药、创新治疗用生物制品以及挑战专利成功药品注册申请人提交的自行取得且未披露的试验数据和其他数据，给予一定的数据保护期。数据保护期自药品批准上市之日起计算。数据保护期内，不批准其他申请人同品种上市申请，申请人自行取得的数据或获得上市许可的申请人同意的除外。

（十九）促进药品仿制生产。坚持鼓励创新与促进药品仿制生产、降低用药负担并重，定期发布专利权到期、终止、无效且尚无仿制申请的药品清单，引导仿制

药研发生产，提高公众用药可及性。完善相关研究和评价技术指导原则，支持生物类似药、具有临床价值的药械组合产品的仿制。加快推进仿制药质量和疗效一致性评价。

**2.《专利法》(节录)**

**第二十六条**　申请发明或者实用新型专利的，应当提交请求书、说明书及其摘要和权利要求书等文件。

请求书应当写明发明或者实用新型的名称，发明人的姓名，申请人姓名或者名称、地址，以及其他事项。

说明书应当对发明或者实用新型作出清楚、完整的说明，以所属技术领域的技术人员能够实现为准；必要的时候，应当有附图。摘要应当简要说明发明或者实用新型的技术要点。

权利要求书应当以说明书为依据，清楚、简要地限定要求专利保护的范围。

依赖遗传资源完成的发明创造，申请人应当在专利申请文件中说明该遗传资源的直接来源和原始来源；申请人无法说明原始来源的，应当陈述理由。

**第四十二条**　发明专利权的期限为二十年，实用新型专利权的期限为十年，外观设计专利权的期限为十五年，均自申请日起计算。

自发明专利申请日起满四年，且自实质审查请求之日起满三年后授予发明专利权的，国务院专利行政部门应专利权人的请求，就发明专利在授权过程中的不合理延迟给予专利权期限补偿，但由申请人引起的不合理延迟除外。

为补偿新药上市审评审批占用的时间，对在中国获得上市许可的新药相关发明专利，国务院专利行政部门应专利权人的请求给予专利权期限补偿。补偿期限不超过五年，新药批准上市后总有效专利权期限不超过十四年。

**第五十五条**　为了公共健康目的，对取得专利权的药品，国务院专利行政部门可以给予制造并将其出口到符合中华人民共和国参加的有关国际条约规定的国家或者地区的强制许可。

**第七十条**　国务院专利行政部门可以应专利权人或者利害关系人的请求处理在全国有重大影响的专利侵权纠纷。

地方人民政府管理专利工作的部门应专利权人或者利害关系人请求处理专利侵权纠纷，对在本行政区域内侵犯其同一专利权的案件可以合并处理；对跨区域侵犯其同一专利权的案件可以请求上级地方人民政府管理专利工作的部门处理。

**第七十五条** 有下列情形之一的,不视为侵犯专利权:

(一)专利产品或者依照专利方法直接获得的产品,由专利权人或者经其许可的单位、个人售出后,使用、许诺销售、销售、进口该产品的;

(二)在专利申请日前已经制造相同产品、使用相同方法或者已经作好制造、使用的必要准备,并且仅在原有范围内继续制造、使用的;

(三)临时通过中国领陆、领水、领空的外国运输工具,依照其所属国同中国签订的协议或者共同参加的国际条约,或者依照互惠原则,为运输工具自身需要而在其装置和设备中使用有关专利的;

(四)专为科学研究和实验而使用有关专利的;

(五)为提供行政审批所需要的信息,制造、使用、进口专利药品或者专利医疗器械的,以及专门为其制造、进口专利药品或者专利医疗器械的。

**第七十六条** 药品上市审评审批过程中,药品上市许可申请人与有关专利权人或者利害关系人,因申请注册的药品相关的专利权产生纠纷的,相关当事人可以向人民法院起诉,请求就申请注册的药品相关技术方案是否落入他人药品专利权保护范围作出判决。国务院药品监督管理部门在规定的期限内,可以根据人民法院生效裁判作出是否暂停批准相关药品上市的决定。

药品上市许可申请人与有关专利权人或者利害关系人也可以就申请注册的药品相关的专利权纠纷,向国务院专利行政部门请求行政裁决。

国务院药品监督管理部门会同国务院专利行政部门制定药品上市许可审批与药品上市许可申请阶段专利权纠纷解决的具体衔接办法,报国务院同意后实施。

**3.《专利法实施细则》(节录)**

**第七十七条** 依照专利法第四十二条第二款的规定请求给予专利权期限补偿的,专利权人应当自公告授予专利权之日起 3 个月内向国务院专利行政部门提出。

**第七十八条** 依照专利法第四十二条第二款的规定给予专利权期限补偿的,补偿期限按照发明专利在授权过程中不合理延迟的实际天数计算。

前款所称发明专利在授权过程中不合理延迟的实际天数,是指自发明专利申请日起满 4 年且自实质审查请求之日起满 3 年之日至公告授予专利权之日的间隔天数,减去合理延迟的天数和由申请人引起的不合理延迟的天数。

下列情形属于合理延迟：

（一）依照本细则第六十六条的规定修改专利申请文件后被授予专利权的,因复审程序引起的延迟；

（二）因本细则第一百零三条、第一百零四条规定情形引起的延迟；

（三）其他合理情形引起的延迟。

同一申请人同日对同样的发明创造既申请实用新型专利又申请发明专利,依照本细则第四十七条第四款的规定取得发明专利权的,该发明专利权的期限不适用专利法第四十二条第二款的规定。

**第七十九条**　专利法第四十二条第二款规定的由申请人引起的不合理延迟包括以下情形：

（一）未在指定期限内答复国务院专利行政部门发出的通知；

（二）申请延迟审查；

（三）因本细则第四十五条规定情形引起的延迟；

（四）其他由申请人引起的不合理延迟。

**第八十条**　专利法第四十二条第三款所称新药相关发明专利是指符合规定的新药产品专利、制备方法专利、医药用途专利。

**第八十一条**　依照专利法第四十二条第三款的规定请求给予新药相关发明专利权期限补偿的,应当符合下列要求,自该新药在中国获得上市许可之日起3个月内向国务院专利行政部门提出：

（一）该新药同时存在多项专利的,专利权人只能请求对其中一项专利给予专利权期限补偿；

（二）一项专利同时涉及多个新药的,只能对一个新药就该专利提出专利权期限补偿请求；

（三）该专利在有效期内,且尚未获得过新药相关发明专利权期限补偿。

**第八十二条**　依照专利法第四十二条第三款的规定给予专利权期限补偿的,补偿期限按照该专利申请日至该新药在中国获得上市许可之日的间隔天数减去5年,在符合专利法第四十二条第三款规定的基础上确定。

**第八十三条**　新药相关发明专利在专利权期限补偿期间,该专利的保护范围限于该新药及其经批准的适应症相关技术方案；在保护范围内,专利权人享有的权利和承担的义务与专利权期限补偿前相同。

**第八十四条** 国务院专利行政部门对依照专利法第四十二条第二款、第三款的规定提出的专利权期限补偿请求进行审查后，认为符合补偿条件的，作出给予期限补偿的决定，并予以登记和公告；不符合补偿条件的，作出不予期限补偿的决定，并通知提出请求的专利权人。

**第八十九条** 专利法第五十三条第（一）项所称未充分实施其专利，是指专利权人及其被许可人实施其专利的方式或者规模不能满足国内对专利产品或者专利方法的需求。

专利法第五十五条所称取得专利权的药品，是指解决公共健康问题所需的医药领域中的任何专利产品或者依照专利方法直接获得的产品，包括取得专利权的制造该产品所需的活性成分以及使用该产品所需的诊断用品。

**第九十条** 请求给予强制许可的，应当向国务院专利行政部门提交强制许可请求书，说明理由并附具有关证明文件。

国务院专利行政部门应当将强制许可请求书的副本送交专利权人，专利权人应当在国务院专利行政部门指定的期限内陈述意见；期满未答复的，不影响国务院专利行政部门作出决定。

国务院专利行政部门在作出驳回强制许可请求的决定或者给予强制许可的决定前，应当通知请求人和专利权人拟作出的决定及其理由。

国务院专利行政部门依照专利法第五十五条的规定作出给予强制许可的决定，应当同时符合中国缔结或者参加的有关国际条约关于为了解决公共健康问题而给予强制许可的规定，但中国作出保留的除外。

**第九十六条** 有下列情形之一的，属于专利法第七十条所称的在全国有重大影响的专利侵权纠纷：

（一）涉及重大公共利益的；

（二）对行业发展有重大影响的；

（三）跨省、自治区、直辖市区域的重大案件；

（四）国务院专利行政部门认为可能有重大影响的其他情形。

专利权人或者利害关系人请求国务院专利行政部门处理专利侵权纠纷，相关案件不属于在全国有重大影响的专利侵权纠纷的，国务院专利行政部门可以指定有管辖权的地方人民政府管理专利工作的部门处理。

## 4.《专利审查指南》(节录)

### 第二部分第十章　关于化学领域发明专利申请审查的若干规定(节录)

**1. 引言**

化学领域发明专利申请的审查存在着许多特殊的问题。例如,在多数情况下,化学发明能否实施往往难以预测,必须借助于试验结果加以证实才能得到确认;有的化学产品的结构尚不清楚,不得不借助于性能参数和/或制备方法来定义;发现已知化学产品新的性能或者用途并不意味着其结构或者组成的改变,因此不能视为新的产品;某些涉及生物材料的发明仅仅按照说明书的文字描述很难实现,必须借助于保藏生物材料作为补充手段。本章旨在按照专利法和专利法实施细则的原则,并在符合本指南一般性规定的前提下,对于如何处理化学发明审查中的某些特殊问题作出若干规定。

**2. 不授予专利权的化学发明专利申请**

2.1　天然物质

人们从自然界找到以天然形态存在的物质,仅仅是一种发现,属于专利法第二十五条第一款第(一)项规定的"科学发现",不能被授予专利权。但是,如果是首次从自然界分离或者提取出来的物质,其结构、形态或者其他物理化学参数是现有技术中不曾认识的,并能被确切地表征,且在产业上有利用价值,则该物质本身以及取得该物质的方法均可依法被授予专利权。

2.2　物质的医药用途

物质的医药用途如果是用于诊断或者治疗疾病,则因属于专利法第二十五条第一款第(三)项规定的情形,不能被授予专利权。但是如果它们用于制造药品,则可依法被授予专利权(参见本章第4.5.2节)。

**3. 化学发明的充分公开**

3.1　化学产品发明的充分公开

这里所称的化学产品包括化合物、组合物以及用结构和/或组成不能够清楚描述的化学产品。要求保护的发明为化学产品本身的,说明书中应当记载化学产品的确认、化学产品的制备以及化学产品的用途。

(1)化学产品的确认

对于化合物发明,说明书中应当说明该化合物的化学名称及结构式(包括各种官能基团、分子立体构型等)或者分子式,对化学结构的说明应当明确到使本领域的技术人员能确认该化合物的程度;并应当记载与发明要解决的技术问题相关的化学、物理性能参数(例如各种定性或者定量数据和谱图等),使要求保护的化合物能被清楚地确认。此外,对于高分子化合物,除了应当对其重复单元的名称、结构式或者分子式按照对上述化合物的相同要求进行记载之外,还应当对其分子量及分子量分布、重复单元排列状态(如均聚、共聚、嵌段、接枝等)等要素作适当的说明;如果这些结构要素未能完全确认该高分子化合物,则还应当记载其结晶度、密度、二次转变点等性能参数。

对于组合物发明,说明书中除了应当记载组合物的组分外,还应当记载各组分的化学和/或物理状态、各组分可选择的范围、各组分的含量范围及其对组合物性能的影响等。对于仅用结构和/或组成不能够清楚描述的化学产品,说明书中应当进一步使用适当的化学、物理参数和/或制备方法对其进行说明,使要求保护的化学产品能被清楚地确认。

(2)化学产品的制备

对于化学产品发明,说明书中应当记载至少一种制备方法,说明实施所述方法所用的原料物质、工艺步骤和条件、专用设备等,使本领域的技术人员能够实施。对于化合物发明,通常需要有制备实施例。

(3)化学产品的用途和/或使用效果

对于化学产品发明,应当完整地公开该产品的用途和/或使用效果,即使是结构首创的化合物,也应当至少记载一种用途。

如果所属技术领域的技术人员无法根据现有技术预测发明能够实现所述用途和/或使用效果,则说明书中还应当记载对于本领域技术人员来说,足以证明发明的技术方案可以实现所述用途和/或达到预期效果的定性或者定量实验数据。

对于新的药物化合物或者药物组合物,应当记载其具体医药用途或者药理作用,同时还应当记载其有效量及使用方法。如果本领域技术人员无法根据现有技术预测发明能够实现所述医药用途、药理作用,则应当记载对于本领域技术人员来说,足以证明发明的技术方案可以解决预期要解决的技术问题或者达到预期的技术效果的实验室试验(包括动物试验)或者临床试验的定性或者定量数据。说明书对有效量和使用方法或者制剂方法等应当记载至所属技术领域的技术人员能够实施的程度。

对于表示发明效果的性能数据,如果现有技术中存在导致不同结果的多种测定方法,则应当说明测定它的方法,若为特殊方法,应当详细加以说明,使所属技术领域的技术人员能实施该方法。

3.2 化学方法发明的充分公开

(1)对于化学方法发明,无论是物质的制备方法还是其他方法,均应当记载方法所用的原料物质、工艺步骤和工艺条件,必要时还应当记载方法对目的物质性能的影响,使所属技术领域的技术人员按照说明书中记载的方法去实施时能够解决该发明要解决的技术问题。

(2)对于方法所用的原料物质,应当说明其成分、性能、制备方法或者来源,使得本领域技术人员能够得到。

3.3 化学产品用途发明的充分公开

对于化学产品用途发明,在说明书中应当记载所使用的化学产品、使用方法及所取得的效果,使得本领域技术人员能够实施该用途发明。如果所使用的产品是新的化学产品,则说明书对于该产品的记载应当满足本章第3.1节的相关要求。如果本领域的技术人员无法根据现有技术预测该用途,则应当记载对于本领域的技术人员来说,足以证明该物质可以用于所述用途并能解决所要解决的技术问题或者达到所述效果的实验数据。

3.4 关于实施例

由于化学领域属于实验性学科,多数发明需要经过实验证明,因此说明书中通常应当包括实施例,例如产品的制备和应用实施例。

说明书中实施例的数目,取决于权利要求的技术特征的概括程度,例如并列选择要素的概括程度和数据的取值范围;在化学发明中,根据发明的性质不同,具体技术领域不同,对实施例数目的要求也不完全相同。一般的原则是,应当能足以理解发明如何实施,并足以判断在权利要求所限定的范围内都可以实施并取得所述的效果。

3.5 关于补交的实验数据

3.5.1 审查原则

判断说明书是否充分公开,以原说明书和权利要求书记载的内容为准。

对于申请日之后申请人为满足专利法第二十二条第三款、第二十六条第三款等要求补交的实验数据,审查员应当予以审查。补交实验数据所证明的技术效果应当是所属技术领域的技术人员能够从专利申请公开的内容中得到的。

3.5.2 药品专利申请的补交实验数据

按照本章第3.5.1节的审查原则,给出涉及药品专利申请的审查示例。

【例1】

权利要求请求保护化合物A,说明书记载了化合物A的制备实施例、降血压作用及测定降血压活性的实验方法,但未记载实验结果数据。为证明说明书充分公开,申请人补交了化合物A的降血压效果数据。对于所属技术领域的技术人员来说,根据原始申请文件的记载,化合物A的降血压作用已经公开,补交实验数据所要证明的技术效果能够从专利申请文件公开的内容中得到。应该注意的是,该补交实验数据在审查创造性时也应当予以审查。

【例2】

权利要求请求保护通式I化合物,说明书记载了通式I及其制备方法,通式I中多个具体化合物A、B等的制备实施例,也记载了通式I的抗肿瘤作用、测定抗肿瘤活性的实验方法和实验结果数据,实验结果数据记载为实施例化合物对肿瘤细胞IC50值在10nM~100nM范围内。为证明权利要求具备创造性,申请人补交了对比实验数据,显示化合物A的IC50值为15nM,而对比文件1化合物为87nM。对于所属技术领域的技术人员来说,根据原始申请文件的记载,化合物A及其抗肿瘤作用已经公开,补交实验数据所要证明的技术效果能够从专利申请文件公开的内容中得到。应该注意的是,此时,审查员还需要结合补交实验数据进一步分析权利要求请求保护的技术方案是否满足创造性的要求。

## 第五部分第九章　专利权的授予和终止(节录)

**2. 根据专利法第四十二条第二款的专利权期限补偿**

根据专利法第四十二条第二款的规定,自发明专利申请日起满四年,且自实质审查请求之日起满三年后授予发明专利权的,专利局应专利权人的请求,就发明专利在授权过程中的不合理延迟给予专利权期限补偿,但由申请人引起的不合理延迟除外。

同一申请人同日对同样的发明创造既申请实用新型专利又申请发明专利,依照专利法实施细则第四十七条第四款的规定取得发明专利权的,该发明专利权的期限不适用专利法第四十二条第二款的规定。

2.1　请求的提出

专利权期限补偿请求应当由专利权人提出。专利权人请求给予专利权期限补偿的,应当自专利授权公告之日起三个月内向专利局提出请求,并且缴纳相应费用。

已委托专利代理机构的,专利权期限补偿请求应当由专利代理机构办理。专利权属于多个专利权人共有的,且未委托专利代理机构的,专利权期限补偿请求应当由代表人办理。

2.2　补偿期限的确定

给予专利权期限补偿的,补偿期限按照发明专利在授权过程中不合理延迟的实际天数计算,该实际天数是指自发明专利申请日起满四年且自实质审查请求之日起满三年之日至公告授予专利权之日的间隔天数,减去合理延迟的天数和由申请人引起的不合理延迟的天数。

对于国际申请和分案申请,不合理延迟的实际天数是指自国际申请进入中国国家阶段的日期或分案申请递交日起满四年且自实质审查请求之日起满三年至公告授予专利权之日的间隔天数,减去合理延迟的天数和由申请人引起的不合理延迟的天数。

实质审查请求之日是指申请人依照专利法第三十五条第一款规定提出实质审查请求并依照专利法实施细则第一百一十三条规定足额缴纳发明专利申请实质审查费之日。发明专利申请的实质审查请求之日早于专利法第三十四条所称公布之日的,专利法第四十二条第二款所称自实质审查请求之日起满三年应当自该公布日起计算。

2.2.1　授权过程中的合理延迟

以下情形引起的延迟属于授权过程中的合理延迟:依照专利法实施细则第六十六条规定修改专利申请文件的复审程序、依照专利法实施细则第一百零三条规定的中止程序、依照专利法实施细则第一百零四条规定的保全措施、其他合理情形如行政诉讼程序等。

2.2.2　申请人引起的不合理延迟

以下由申请人引起的不合理延迟,延迟的天数为:

(1)未在指定期限内答复专利局发出的通知引起的延迟,延迟的天数为期限届满日起至实际提交答复之日止。

(2)申请延迟审查的,延迟的天数为实际延迟审查的天数。

(3)援引加入引起的延迟,延迟的天数为根据专利法实施细则第四十五条引起的延迟天数。

(4)请求恢复权利引起的延迟,延迟的天数为从原期限届满日起至同意恢复的恢复权利请求审批通知书发文日止。能证明该延迟是由专利局造成的除外。

(5)自优先权日起30个月内办理进入中国国家阶段手续的国际申请,申请人未要求提前处理引起的延迟,延迟的天数为进入中国国家阶段之日起至自优先权日起满30个月之日止。

2.3 期限补偿请求的审批

经审查后认为专利权期限补偿请求不符合期限补偿条件的,专利局应当给予请求人至少一次陈述意见和/或补正文件的机会。对于此后仍然不符合期限补偿条件的,应当作出不予期限补偿的决定。

经审查后认为专利权期限补偿请求符合期限补偿条件的,专利局应当作出给予期限补偿的决定,告知期限补偿的天数。

2.4 登记和公告

专利局作出给予专利权期限补偿的决定后,应当将有关事项在专利登记簿上登记并在专利公报上公告。

**3.根据专利法第四十二条第三款的专利权期限补偿**

根据专利法第四十二条第三款和专利法实施细则第八十条至第八十四条的规定,对于国务院药品监督管理部门批准上市的创新药和符合规定的改良型新药,应专利权人的请求,专利局可以对符合条件的发明专利给予药品专利权期限补偿,以弥补在专利权有效期内该新药上市审评审批占用的时间。

3.1 补偿条件

请求药品专利权期限补偿应当满足以下条件:

(1)请求补偿的专利授权公告日应当早于药品上市许可申请获得批准之日;

(2)提出补偿请求时,该专利权处于有效状态;

(3)该专利尚未获得过药品专利权期限补偿;

(4)请求补偿专利的权利要求包括了获得上市许可的新药相关技术方案;

(5)一个药品同时存在多项专利的,专利权人只能请求对其中一项专利给予药品专利权期限补偿;

(6)一项专利同时涉及多个药品的,只能对一个药品就该专利提出药品专利权期限补偿请求。

3.2 请求的提出

药品专利权期限补偿请求应当由专利权人提出。专利权人与药品上市许可持有人不一致的,应当征得药品上市许可持有人书面同意。

专利权人请求药品专利权期限补偿的,应当自药品在中国获得上市许可之日起三个月内向专利局提出请求，并且缴纳相应费用。对于获得附条件上市许可的药品，应当自在中国获得正式上市许可之日起三个月内向专利局提出请求，但补偿期限的计算以获得附条件上市许可之日为准。

已委托专利代理机构的，药品专利权期限补偿请求应当由专利代理机构办理。专利权属于多个专利权人共有的，且未委托专利代理机构的，药品专利权期限补偿请求应当由代表人办理。

3.3　证明材料

提出药品专利权期限补偿请求时，请求人还应当提交如下材料：

(1)专利权人与药品上市许可持有人不一致的，应当提交药品上市许可持有人的书面同意书等材料；

(2)用于确定药品专利权期限补偿期间专利保护范围的相关技术资料，例如请求对制备方法专利进行期限补偿的，应当提交国务院药品监督管理部门核准的药品生产工艺资料；

(3)专利局要求的其他证明材料。

请求人应当在请求中说明药品名称、药品注册分类、批准的适应症和请求给予期限补偿的专利号，指定与获得上市许可新药相关的权利要求，结合证明材料具体说明指定权利要求包括了新药相关技术方案的理由以及请求补偿期限的计算依据，并明确药品专利权期限补偿期间保护的技术方案。

3.4　适用范围

根据专利法第四十二条第三款及专利法实施细则第八十条的规定，针对国务院药品监督管理部门批准上市的创新药和符合本章规定的改良型新药，对于其中药物活性物质的产品发明专利、制备方法发明专利或者医药用途发明专利，可以给予药品专利权期限补偿。创新药和改良型新药的含义依照有关法律法规并按照国务院药品监督管理部门的相关规定确定。可以给予期限补偿的改良型新药限于国务院药品监督管理部门颁发的药品注册证书中记载为以下类别的改良型新药：

(1)化学药品第2.1类中对已知活性成份成酯，或者对已知活性成份成盐的药品；

(2)化学药品第2.4类，即含有已知活性成份的新适应症的药品；

(3)预防用生物制品第2.2类中对疫苗菌毒种改进的疫苗；

(4)治疗用生物制品第2.2类中增加新适应症的生物制品；

(5)中药第2.3类,即增加功能主治的中药。

3.5 指定权利要求是否包括新药相关技术方案的审查

新药相关技术方案应当以国务院药品监督管理部门批准的新药的结构、组成及其含量,批准的生产工艺和适应症为准。指定权利要求未包括获得上市许可的新药相关技术方案的,不予期限补偿。

药品专利权期限补偿期间内,该专利的保护范围限于国务院药品监督管理部门批准上市的新药,且限于该新药经批准的适应症相关技术方案;在保护范围内,专利权人享有的权利和承担的义务与专利权期限补偿前相同。产品权利要求的保护范围仅限于用于经批准的适应症的上市新药产品,医药用途权利要求的保护范围仅限于上市新药产品的经批准的适应症,制备方法权利要求的保护范围仅限于用于经批准的适应症的上市新药产品在国务院药品监督管理部门备案的生产工艺。

3.6 补偿期限的确定

给予药品专利权期限补偿的,补偿期限按照该专利申请日至该新药在中国获得上市许可之日的间隔天数减去5年。该补偿期限不超过5年,且该药品上市许可申请批准后总有效专利权期限不超过14年。

3.7 期限补偿请求的审批

经审查后认为药品专利权期限补偿请求不符合期限补偿条件的,专利局应当给予请求人至少一次陈述意见和/或补正文件的机会。对于此后仍然不符合期限补偿条件的,应当作出不予期限补偿的决定。

经审查认为应当给予药品专利权期限补偿的,如果专利权人已经提出专利权期限补偿请求但专利局尚未作出审批决定,审查员应当等待专利权期限补偿请求的审批决定作出以后,再确定给予药品专利权期限补偿的时间;如果专利权人尚未提出专利权期限补偿请求,且其自专利授权公告之日起三个月期限尚未届满,审查员应当等待专利权期限补偿请求的时限届满以后,再确定给予药品专利权期限补偿的时间,但专利权人明确表示放弃提出专利权期限补偿请求的除外。

经审查后认为药品专利权期限补偿请求符合期限补偿条件的,专利局应当作出给予期限补偿的决定,告知期限补偿的天数。

3.8 登记和公告

专利局作出给予药品专利权期限补偿的决定后,应当将有关事项在专利登记簿上登记并在专利公报上公告。

**5.《药品专利纠纷早期解决机制实施办法(试行)》**

**第一条**　为了保护药品专利权人合法权益,鼓励新药研究和促进高水平仿制药发展,建立药品专利纠纷早期解决机制,制定本办法。

**第二条**　国务院药品监督管理部门组织建立中国上市药品专利信息登记平台,供药品上市许可持有人登记在中国境内注册上市的药品相关专利信息。

未在中国上市药品专利信息登记平台登记相关专利信息的,不适用本办法。

**第三条**　国家药品审评机构负责建立并维护中国上市药品专利信息登记平台,对已获批上市药品的相关专利信息予以公开。

**第四条**　药品上市许可持有人在获得药品注册证书后30日内,自行登记药品名称、剂型、规格、上市许可持有人、相关专利号、专利名称、专利权人、专利被许可人、专利授权日期及保护期限届满日、专利状态、专利类型、药品与相关专利权利要求的对应关系、通讯地址、联系人、联系方式等内容。

相关信息发生变化的,药品上市许可持有人应当在信息变更生效后30日内完成更新。

药品上市许可持有人对其登记的相关信息的真实性、准确性和完整性负责,对收到的相关异议,应当及时核实处理并予以记录。登记信息与专利登记簿、专利公报以及药品注册证书相关信息应当一致;医药用途专利权与获批上市药品说明书的适应症或者功能主治应当一致;相关专利保护范围覆盖获批上市药品的相应技术方案。相关信息修改应当说明理由并予以公开。

**第五条**　化学药上市许可持有人可在中国上市药品专利信息登记平台登记药物活性成分化合物专利、含活性成分的药物组合物专利、医药用途专利。

**第六条**　化学仿制药申请人提交药品上市许可申请时,应当对照已在中国上市药品专利信息登记平台公开的专利信息,针对被仿制药每一件相关的药品专利作出声明。声明分为四类:

一类声明:中国上市药品专利信息登记平台中没有被仿制药的相关专利信息;

二类声明:中国上市药品专利信息登记平台收录的被仿制药相关专利权已终止或者被宣告无效,或者仿制药申请人已获得专利权人相关专利实施许可;

三类声明:中国上市药品专利信息登记平台收录有被仿制药相关专利,仿制药申请人承诺在相应专利权有效期届满之前所申请的仿制药暂不上市;

四类声明:中国上市药品专利信息登记平台收录的被仿制药相关专利权应当

被宣告无效，或者其仿制药未落入相关专利权保护范围。

仿制药申请人对相关声明的真实性、准确性负责。仿制药申请被受理后10个工作日内，国家药品审评机构应当在信息平台向社会公开申请信息和相应声明；仿制药申请人应当将相应声明及声明依据通知上市许可持有人，上市许可持有人非专利权人的，由上市许可持有人通知专利权人。其中声明未落入相关专利权保护范围的，声明依据应当包括仿制药技术方案与相关专利的相关权利要求对比表及相关技术资料。除纸质资料外，仿制药申请人还应当向上市许可持有人在中国上市药品专利信息登记平台登记的电子邮箱发送声明及声明依据，并留存相关记录。

**第七条** 专利权人或者利害关系人对四类专利声明有异议的，可以自国家药品审评机构公开药品上市许可申请之日起45日内，就申请上市药品的相关技术方案是否落入相关专利权保护范围向人民法院提起诉讼或者向国务院专利行政部门请求行政裁决。当事人对国务院专利行政部门作出的行政裁决不服的，可以在收到行政裁决书后依法向人民法院起诉。

专利权人或者利害关系人如在规定期限内提起诉讼或者请求行政裁决的，应当自人民法院立案或者国务院专利行政部门受理之日起15个工作日内将立案或受理通知书副本提交国家药品审评机构，并通知仿制药申请人。

**第八条** 收到人民法院立案或者国务院专利行政部门受理通知书副本后，国务院药品监督管理部门对化学仿制药注册申请设置9个月的等待期。等待期自人民法院立案或者国务院专利行政部门受理之日起，只设置一次。等待期内国家药品审评机构不停止技术审评。

专利权人或者利害关系人未在规定期限内提起诉讼或者请求行政裁决的，国务院药品监督管理部门根据技术审评结论和仿制药申请人提交的声明情形，直接作出是否批准上市的决定；仿制药申请人可以按相关规定提起诉讼或者请求行政裁决。

**第九条** 对引发等待期的化学仿制药注册申请，专利权人或者利害关系人、化学仿制药申请人应当自收到判决书或者决定书等10个工作日内将相关文书报送国家药品审评机构。对技术审评通过的化学仿制药注册申请，国家药品审评机构结合人民法院生效判决或者国务院专利行政部门行政裁决作出相应处理：

（一）确认落入相关专利权保护范围的，待专利权期限届满前将相关化学仿制药注册申请转入行政审批环节；

（二）确认不落入相关专利权保护范围或者双方和解的，按照程序将相关化学仿制药注册申请转入行政审批环节；

（三）相关专利权被依法无效的，按照程序将相关化学仿制药注册申请转入行政审批环节；

（四）超过等待期，国务院药品监督管理部门未收到人民法院的生效判决或者调解书，或者国务院专利行政部门的行政裁决，按照程序将相关化学仿制药注册申请转入行政审批环节；

（五）国务院药品监督管理部门在行政审批期间收到人民法院生效判决或者国务院专利行政部门行政裁决，确认落入相关专利权保护范围的，将相关化学仿制药注册申请交由国家药品审评机构按照本条第二款第一项的规定办理。

国务院药品监督管理部门作出暂缓批准决定后，人民法院推翻原行政裁决的、双方和解的、相关专利权被宣告无效的，以及专利权人、利害关系人撤回诉讼或者行政裁决请求的，仿制药申请人可以向国务院药品监督管理部门申请批准仿制药上市，国务院药品监督管理部门可以作出是否批准的决定。

**第十条**　对一类、二类声明的化学仿制药注册申请，国务院药品监督管理部门依据技术审评结论作出是否批准上市的决定；对三类声明的化学仿制药注册申请，技术审评通过的，作出批准上市决定，相关药品在相应专利权有效期和市场独占期届满之后方可上市。

**第十一条**　对首个挑战专利成功并首个获批上市的化学仿制药，给予市场独占期。国务院药品监督管理部门在该药品获批之日起12个月内不再批准同品种仿制药上市，共同挑战专利成功的除外。市场独占期限不超过被挑战药品的原专利权期限。市场独占期内国家药品审评机构不停止技术审评。对技术审评通过的化学仿制药注册申请，待市场独占期到期前将相关化学仿制药注册申请转入行政审批环节。

挑战专利成功是指化学仿制药申请人提交四类声明，且根据其提出的宣告专利权无效请求，相关专利权被宣告无效，因而使仿制药可获批上市。

**第十二条**　中药、生物制品上市许可持有人，按照本办法第二条、第三条、第四条、第七条，进行相关专利信息登记等。中药可登记中药组合物专利、中药提取物专利、医药用途专利，生物制品可登记活性成分的序列结构专利、医药用途专利。中药同名同方药、生物类似药申请人按照本办法第六条进行相关专利声明。

**第十三条** 对中药同名同方药和生物类似药注册申请,国务院药品监督管理部门依据技术审评结论,直接作出是否批准上市的决定。对于人民法院或者国务院专利行政部门确认相关技术方案落入相关专利权保护范围的,相关药品在相应专利权有效期届满之后方可上市。

**第十四条** 化学仿制药、中药同名同方药、生物类似药等被批准上市后,专利权人或者利害关系人认为相关药品侵犯其相应专利权,引起纠纷的,依据《中华人民共和国专利法》等法律法规相关规定解决。已经依法批准的药品上市许可决定不予撤销,不影响其效力。

**第十五条** 提交不实声明等弄虚作假的、故意将保护范围与已获批上市药品无关或者不属于应当登记的专利类型的专利登记至中国上市药品专利信息登记平台、侵犯专利权人相关专利权或者其他给当事人造成损失的,依法承担相应责任。

**第十六条** 本办法自发布之日起施行。

**6.《药品专利纠纷早期解决机制行政裁决办法》**

**第一条** 为依法办理涉药品上市审评审批过程中的专利纠纷行政裁决(以下简称药品专利纠纷行政裁决)案件,根据《中华人民共和国专利法》(以下简称专利法)和有关法律、法规、规章,制定本办法。

**第二条** 国家知识产权局负责专利法第七十六条所称的行政裁决办理工作。

国家知识产权局设立药品专利纠纷早期解决机制行政裁决委员会,组织和开展药品专利纠纷早期解决机制行政裁决相关工作。

**第三条** 案件办理人员有下列情形之一的,应当自行回避:

(一)是当事人或者其代理人的近亲属的;

(二)与专利申请或者专利权有利害关系的;

(三)与当事人或者其代理人有其他关系,可能影响公正办案的。

当事人也有权申请案件办理人员回避。当事人申请回避的,应当说明理由。

案件办理人员的回避,由案件办理部门决定。

**第四条** 当事人请求国家知识产权局对药品专利纠纷进行行政裁决的,应当符合下列条件:

(一)请求人是专利法第七十六条所称的药品上市许可申请人与有关专利权人或者利害关系人,其中的利害关系人是指相关专利的被许可人或者登记的药品上市许可持有人；

（二）有明确的被请求人；

（三）有明确的请求事项和具体的事实、理由；

（四）相关专利信息已登记在中国上市药品专利信息登记平台上，且符合《药品专利纠纷早期解决机制实施办法》的相关规定；

（五）人民法院此前未就该药品专利纠纷立案；

（六）药品上市许可申请人提起行政裁决请求的，自国家药品审评机构公开药品上市许可申请之日起四十五日内，专利权人或者利害关系人未就该药品专利纠纷向人民法院起诉或者提起行政裁决请求；

（七）一项行政裁决请求应当仅限于确认一个申请上市许可的药品技术方案是否落入某一项专利权的保护范围。

**第五条** 专利权人或者利害关系人请求确认申请上市许可的药品相关技术方案落入相关专利权的保护范围的，应当以药品上市许可申请人作为被请求人。

专利权属于多个专利权人共有的，应当由全体专利权人提出请求，部分共有专利权人明确表示放弃有关实体权利的除外。

药品上市许可持有人或者独占实施许可合同的被许可人可以自己的名义提出请求；排他实施许可合同的被许可人在专利权人不提出请求的情况下，可以自己的名义提出请求。

**第六条** 药品上市许可申请人请求确认申请上市许可的药品相关技术方案不落入相关专利权的保护范围的，应当以专利权人作为被请求人。

**第七条** 请求国家知识产权局对药品专利纠纷进行行政裁决的，应当提交请求书及下列材料：

（一）主体资格证明；

（二）中国上市药品专利信息登记平台对相关专利的登记信息、国家药品审评机构信息平台公示的药品上市许可申请及其未落入相关专利权保护范围的声明和声明依据；

（三）请求人是药品上市许可申请人的，还应当提交申请注册的药品相关技术方案，该技术方案涉及保密信息的，需要单独提交并声明。

**第八条** 请求书应当载明以下内容：

（一）请求人的姓名或者名称、地址，法定代表人或者主要负责人的姓名、联系电话，委托代理人的，代理人的姓名和代理机构的名称、地址、联系电话；

(二)被请求人的姓名或名称、地址、法定代表人的姓名、联系电话及其他事项;

(三)中国上市药品专利信息登记平台登记的相关专利信息,包括专利号、专利类型、专利状态、专利权人、专利保护期届满日,以及请求认定是否落入保护范围的具体权利要求项;

(四)国家药品审评机构信息平台公示的申请注册药品的相关信息及声明类型;

(五)关于申请注册的药品技术方案是否落入相关专利权保护范围的理由;

(六)证据材料清单;

(七)请求人或者获得授权的代理人的签名(自然人)或者盖章(法人和其他组织)。有关证据和证明材料可以以请求书附件的形式提交。

**第九条** 国家知识产权局收到请求书及相关材料后,应当进行登记并对请求书等材料进行审查。请求书及相关材料不齐全、请求书未使用规定的格式或者填写不符合规定的,应当通知请求人在五个工作日内补正。期满未补正或者补正后仍存在同样缺陷的,该行政裁决请求不予受理。

**第十条** 药品专利纠纷行政裁决请求有下列情形之一的,国家知识产权局不予受理并通知请求人:

(一)请求书中缺少请求人姓名或名称,联系地址等基本信息,或者缺少专利权信息的;

(二)被请求人不明确的;

(三)请求人和被请求人的主体资格不符合本办法第四、五、六条相关规定的;

(四)涉案专利不属于中国上市药品专利信息登记平台登记的专利主题类型,或者与第四类声明中专利不一致的;

(五)涉案专利所涉及的权利要求被国家知识产权局宣告无效的;

(六)请求书中未明确所涉及的专利权利要求以及请求行政裁决具体事项的;

(七)请求人未具体说明行政裁决理由,或者未结合提交的证据具体说明行政裁决理由的;

(八)一项行政裁决请求涉及一个以上申请上市许可的药品技术方案或者一项以上专利权的;

(九)同一药品专利纠纷已被人民法院立案的。

**第十一条** 当事人的请求符合本办法第四条规定的,国家知识产权局应当在五个工作日内立案并通知请求人和被请求人。

**第十二条**　国家知识产权局根据当事人的申请,或者根据案件办理需要可以向药品监督管理部门核实有关证据。

**第十三条**　国家知识产权局应当组成合议组审理案件。根据当事人的请求和案件情况,合议组可以进行口头审理或者书面审理。

相同当事人针对同一药品相关的多项专利权提出多项行政裁决请求的,国家知识产权局可以合并审理。

国家知识产权局决定进行口头审理的,应当至少在口头审理五个工作日前将口头审理的时间、地点通知当事人。请求人无正当理由拒不参加或者未经许可中途退出的,其请求视为撤回;被请求人无正当理由拒不参加或者未经许可中途退出的,缺席审理。

**第十四条**　药品专利纠纷行政裁决案件办理中,涉案专利所涉及的部分权利要求被国家知识产权局宣告无效的,根据维持有效的权利要求为基础作出行政裁决;涉案专利所涉及的权利要求被国家知识产权局全部宣告无效的,驳回行政裁决请求。

**第十五条**　国家知识产权局办理药品专利纠纷行政裁决案件时,可以根据当事人的意愿进行调解。经调解,当事人达成一致意见的,国家知识产权局可以应当事人的请求制作调解书。调解不成的,国家知识产权局应当及时作出行政裁决。

**第十六条**　有以下情形之一的,当事人可以申请中止案件办理,国家知识产权局也可以依职权决定中止案件办理:

(一)一方当事人死亡,需要等待继承人表明是否参加办理的;

(二)一方当事人丧失请求行政裁决的行为能力,尚未确定法定代理人的;

(三)作为一方当事人的法人或者其他组织终止,尚未确定权利义务承受人的;

(四)一方当事人因不可抗拒的事由,不能参加审理的;

(五)其他需要中止办理的情形。

当事人对涉案专利提出无效宣告请求的,国家知识产权局可以不中止案件办理。

**第十七条**　国家知识产权局作出行政裁决之前,请求人可以撤回其请求。请求人撤回其请求或者其请求视为撤回的,药品专利纠纷行政裁决程序终止。

请求人在行政裁决的结论作出后撤回其请求的,不影响行政裁决的效力。

**第十八条** 国家知识产权局作出行政裁决的,应当就申请上市药品技术方案是否落入相关专利权保护范围作出认定,并说明理由和依据。

行政裁决作出后,应当送达当事人并抄送国家药品监督管理部门,同时按照《政府信息公开条例》及有关规定向社会公开。行政裁决公开时,应当删除涉及商业秘密的信息。

**第十九条** 当事人对国家知识产权局作出的药品专利纠纷行政裁决不服的,可以依法向人民法院起诉。

**第二十条** 当事人对其提供的证据或者证明材料的真实性负责。

当事人对其在行政裁决程序中知悉的商业秘密负有保密义务,擅自披露、使用或者允许他人使用该商业秘密的,应当承担相应法律责任。

**第二十一条** 药品专利纠纷行政裁决案件办理人员以及其他工作人员滥用职权、玩忽职守、徇私舞弊或者泄露办理过程中知悉的商业秘密,尚不构成犯罪的,依法给予政务处分;涉嫌犯罪的,移送司法机关处理。

**第二十二条** 本办法未作规定的,依照《专利行政执法办法》以及国家知识产权局关于专利侵权纠纷行政裁决有关规定执行。

**第二十三条** 本办法由国家知识产权局负责解释。

**第二十四条** 本办法自发布之日起施行。

**7.《重大专利侵权纠纷行政裁决办法》**

**第一条** 为贯彻落实党中央、国务院关于全面加强知识产权保护的决策部署,切实维护公平竞争的市场秩序,保障专利权人和社会公众的合法权益,根据《中华人民共和国专利法》(以下简称《专利法》)和有关法律、法规、规章,制定本办法。

**第二条** 本办法适用于国家知识产权局处理专利法第七十条第一款所称的在全国有重大影响的专利侵权纠纷(以下简称重大专利侵权纠纷)。

**第三条** 有以下情形之一的,属于重大专利侵权纠纷:

(一)涉及重大公共利益的;

(二)严重影响行业发展的;

(三)跨省级行政区域的重大案件;

(四)其他可能造成重大影响的专利侵权纠纷。

**第四条**　请求对重大专利侵权纠纷进行行政裁决的,应当符合第三条所述的情形,并具备下列条件:

(一)请求人是专利权人或者利害关系人;

(二)有明确的被请求人;

(三)有明确的请求事项和具体事实、理由;

(四)人民法院未就该专利侵权纠纷立案。

**第五条**　请求对重大专利侵权纠纷进行行政裁决的,应当依据《专利行政执法办法》的有关规定提交请求书及有关证据材料,同时还应当提交被请求人所在地或者侵权行为地省、自治区、直辖市管理专利工作的部门出具的符合本办法第三条所述情形的证明材料。

**第六条**　请求符合本办法第四条规定的,国家知识产权局应当自收到请求书之日起 5 个工作日内立案并通知请求人,同时指定 3 名或者 3 名以上单数办案人员组成合议组办理案件。案情特别复杂或者有其他特殊情况的,经批准,立案期限可以延长 5 个工作日。

请求不符合本办法第四条规定的,国家知识产权局应当在收到请求书之日起 5 个工作日内通知请求人不予立案,并说明理由。

对于不属于重大专利侵权纠纷的请求,国家知识产权局不予立案,并告知请求人可以向有管辖权的地方管理专利工作的部门请求处理。

**第七条**　省、自治区、直辖市管理专利工作的部门对于辖区内专利侵权纠纷处理请求,认为案情属于重大专利侵权纠纷的,可以报请国家知识产权局进行行政裁决。

**第八条**　办案人员应当持有国家知识产权局配发的办案证件。

**第九条**　办案人员有下列情形之一的应当自行回避:

(一)是当事人或者其代理人的近亲属的;

(二)与专利申请或者专利权有利害关系的;

(三)与当事人或者其代理人有其他关系,可能影响公正办案的。

当事人也有权申请办案人员回避。当事人申请回避的,应当说明理由。

办案人员的回避,由负责办案的部门决定。

**第十条**　国家知识产权局应当在立案之日起 5 个工作日内向被请求人发出请求书及其附件的副本,要求其在收到之日起 15 日内提交答辩书,并按照请求人的数量提供答辩书副本。被请求人逾期不提交答辩书的,不影响案件处理。

被请求人提交答辩书的，国家知识产权局应当在收到之日起5个工作日内将答辩书副本转送请求人。

国家知识产权局可以对侵犯其同一专利权的案件合并处理。

**第十一条** 案件办理过程中，请求人提出申请追加被请求人的，如果符合共同被请求人条件，国家知识产权局应当裁定追加并通知其他当事人，不符合共同被请求人条件但符合请求条件的，应当驳回追加申请，告知请求人另案提出请求。对于被请求人提出追加其他当事人为被请求人的，应当告知请求人。请求人同意追加的，裁定准许追加。请求人不同意的，可以追加其他当事人为第三人。追加被请求人或第三人的请求应当在口头审理前提出，否则不予支持。

**第十二条** 当事人对自己提出的主张，有责任提供证据。当事人因客观原因不能收集的证据，可以提交初步证据和理由，书面申请国家知识产权局调查或者检查。根据查明案件事实的需要，国家知识产权局也可以依法调查或者检查。

办案人员在调查或者检查时不得少于两人，并应当向当事人或者有关人员出示办案证件。

**第十三条** 办案人员在调查或者检查时，可以行使下列职权：

（一）询问有关当事人及其他有关单位和个人，调查与涉嫌专利侵权行为有关的情况；

（二）对当事人涉嫌专利侵权行为的场所实施现场检查；

（三）检查与涉嫌专利侵权行为有关的产品。

在调查或者检查时，当事人或者有关人员应当予以协助、配合，不得拒绝、阻挠。

根据工作需要和实际情况，国家知识产权局可以将相关案件调查工作委托地方管理专利工作的部门进行。

**第十四条** 专利侵权纠纷涉及复杂技术问题，需要进行检验鉴定的，国家知识产权局可以应当事人请求委托有关单位进行检验鉴定。当事人请求检验鉴定的，检验鉴定单位可以由双方当事人协商确定；协商不成的，由国家知识产权局指定。检验鉴定意见未经质证，不得作为定案依据。

当事人对鉴定费用有约定的，从其约定。没有约定的，鉴定费用由申请鉴定方先行支付，结案时由责任方承担。

**第十五条** 国家知识产权局可以指派技术调查官参与案件处理，提出技术调查意见。相关技术调查意见可以作为合议组认定技术事实的参考。技术调查官管理办法另行规定。

**第十六条**　国家知识产权局根据案情需要决定是否进行口头审理。进行口头审理的,应当至少在口头审理5个工作日前将口头审理的时间、地点通知当事人。当事人无正当理由拒不参加的,或者未经许可中途退出的,对请求人按撤回请求处理,对被请求人按缺席处理。

**第十七条**　有以下情形之一的,当事人可以申请中止案件办理,国家知识产权局也可以依职权决定中止案件办理:

(一)被请求人申请宣告涉案专利权无效并被国家知识产权局受理的;

(二)一方当事人死亡,需要等待继承人表明是否参加处理的;

(三)一方当事人丧失民事行为能力,尚未确定法定代理人的;

(四)作为一方当事人的法人或者其他组织终止,尚未确定权利义务承受人的;

(五)一方当事人因不可抗拒的事由,不能参加审理的;

(六)该案必须以另一案的审理结果为依据,而另一案尚未审结的;

(七)其他需要中止处理的情形。

**第十八条**　有下列情形之一的,国家知识产权局可以不中止案件处理:

(一)请求人出具的检索报告或专利权评价报告未发现实用新型或者外观设计专利权存在不符合授予专利权条件的缺陷;

(二)无效宣告程序已对该实用新型或者外观设计专利作出维持有效决定的;

(三)当事人提出的中止理由明显不成立的。

**第十九条**　有下列情形之一时,国家知识产权局可以撤销案件:

(一)立案后发现不符合受理条件的;

(二)请求人撤回处理请求的;

(三)请求人死亡或注销,没有继承人,或者继承人放弃处理请求的;

(四)被请求人死亡或注销,或者没有应当承担义务的人的;

(五)其他需要撤销案件的情形。

**第二十条**　在行政裁决期间,有关专利权被国家知识产权局宣告无效的,可以终止案件办理。有证据证明宣告上述权利无效的决定被生效的行政判决撤销的,权利人可以另行提起请求。

**第二十一条**　国家知识产权局可以组织当事人进行调解。双方当事人达成一致的,由国家知识产权局制作调解书,加盖公章,并由双方当事人签名或者盖章。调解不成的,应当及时作出行政裁决。

**第二十二条** 国家知识产权局处理专利侵权纠纷,应当自立案之日起三个月内结案。因案件复杂或者其他原因,不能在规定期限内结案的,经批准,可以延长一个月。案情特别复杂或者有其他特殊情况,经延期仍不能结案的,经批准继续延期的,应当同时确定延长的合理期限。

案件处理过程中,中止、公告、检验鉴定等时间不计入前款所指的案件办理期限。变更请求、追加共同被请求人、第三人的,办案期限从变更请求、确定共同被请求人、第三人之日起重新计算。

**第二十三条** 国家知识产权局作出行政裁决,应当制作行政裁决书,并加盖公章。行政裁决认定专利侵权行为成立的,应当责令立即停止侵权行为,并根据需要通知有关主管部门、地方人民政府有关部门协助配合及时制止侵权行为。当事人不服的,可以自收到行政裁决书之日起 15 日内,依照《中华人民共和国行政诉讼法》向人民法院起诉。除法律规定的情形外,诉讼期间不停止行政裁决的执行。被请求人期满不起诉又不停止侵权行为的,国家知识产权局可以向人民法院申请强制执行。

行政裁决作出后,应当按照《政府信息公开条例》及有关规定向社会公开。行政裁决公开时,应当删除涉及商业秘密的信息。

**第二十四条** 办案人员以及其他工作人员滥用职权、玩忽职守、徇私舞弊或者泄露办案过程中知悉的商业秘密,尚不构成犯罪的,依法给予政务处分;涉嫌犯罪的,移送司法机关处理。

**第二十五条** 本办法未作规定的,依照《专利行政执法办法》以及国家知识产权局关于专利侵权纠纷行政裁决有关规定执行。

**第二十六条** 本办法由国家知识产权局负责解释。

**第二十七条** 本办法自 2021 年 6 月 1 日起施行。

### 8. 最高人民法院《关于审理专利授权确权行政案件适用法律若干问题的规定(一)》(节录)

**第十条** 药品专利申请人在申请日以后提交补充实验数据,主张依赖该数据证明专利申请符合专利法第二十二条第三款、第二十六条第三款等规定的,人民法院应予审查。

**第十一条** 当事人对实验数据的真实性产生争议的,提交实验数据的一方当事人应当举证证明实验数据的来源和形成过程。人民法院可以通知实验负责人到庭,就实验原料、步骤、条件、环境或者参数以及完成实验的人员、机构等作出说明。

**9. 最高人民法院《关于审理申请注册的药品相关的专利权纠纷民事案件适用法律若干问题的规定》**

为正确审理申请注册的药品相关的专利权纠纷民事案件,根据《中华人民共和国专利法》《中华人民共和国民事诉讼法》等有关法律规定,结合知识产权审判实际,制定本规定。

**第一条**　当事人依据专利法第七十六条规定提起的确认是否落入专利权保护范围纠纷的第一审案件,由北京知识产权法院管辖。

**第二条**　专利法第七十六条所称相关的专利,是指适用国务院有关行政部门关于药品上市许可审批与药品上市许可申请阶段专利权纠纷解决的具体衔接办法(以下简称衔接办法)的专利。

专利法第七十六条所称利害关系人,是指前款所称专利的被许可人、相关药品上市许可持有人。

**第三条**　专利权人或者利害关系人依据专利法第七十六条起诉的,应当按照民事诉讼法第一百一十九条第三项的规定提交下列材料:

(一)国务院有关行政部门依据衔接办法所设平台中登记的相关专利信息,包括专利名称、专利号、相关的权利要求等;

(二)国务院有关行政部门依据衔接办法所设平台中公示的申请注册药品的相关信息,包括药品名称、药品类型、注册类别以及申请注册药品与所涉及的上市药品之间的对应关系等;

(三)药品上市许可申请人依据衔接办法作出的四类声明及声明依据。

药品上市许可申请人应当在一审答辩期内,向人民法院提交其向国家药品审评机构申报的、与认定是否落入相关专利权保护范围对应的必要技术资料副本。

**第四条**　专利权人或者利害关系人在衔接办法规定的期限内未向人民法院提起诉讼的,药品上市许可申请人可以向人民法院起诉,请求确认申请注册药品未落入相关专利权保护范围。

**第五条**　当事人以国务院专利行政部门已经受理专利法第七十六条所称行政裁决请求为由,主张不应当受理专利法第七十六条所称诉讼或者申请中止诉讼的,人民法院不予支持。

**第六条** 当事人依据专利法第七十六条起诉后，以国务院专利行政部门已经受理宣告相关专利权无效的请求为由，申请中止诉讼的，人民法院一般不予支持。

**第七条** 药品上市许可申请人主张具有专利法第六十七条、第七十五条第二项等规定情形的，人民法院经审查属实，可以判决确认申请注册的药品相关技术方案未落入相关专利权保护范围。

**第八条** 当事人对其在诉讼中获取的商业秘密或者其他需要保密的商业信息负有保密义务，擅自披露或者在该诉讼活动之外使用、允许他人使用的，应当依法承担民事责任。构成民事诉讼法第一百一十一条规定情形的，人民法院应当依法处理。

**第九条** 药品上市许可申请人向人民法院提交的申请注册的药品相关技术方案，与其向国家药品审评机构申报的技术资料明显不符，妨碍人民法院审理案件的，人民法院依照民事诉讼法第一百一十一条的规定处理。

**第十条** 专利权人或者利害关系人在专利法第七十六条所称诉讼中申请行为保全，请求禁止药品上市许可申请人在相关专利权有效期内实施专利法第十一条规定的行为的，人民法院依照专利法、民事诉讼法有关规定处理；请求禁止药品上市申请行为或者审评审批行为的，人民法院不予支持。

**第十一条** 在针对同一专利权和申请注册药品的侵害专利权或者确认不侵害专利权诉讼中，当事人主张依据专利法第七十六条所称诉讼的生效判决认定涉案药品技术方案是否落入相关专利权保护范围的，人民法院一般予以支持。但是，有证据证明被诉侵权药品技术方案与申请注册的药品相关技术方案不一致或者新主张的事由成立的除外。

**第十二条** 专利权人或者利害关系人知道或者应当知道其主张的专利权应当被宣告无效或者申请注册药品的相关技术方案未落入专利权保护范围，仍提起专利法第七十六条所称诉讼或者请求行政裁决的，药品上市许可申请人可以向北京知识产权法院提起损害赔偿之诉。

**第十三条** 人民法院依法向当事人在国务院有关行政部门依据衔接办法所设平台登载的联系人、通讯地址、电子邮件等进行的送达，视为有效送达。当事人向人民法院提交送达地址确认书后，人民法院也可以向该确认书载明的送达地址送达。

**第十四条** 本规定自 2021 年 7 月 5 日起施行。本院以前发布的相关司法解释与本规定不一致的，以本规定为准。

**10. 北京知识产权法院《关于申请注册的药品相关的专利权纠纷民事案件立案指引(试行)》**

为便于申请注册的药品相关的专利权纠纷民事案件当事人明确立案审查阶段的相关事项,根据《中华人民共和国专利法》《中华人民共和国民事诉讼法》《最高人民法院关于审理申请注册的药品相关的专利权纠纷民事案件适用法律若干问题的规定》等有关规定,制定本指引。

**第一条　【案由】**

申请注册的药品相关的专利权纠纷民事案件案由为"确认是否落入专利权保护范围纠纷"。

**第二条　【专利权人或者利害关系人提起诉讼时应提交的主体资格材料】**

专利权人应提交专利登记簿副本、专利权著录事项变更记录、交纳专利年费的收据等材料证明其专利权人身份及涉案专利处于有效状态。

专利被许可人除需提交前述材料外,还应提交专利许可合同、专利许可备案信息或其他能证明专利许可关系的材料。独占许可合同的被许可人可单独提起诉讼;排他许可合同的被许可人单独提起诉讼的,除应提供前述列举的材料外,还应提供专利权人不提起诉讼的材料。普通许可合同的被许可人单独提起诉讼的,除应提供前述列举的材料外,还应提供专利权人明确授权被许可人以自己的名义提起诉讼的材料。

药品上市许可持有人应提交药品注册证书等批准证明文件。

**第三条　【药品上市许可申请人提起诉讼时应提交的主体资格材料】**

药品上市许可申请人作为原告提起诉讼的,应提交药品上市许可申请表及国务院药品监督管理部门作出的药品注册申请受理通知书。

**第四条　【明确的被告】**

专利权人或者利害关系人作为原告提起诉讼的,应以药品上市许可申请人为被告。

药品上市许可申请人作为原告提起诉讼的,应以专利权人为被告。

**第五条　【具体的诉讼请求和事实理由】**

专利权人或者利害关系人提起诉讼时应提交下列材料证明其诉讼请求及事实理由:(一)中国上市药品专利信息登记平台中公开的相关专利信息,包括专利名称、专利号、相关的权利要求等;(二)中国上市药品专利信息登记平台中公开的申请注册药品的相关信息,包括药品名称、药品类型、注册类别以及申请注册药品与所涉及的上市药品之间的对应关系等；(三)药品上市许可申请人依据《药品专利纠纷早期解决机制实施办法(试行)》作出的四类声明及声明依据。

药品上市许可申请人提起诉讼时可参照上述内容提交用以证明其具体诉讼请求和事实理由的证据材料。

**第六条 【提起诉讼的期限】**

专利权人或者利害关系人在国家药品审评机构公开药品上市许可申请之日起 45 日内不提起诉讼的,药品上市许可申请人可以提起诉讼。药品上市许可申请人提起诉讼时应提交专利权人或者利害关系人 45 日内未提起诉讼的相关证据材料,无法提交相关证据材料的,可提交相关说明。

**第七条 【公证认证手续】**

原告是外国人、外国企业或组织的,应在立案时提交符合规定的主体公证认证文件。原告是在内地没有住所的香港、澳门居民、企业或组织的,应在立案时提交符合规定的公证、并经转递的主体证明文件。原告是在内地没有住所的台湾居民、企业或组织的,应在立案时提交符合规定的公证、并经中国或北京公证协会认证的主体证明文件。

**第八条 【其他】**

其他立案要求,依照相关法律、法规、规定执行。

**11. 国家知识产权局《关于专利权期限补偿和专利开放许可相关行政复议事项的公告》**

为保障修改后专利法及其实施细则新增的专利权期限补偿、专利开放许可等重要制度顺利实施,现就专利权期限补偿和专利开放许可有关行政复议事项公告如下,并自 2024 年 1 月 20 日起施行：

一、专利权人、因相关专利存在侵权纠纷或者已经提出相关药品注册申请的利害关系人对国家知识产权局依照专利法第四十二条第二、三款作出的关于是否给予专利权期限补偿的决定不服的,可以向国家知识产权局申请行政复议。

二、专利权人对国家知识产权局依照专利法第五十一条第二款作出的关于专利开放许可实施期间是否予以年费减缴的决定不服的,可以向国家知识产权局申请行政复议;国家知识产权局作出的关于是否予以公告专利开放许可声明的决定不属于行政复议范围。

**12.国家知识产权局《关于施行修改后的专利法及其实施细则相关审查业务处理的过渡办法》(节录)**

**第一条**　申请日在2021年6月1日以后(含该日,下同)的专利申请以及根据该专利申请授予的专利权适用修改后专利法的规定。申请日在2021年6月1日前(不含该日)的专利申请以及根据该专利申请授予的专利权适用修改前专利法的规定,但本办法以下各条的特殊规定除外。

申请日在2024年1月20日以后(含该日,下同)的专利申请以及根据该专利申请授予的专利权适用修改后专利法实施细则的规定。申请日在2024年1月20日前(不含该日)的专利申请以及根据该专利申请授予的专利权适用修改前专利法实施细则的规定,但本办法以下各条的特殊规定除外。

除另有规定外,本办法所称的申请日是指专利法第二十八条规定的申请日。

**第十三条**　对自2021年6月1日起公告授权的发明专利,专利权人依照专利法第四十二条第二款,自专利权授权公告之日起三个月内提出专利权期限补偿请求并缴纳相关费用的,国务院专利行政部门自2024年1月20日起适用修改后的专利法实施细则第七十七条至第七十九条、第八十四条进行审查。

专利权人自2021年6月1日起,依照专利法第四十二条第三款,自新药上市许可请求获得批准之日起三个月内提出专利权期限补偿请求并缴纳相关费用的,国务院专利行政部门自2024年1月20日起适用修改后的专利法实施细则第八十条至第八十四条进行审查。

前述请求的相关专利权在2024年1月20日前期限届满,国务院专利行政部门经审查认为符合补偿条件的,作出给予期限补偿的决定,补偿期限自原专利权期限届满之日开始计算。

专利权人在收费标准发布前,依照专利法第四十二条第二款、第三款提出专利权期限补偿请求的,可以在收费标准发布以后,依照国务院专利行政部门指定的期限缴纳本条所称相关费用。

**13.国家知识产权局、国家医疗保障局《关于加强医药集中采购领域知识产权保护的意见》**

各省、自治区、直辖市和新疆生产建设兵团知识产权局、医疗保障局:

为深入贯彻党中央、国务院关于全面加强知识产权保护的决策部署,落实国务院关于进一步完善医药产品集中采购的知识产权保护机制,构建协调统一的信息共享机制,从源头防范侵权行为发生的要求,鼓励医药领域创新发展,优化营商环境,结合知识产权系统和医疗保障系统在知识产权保护和医药集中采购工作中的合作基础,加强在医药集中采购领域中知识产权保护,现提出如下意见。

**一、建立协调机制**

(一)建立会商机制。国家知识产权局和国家医疗保障局建立医药领域知识产权保护协调会商机制。根据工作需要,组织召开会议,对医药领域知识产权保护重点、热点问题提出相关对策和举措。地方知识产权管理部门和医疗保障部门在日常工作中要积极拓宽交流沟通的方式和渠道,逐步建立常态化、多样化的会商沟通机制,共同研究落实相关工作。

(二)明确联络机构。由国家知识产权局知识产权保护司和国家医疗保障局医药价格和招标采购司归口负责,分别作为国家知识产权局和国家医疗保障局之间的日常联络机构。双方确定联络人,负责日常沟通联络。同时,分别指导地方知识产权管理部门和医疗保障部门,根据当地实际情况和工作需要,建立相应的协调机制,指定专人负责。

(三)加强信息共享。国家知识产权局和国家医疗保障局对于集中带量采购和挂网采购中涉及知识产权纠纷的有关药品和医用耗材,互相通报相关医药产品信息和知识产权信息,切实维护社会公众和权利人合法权益。

**二、加强业务协作**

(四)建立企业自主承诺制度。各地医疗保障部门应指导医药集中采购机构建立完善企业自主承诺制度,加强防范侵权行为。企业参加集中带量采购或申报药品和医用耗材在医药集中采购平台挂网(以下简称平台挂网)时,须自主承诺相关产品不存在违反《中华人民共和国专利法》等相关法律法规的情形。产生中选结果或挂网采购交易后产生相关专利侵权纠纷的,由申报企业承担相应责任。医药集中采购机构如收到相关产品专利侵权异议的,可以请知识产权管理部门在企业参加集中带量采购或申报平台挂网的规定期限内出具咨询或侵权判定意见,作为是否允许相关产品参加集中带量采购或在平台挂网的参考。知识产权管理部门逾期未给出参考意见的,企业自主承诺后可以按程序参加集中带量采购或在平台挂网。

(五)做好纠纷化解引导工作。在集中带量采购或挂网采购过程中,如出现专利侵权纠纷,医药集中采购机构可以告知相关当事人向知识产权管理部门请求处理或向人民法院起诉。知识产权管理部门接到相关案件处理请求后,要依法依规高效处理。医药集中采购机构根据有关部门公布的相关信息,核验挂网采购产品的资质,发现明确存在侵权行为的,要依法依规及时撤网。

(六)加强协作制止侵权。知识产权管理部门在相关涉医药专利侵权案件办结后,应当将案件办理结果送达当事人,并及时抄送医疗保障部门。医疗保障部门指导医药集中采购机构根据知识产权管理部门认定侵权的行政裁决或人民法院的生效判决,对正在申报平台挂网的涉事产品,不予挂网;对已在平台挂网或已在集中带量采购中选的涉事产品,协助配合执行裁决、判决结果,及时采取撤网、取消中选资格等措施制止侵权行为。

(七)分析研判重点产品。对拟开展集中带量采购的规模较大、关注度高的药品和医用耗材中涉及知识产权风险的产品进行重点关注。国家医疗保障局会同国家知识产权局提前进行信息沟通,分析相关产品的采购需求和知识产权基础信息,对采购中相关知识产权风险作出分析研判,以供采购过程中参考,预防出现重大知识产权侵权和舆论风险影响。

**三、加强工作保障**

(八)开展联合调研。对于知识产权行政保护和医药采购中发现的知识产权保护问题,国家知识产权局和国家医疗保障局可以联合开展调研,对医药领域知识产权保护相关普遍性、趋势性问题加强研究,推动医药领域知识产权保护工作,共同促进医药领域创新发展。

(九)开展业务培训。国家知识产权局和国家医疗保障局根据工作安排,探索建立同堂培训机制,鼓励双方通过共同组织开展培训交流活动、互派人员参加对方组织的培训活动、邀请对方业务专家授课等方式,提高专业能力,共同提升医药领域知识产权综合保护水平。

(十)加强宣传引导。国家知识产权局和国家医疗保障局共同加强保护知识产权、促进医药领域宣传工作,创新宣传方式,找准宣传亮点,扩大宣传途径,采用召开新闻发布会、发布白皮书和典型案例等方式,宣传医药领域创新、知识产权保护效果,营造尊重创新、保护知识产权的良好社会氛围。

## 14. 上海市知识产权局、上海市医疗保障局《关于加强本市医药采购领域知识产权保护的实施意见》

为深入贯彻党中央、国务院关于全面加强知识产权保护的决策部署,落实国务院关于进一步完善医药产品集中采购的知识产权保护机制,构建协调统一的信息共享机制,从源头防范侵权行为发生的要求,严格执行《国家知识产权局　国家医疗保障局关于加强医药集中采购领域知识产权保护的意见》,加强本市医药采购领域知识产权保护工作,支持上海生物医药先导产业创新发展,优化营商环境,结合本市知识产权系统和医疗保障系统在知识产权保护和医药采购工作中的合作基础,制定本实施意见。

**一、建立协调机制**

(一)建立会商机制。上海市知识产权局和上海市医疗保障局建立医药领域知识产权保护协调会商机制,在日常工作中积极拓宽交流沟通的方式和渠道,逐步建立常态化、多样化的沟通机制,共同研究落实相关工作。

(二)明确联络机构。由上海市知识产权局和上海市医疗保障局归口负责,相关业务处室分别作为上海市知识产权局和上海市医疗保障局之间的日常联络机构。双方确定联络人,负责日常沟通联络。

(三)加强信息共享。上海市知识产权局和上海市医疗保障局对于本市集中带量采购和挂网采购中涉及知识产权纠纷的有关药品和医用耗材,互相通报相关产品申报信息和知识产权信息,切实维护社会公众和权利人合法权益。

(四)提升专业支撑。上海市知识产权局指导成立上海市医药知识产权保护专业委员会(以下简称"专业委员会"),由知识产权部门业务骨干和高校、科研院所等相关法律和技术专家组成。依托专业委员会,开展医药领域专利侵权判定咨询工作,定期组织召开知识产权系统和医保系统研讨会,对医药领域知识产权保护重点、热点问题提出相关对策和意见建议。

**二、加强业务协作**

(五)建立企业自主承诺制度。上海市医疗保障局指导上海市医药集中招标采购事务管理所(以下简称"药事所")建立完善企业自主承诺制度,加强防范侵权行为。企业参加本市集中带量采购或申报药品和医用耗材在上海市医药采购服务与监管信息系统(以下简称"阳光平台")挂网时,须自主承诺以下内容:

1. 相关产品不存在违反《中华人民共和国专利法》等相关法律法规的情形;

2. 相关产品未被人民法院生效判决、知识产权管理部门行政裁决认定落入他人专利权保护范围;

3. 相关药品提交上市许可申请时,未作出"中国上市药品专利信息登记平台收录有被仿制药相关专利,仿制药申请人承诺在相应专利权有效期届满之前所申请的仿制药暂不上市"的三类专利声明,或者虽作出三类专利声明,但相应专利权期限届满终止;

4.产生中选结果或挂网采购交易后产生相关专利侵权纠纷的，由申报企业承担相应责任。

申报企业应当对相关承诺的真实性、准确性负责。提交不实承诺等弄虚作假的，依法承担相应责任。

（六）完善专利侵权异议程序。专利权人或者利害关系人对于正在申报阳光平台挂网的相关药品，可以在公示期内提出药物活性成分化合物发明专利、医药用途发明专利侵权异议。提出异议的，应当提供专利证明文件、相关药品涉嫌落入专利权保护范围的证据、侵权比对分析等证明材料。如有知识产权管理部门认定相关药品侵犯专利权的行政裁决、人民法院认定侵权的生效判决或者申报企业在中国上市药品专利信息登记平台作出的三类声明的，也应当一并提供。药事所收到异议后，通知申报企业在三日内提交答辩意见，异议提出人应当在该期限内补齐上述证明材料。

收到专利侵权异议后，药事所可以商请上海市知识产权局共同研讨处理侵权异议，并在挂网时向相关方进行风险提示。上海市知识产权局认为专利侵权异议材料无法证明相关药品涉嫌落入专利权保护范围的，药事所及时取消风险提示。上海市知识产权局认为侵权异议材料符合要求的，在专业委员会参考意见的基础上，向药事所出具专利侵权判定意见，药事所及时反馈申报企业和异议提出人。若判定意见认为存在专利侵权风险的，药事所建议申报企业主动撤网，并告知异议提出人可以提出专利侵权纠纷行政裁决或提起民事诉讼；若判定意见认为不存在专利侵权风险的，药事所及时取消风险提示。

对于上述类型以外的其他专利侵权异议，告知相关当事人可以提出专利侵权纠纷行政裁决或提起民事诉讼。

（七）加强程序衔接和信息沟通。对于涉及专利权临近一个月届满的仿制药，申报企业在本市集中带量采购或挂网采购申报准备中可以主动向药事所提交相关材料。在相应专利权期限届满之前，药事所不予启动该药品参加集中带量采购或挂网采购。上海市知识产权局和上海市医疗保障局要加强信息沟通，互相通报相关产品涉及知识产权法律状态等信息，探索专利权期限和本市集中带量采购或挂网采购申报周期的程序衔接。

（八）做好纠纷化解引导工作。在本市药品和医用耗材集中带量采购或挂网采购过程中，如出现专利侵权纠纷，药事所可以告知相关当事人向知识产权管理部门请求行政裁决、向人民法院起诉或向上海市知识产权民事纠纷专业调解委员会等知识产权纠纷调解组织提出调解。

上海市知识产权局接到相关案件行政裁决请求后,要依法依规高效处理。对于案件事实简单、双方争议较小的案件,在受理后三个月内办结。

(九)配合执行判决和裁决结果。上海市知识产权局在相关涉药品和医用耗材专利侵权案件办结后,应当将案件办理结果及时抄送上海市医疗保障局。

上海市医疗保障局指导药事所根据知识产权管理部门认定侵权的行政裁决或人民法院认定侵权的生效判决,协助配合执行裁决、判决结果。

申报企业在专利侵权纠纷行政裁决或民事诉讼案件中,达成调解或和解协议同意撤回挂网的,或在案件审理过程中自愿先行撤回挂网的,可以向药事所申请撤回阳光平台挂网的涉案产品。申报企业申请撤网的,应当向药事所提交知识产权管理部门或人民法院涉案产品案件相关法律文书。

(十)加强专利确权与医药采购的衔接。相关产品因涉及专利侵权被撤网、取消中选资格后,相应专利权被宣告无效或宣告无效后进入后续司法程序,相关产品申报企业向药事所提出涉案产品恢复挂网、恢复中选资格申请的,药事所可以商请上海市知识产权局就上述决定、判决结果与涉案产品的相关性提供参考意见。

(十一)建立长三角保护协作机制。上海市知识产权局积极推动上海、江苏、浙江、安徽"三省一市"加强医药采购领域知识产权保护协作机制建设,加强涉知识产权案件信息共享、执法协作、监管互动和经验共鉴,促进长三角地区医药领域协同发展。

(十二)分析研判重点产品。对拟参加本市集中带量采购和挂网采购的规模较大、关注度高的药品和医用耗材中涉及知识产权风险的产品进行重点关注。上海市医疗保障局会同上海市知识产权局提前进行信息沟通,分析相关产品的采购需求和知识产权基础信息,对采购中相关知识产权风险作出分析研判,以供采购过程中参考,预防出现重大知识产权侵权和舆论风险影响。

**三、加强工作保障**

(十三)开展联合调研。对于知识产权行政保护和医药采购中发现的知识产权保护问题,上海市知识产权局和上海市医疗保障局可以共同指导专业委员会开展调研,对医药领域知识产权保护相关普遍性、趋势性问题加强研究,推动医药领域知识产权保护工作,共同促进医药领域创新发展。

(十四)开展业务培训。上海市知识产权局和上海市医疗保障局根据工作安排,探索建立同堂培训机制,通过共同组织开展系统内部培训交流活动、举办面向本市医药企业、医疗机构的业务培训活动等形式,共同提升医药领域知识产权综合保护水平。

(十五)加强宣传引导。上海市知识产权局和上海市医疗保障局共同加强保护知识产权、促进医药领域宣传工作,创新宣传方式,找准宣传亮点,扩大宣传途径,采用召开新闻发布会、发布白皮书和典型案例等方式,宣传医药领域创新、知识产权保护效果,营造尊重创新、保护知识产权的良好社会氛围。

**15. 国务院《关于进一步优化外商投资环境加大吸引外商投资力度的意见》(节录)**

(十)强化知识产权行政保护。完善专利侵权纠纷行政裁决制度,加大行政裁决执行力度。支持各地区依托展会知识产权工作站,受理参展产品版权、专利、商标等知识产权申请,提供有效预防侵权措施。加强药品和医用耗材采购领域知识产权保护,企业参加采购活动须自主承诺不存在违反专利法等法律法规的情形。对涉及知识产权纠纷的产品,有关部门要加强沟通会商,依法依规开展采购活动;对经知识产权部门行政裁决或人民法院生效判决认定为专利侵权的产品,及时采取不予采购、取消中选资格等措施。